金融危机视阈下的
拉美社会主义思潮研究

A Study on the Latin American Socialism
in the Perspective of Financial Crisis

官进胜 / 著

中国出版集团 东方出版中心

图书在版编目（CIP）数据

金融危机视阈下的拉美社会主义思潮研究 / 官进胜
著. 一上海：东方出版中心，2024.1
ISBN 978 - 7 - 5473 - 2348 - 9

Ⅰ.①金… Ⅱ.①官… Ⅲ.①社会主义-研究-拉丁
美洲 Ⅳ.①D773.021

中国国家版本馆 CIP 数据核字（2024）第 018325 号

金融危机视阈下的拉美社会主义思潮研究

著　　者　官进胜
责任编辑　黄　驰
封面设计　钟　颖

出 版 人　陈义望
出版发行　东方出版中心
地　　址　上海市仙霞路 345 号
邮政编码　200336
电　　话　021 - 62417400
印 刷 者　上海盛通时代印刷有限公司

开　　本　710mm×1000mm　1/16
印　　张　14.75
字　　数　204 千字
版　　次　2024 年 2 月第 1 版
印　　次　2024 年 2 月第 1 次印刷
定　　价　89.00 元

前　言

　　20 世纪末与 21 世纪初,拉丁美洲的政治经济状况发生变化,其左翼与社会主义思想也出现新的趋势。左翼政党纷纷上台执政,一批政治立场相对激进的左派理论家和政治家在考察拉美发展状况、分析资本主义弊病和总结传统社会主义经验教训的基础上,提出"21 世纪社会主义"、"社群社会主义"、"印第安社会主义"和"劳工社会主义",进行了一系列社会主义理论与实践创新,拉美社会主义无论在理论还是实践方面都呈现出新探索与新突破。同时,2008 年发生的经济和金融危机促使人们对资本主义进行再次反思,更激发了拉美地区对马克思主义和社会主义更加深入的探讨与研究。这些新型社会主义的理论与实践不仅对拉美的政治走向、经济发展模式调整和制度建设产生影响,也会对世界社会主义运动的发展进程产生重要意义。

　　这些新型的社会主义为何在拉美产生和兴起? 理论和实践创新何在? 进入 21 世纪拉美左翼与社会主义有何异动与调整? 这些问题都值得我们探索和研究。然而,综观近年学术界对于社会主义和拉美左翼的研究,从已有的文献遵循和形成了三种主要研究范式:

　　(1) 注重西方发达国家社会主义流派、全球化与社会主义以及社会主义的历史命运的研究,相对忽视拉美地区新社会主义思潮的研究。论著与论文主要包括徐觉哉的《社会主义流派史》(2007)、杨雪冬的《全球化与社会主义的想象力》(2009)以及大卫·普里斯兰(David Priestland)的

《共产主义与现代世界的塑造》(The Red Flag: Communism and the Making of the Modern World)(2009)。多次检索的结果表明,研究20世纪末与21世纪初拉美社会主义思潮复兴与发展趋势的专著和论文数量有限。

(2)对拉美地区社会主义思潮的研究主要聚焦委内瑞拉和查韦斯的左翼思想与政策。论文主要有于恒魁的《查韦斯的社会主义构想与实践》(2008)、倪国良的《委内瑞拉"21世纪社会主义"及其发展前景》(2010)以及马克·维斯布罗特(Mark Weisbrot)的《查韦斯执政十年:经济社会成就与挑战》(The Chávez Administration at 10 Years: The Economy and Social Indicators)(2009)等。上述研究可能忽视了拉美社会主义思潮不仅局限于委内瑞拉和查韦斯的"21世纪社会主义",研究的对象也应涵盖玻利维亚的"社群社会主义"和巴西的"劳工社会主义"等拉美其他一些国家的社会主义理论与实践的新探索,缺乏拉美不同社会主义思潮的横向比较。

(3)对于拉美地区社会主义新探索的研究多涉及具体政策与实践形式。近期论文主要包括王鹏的《论委内瑞拉"21世纪社会主义"的思想和实践》(2009)、崔桂田的《冷战后拉美共产党的理论及政策比较》(2009)以及玛尔塔·哈内克(Marta Harnecker)的"拉美与21世纪社会主义"(Latin America & Twenty-First Century Socialism: Inventing to Avoid Mistakes)(2010)。这些研究缺少理论思潮的深层解读以及历史视角的分析与总结,缺乏拉美独特民族政治传统的支撑基点。

上述三种研究范式的拉美社会主义理论与实践的研究为我们奠定了重要的基础和分析问题的视角,具有较高的学术价值。但是,拉丁美洲愈来愈多的左翼政党开始执政,致力于建设"21世纪社会主义"、"社群社会主义"、"印第安社会主义"和"劳工社会主义",在社会主义理论及机制方面亦进行了大胆的尝试与创新。因此,上述三种范式的研究便显示出落后于拉美社会主义理论创新与机制探索的现实,特别是拉美左翼和社会主义在21世纪的最新理论与探索需要研究和反思。

全面分析、比较和归纳这些最新社会主义思潮与运动,进行历时与共时的理论总结与概括在现今显得尤为重要。本书以相关国家课题及研究成果为基础,聚焦拉美新型左翼国家的社会主义理论与实践新探索,对新世纪与金融危机后拉美社会主义思潮与运动进行历时与共时的归纳和总结。主要内容包括:

(1)从新自由主义日渐式微以及对现代资本主义深刻反思这一大的背景出发,聚焦委内瑞拉、玻利维亚、厄瓜多尔和巴西等拉美具有代表性的新型左翼国家,深入分析社会主义思潮与运动日渐勃兴的深层动因。

(2)以拉美社会主义理论创新为切入点,重点分析拉美左派的社会主义理论及其对委内瑞拉、玻利维亚、厄瓜多尔和巴西等新型左翼国家的政策影响,剖析拉美左翼及社会主义思潮的主要来源与内容,进而尝试进行不同国家与民族间的历时比较和分析。

(3)拉美新的社会主义理论和实践是拉美左翼政治力量对新的发展模式和发展道路的勇敢探索。目前,这一理论仍处于形成过程之中,其理论体系尚不完整。然而,左翼理论家宣称这些不同的社会主义理论提供了全新的政治经济模式,既有别于自由市场的新自由主义,又与20世纪苏联模式的社会主义迥然不同。本研究将从不同视角解读"21世纪社会主义"、"社群社会主义"、古巴社会主义的革新以及其他新的社会主义理论,以批评的视角具体分析不同国家的不同实践,这不仅有助于了解这些国家间政治理念的差异,而且有助于了解这些国家的制度创新究竟在多大程度上具有原创性。

(4)本书重点探讨委内瑞拉和玻利维亚等国在探索和实践社会主义的过程中如何实现所有制形式、外交、政党建设与社会政策的改革与创新,同时对不同国家在基层民主参与领域如何实现有效扩大公民参与国家与社会管理的具体做法进行初步探讨。

(5)本书也对拉美社会主义新探索的对立观点进行了分析,如一些学者认为委内瑞拉的"21世纪社会主义"与其他模式社会主义缺乏缜密的理论体系以及坚实的政治、经济、社会底蕴,最终可能难以真正实现其宏大目标。

（6）有关拉美新型社会主义的发展趋势，初步研究认为：二战之后的拉美政治模式不断在左右之间循环。美国通过政策干预和政治代理人等方式支持建立的右翼政权与依靠民主和社会主义运动上台执政的中左政权不断变换。

本书内容主要基于笔者的国家社会科学基金项目"金融危机后拉美社会主义思潮研究"之上，选择拉美左翼与社会主义最新发展动向作为分析视角，考察这些国家社会主义建设和探索中的理论革新与发展、困境与问题，进行国家间政治、经济和文化背景历时与共时的比较，总结其特点与规律，探讨国家、地区与民族特色的理论与机制创新，以期为新时代中国特色社会主义建设提供借鉴与启示。

经过近几年的材料收集与潜心研究，本人在此领域的领悟更深，拓宽了自己的知识面。同时，也形成了一些阶段性研究成果，其中三篇文章在"中国社会科学引文索引（CSSCI）"目录内的专业期刊发表。这些文章是：《后危机时代的社会主义思潮与运动》（《青海社会科学》，2014 年第 3 期；《中国社会科学文摘》2014 年第 11 期全文转载）、《政治嬗变中的拉美社会主义与特质解构》（《青海社会科学》，2015 年第 5 期）、《拉美新左翼：类属、缘起与未来》（《上海行政学院学报》，2015 年第 6 期；人大复印资料《世界社会主义运动》2016 年第 1 期全文转载）。这些阶段性成果构成本研究的中心内容，因而构成本书的重要组成部分。

此外，笔者先前发表的相关论文与译文《空洞的'21 世纪社会主义'：查韦斯无法实现的承诺》（《科学社会主义》，2009 年第 3 期）、《查韦斯执政十年：经济社会成就与挑战》（《国外理论动态》，2009 年第 10 期）、《委内瑞拉的 21 世纪社会主义》（《国外理论动态》，2009 年第 11 期）、《历史视角下的拉美 21 世纪社会主义》（《国外理论动态》，2010 年第 1 期）以及《拉美构建新型民主制度》（《国外理论动态》，2010 年第 9 期），其中的重要观点与核心内容也以引用、注释等形式在本书中加以应用。

需要指出的是，本研究主要介绍和总结国外社会主义的新发展与新探索,书中引文尽量注明出处,但也许还存在疏漏之处,在此特予以说明。然而,由于本人水平有限,部分观点与内容肯定存在不妥之处,敬请各位专家学者雅正,不胜感激。

中共上海市委党校研究生希琳和项月明为本书的出版进行了大量的材料收集整理以及部分章节的撰写,东方出版中心的张爱民主任与黄驰老师也为本书的出版做了大量工作,在此表示衷心致谢。

官进胜

2024 年 1 月

目　录

前言 ……………………………………………………………… 1

第一章　拉美社会主义思想的发展历程 ………………………… 1

　第一节　社会主义思想的早期传播 ……………………………… 1

　　一、马克思主义思想的传播与组织的确立 …………………… 1

　　二、十月革命与社会主义思想的进一步传播 ………………… 6

　第二节　战后拉美的社会主义思想与运动 ……………………… 9

　　一、古巴的社会主义革命与建设 ……………………………… 9

　　二、智利社会主义理论与实践的探索 ……………………… 14

　　三、民主社会主义的思想与实践 …………………………… 18

　第三节　新世纪拉美左翼与社会主义思潮的勃兴 …………… 25

　　一、拉美左翼崛起的背景分析 ……………………………… 25

　　二、社会主义思潮与运动的新发展 ………………………… 30

　　三、社会主义力量的政治取向 ……………………………… 31

第二章　拉美社会主义的类属、缘起与特质 ………………… 34

　第一节　拉美新左翼的类属与缘起 …………………………… 34

　　一、拉美左翼的类属解构 …………………………………… 34

　　二、拉美左翼缘起的内生动因 ……………………………… 39

　第二节　政治嬗变中的拉美社会主义政党 …………………… 51

一、民主化背景下社会主义政党的变革 ·············· 51
二、社会主义力量在拉美政治嬗变中的作用 ·············· 60

第三章 金融危机与拉美社会主义的再兴 ·············· 66
第一节 后危机时代的社会主义思潮与运动 ·············· 66
一、马克思危机理论的内在逻辑与成因分析 ·············· 66
二、理论探索：危机根源的再认识 ·············· 71
三、策略调整：拓展社会主义的共识与理念 ·············· 74
四、前景展望：开创社会主义的新时代 ·············· 77
第二节 金融危机与拉美社会主义新考量 ·············· 80
一、拉美经济与阶级结构的演变 ·············· 81
二、左翼与社会主义力量的不断增强 ·············· 83
三、外部环境变化：美国霸权的衰落 ·············· 85
第三节 拉美社会主义新发展与危机后的调整 ·············· 88
一、巴西"劳工社会主义"的理念与成就 ·············· 89
二、玻利维亚"社群社会主义"的理论与探索 ·············· 98
三、古巴社会主义的革新与发展 ·············· 108

第四章 金融危机后"21世纪社会主义"的新探索 ·············· 130
第一节 拉美"21世纪社会主义"的内涵与比较 ·············· 130
一、21世纪社会主义的理论与实践之源 ·············· 130
二、21世纪社会主义的发展历程与类比 ·············· 133
三、21世纪社会主义的丰富蕴涵与实施路径 ·············· 140
四、21世纪社会主义的评判准则 ·············· 150
第二节 委内瑞拉"21世纪社会主义"的经济与社会成就 ·············· 152
一、经济增长与成就 ·············· 152
二、贫困与社会差距 ·············· 157
三、健康与教育 ·············· 158
四、劳动力市场与社会保障 ·············· 161

　　　五、政府财政与当前账户 ·················· 162

　　　六、经济社会的现状与前瞻 ·················· 164

　第三节　空洞的"21世纪社会主义"：异见者的观点·········· 166

　　　一、超越现实的政策主张 ·················· 166

　　　二、难以兑现的政治诺言 ·················· 168

　第四节　"21世纪社会主义"在危机后的调整 ··········· 175

　　　一、左翼政党的整合与指导纲领的确立 ·········· 175

　　　二、国民大会选举与政治力量的演绎 ············ 179

　　　三、左翼政府政治与经济政策的新取向 ·········· 182

第五章　拉美社会主义的挑战与未来··········· 188

　第一节　新时期拉美社会主义的历时与共时探析········· 188

　　　一、社会主义与公民运动的先锋 ·············· 188

　　　二、新公民运动与国家关系的重构 ············ 193

　　　三、构建拉美政治新机制 ·················· 194

　第二节　拉美新型社会主义的困境与挑战 ··········· 197

　　　一、经济社会震荡构成新型社会主义的主要挑战 ······· 198

　　　二、国内反对势力的政治角力 ··············· 200

　　　三、国外强权的干涉与威胁 ················ 200

　　　四、左翼执政联盟的歧见与分裂 ·············· 201

　第三节　拉美社会主义的未来之路 ·············· 205

　　　一、拉美选举"政治地震"的红色警示 ··········· 205

　　　二、经济重振与公共计划的可持续性 ············ 206

　　　三、执政党的腐败导致人民的疏离 ············ 207

　　　四、历史循回抑或转瞬即逝？ ··············· 208

结语：拉美社会主义探索的总结与思考 ··········· 210

　　　一、社会主义思想的类属多元性 ·············· 210

　　　二、社会主义思想具有明显去意识形态化特征 ······· 211

三、社会主义政策的取向中间化 ……………………………… 212

四、社会主义更具拉美民族特色 ……………………………… 213

五、社会主义的前景未定性 …………………………………… 214

六、拉美新型社会主义探索是世界社会主义运动的重要
　　组成部分 …………………………………………………… 214

七、后危机时代社会主义未来的反思 ………………………… 215

主要参考文献 ……………………………………………………… 217

第一章
拉美社会主义思想的发展历程

第一节　社会主义思想的早期传播

自 19 世纪 50 年代始,伴随着欧洲资本主义在拉丁美洲不断地扩张、拉美工业生产规模的日渐扩大,拉美工人阶级队伍得以逐渐形成。他们积极参与各种政治与社会活动,为马克思主义思想在拉美的传播提供了政治土壤和阶级基础。"从现有资料来看,大约在 1854 年就有马克思的《哲学的贫困》等著作在拉美书店出售。"[①]1871 年巴黎公社运动失败后,一些公社社员和共产主义者前往拉美地区,同时也把马克思和恩格斯的著作带到拉美,他们开始传播社会主义思想,号召工人阶级团结起来同资产阶级进行斗争。到了 19 世纪末,马克思主义思想已经在拉美得到较为广泛的传播,并在与各种非马克思主义思潮的斗争中赢得了拉丁美洲工人阶级的拥护,特别是左翼知识分子的信赖。

一、马克思主义思想的传播与组织的确立

马克思主义在拉丁美洲的早期传播与发展和在中国有许多相似之处,多是通过成立共产国际分支机构和各种劳工组织与政治团体,通过办

---

① 冯昊青,郑祥福:《马克思主义拉美化的探索历程及其基本特征》,《马克思主义与现实》,2016 年第 5 期。

报、撰写文章、翻译原著、出版理论研究著作等形式宣传和传播马克思主义。

19世纪五六十年代，拉丁美洲第一批工人组织在阿根廷成立。1857年，阿根廷印刷工人协会在布宜诺斯艾利斯宣告成立，并创办协会刊物《印刷协会年刊》。同时，印刷工人协会开始尝试同欧洲工人阶级组织建立联系。①

在第一国际的亲自指导下，远涉重洋的巴黎公社成员在拉丁美洲建立了最早的共产主义组织——第一国际支部，而阿根廷的产业工人也成立了拉美第一个马克思主义小组。1872年1月28日，第一国际在阿根廷的第一个支部正式成立，第一支部冲破各种障碍与第一国际取得联系。1872年2月10日，支部写信给第一国际总委员会，"请求加入伟大的家庭并且给予互相通信的机会"。第一国际总委员会收到信函后立即承认并肯定这一做法。1872年7月1日，时任第一国际总委员会书记的列·穆修从伦敦向拉美支部发出正式通知："总委员会承认你们的支部，并注意到你们在南美洲传播第一国际思想的主动精神。"

1873年5月，拉伊芒德·维尔马尔作为第一国际代表来到阿根廷的布宜诺斯艾利斯。经过实地考察后，维尔马尔给马克思发去一封信件，详细汇报了《资本论》和其他著作在阿根廷的传播情况。为了传播马克思主义，第一国际支部在布宜诺斯艾利斯创办了《劳动报》，介绍马克思和恩格斯的著作。同时，在第一国际支部指导之下，阿根廷木工协会和阿根廷缝纫工人协会也在布宜诺斯艾利斯宣告成立。

随着德国工业的快速发展，大批德国侨民开始在阿根廷定居。一些著名的社会主义者，如约甘·沙费尔、格·拉尔曼以及弗里德里赫·韦别尔等人也侨居阿根廷。1882年1月，在沙费尔和拉尔曼等社会主义者的努力之下，社会主义组织"弗尔韦尔特斯俱乐部"在布宜诺斯艾利斯正式建立，系统介绍和宣传马克思主义思想，俱乐部的机关刊物《前进报》定期向工人发行。俱乐部与欧洲的社会主义组织保持紧密的通信联系，及时

---

① 舒吉昌：《马克思主义在拉丁美洲早期传播概况》，《拉丁美洲丛刊》，1983年第5期。

了解与宣传欧洲最新的进步思想和社会主义运动的进展状况。俱乐部不仅凝聚了欧洲侨民,而且吸纳了阿根廷具有社会主义思想的知识分子和工人。

19 世纪末,拉美工人运动得到进一步发展,"弗尔韦尔特斯俱乐部"积极推动建立阿根廷劳动者联盟。1894 年,第一个把《资本论》翻译成西班牙文的拉美思想家胡斯托创办了社会主义刊物《先锋》。从 1894 年 4 月 7 日开始,劳动者联盟出版的《前锋》周刊的封面清晰印刷了副标题"科学社会主义的报纸与工人阶级的保卫者"。1895 年,阿根廷出版《资本论》。1896 年 6 月 29 日,《前锋》正式成为阿根廷社会党的机关刊物。

阿根廷马克思主义者的《前进报》和《前锋》积极推动马克思主义在拉美的传播,阿根廷的工人运动不断向前发展,促进了无产阶级政党的日渐壮大,从而为社会主义运动在阿根廷的发展奠定了坚实基础。[①]

值得一提的是,阿根廷的马克思主义者如胡斯托等在宣传和应用马克思主义时就力图将马克思主义理论与阿根廷的现实结合起来,[②]阿根廷这一务实做法为马克思主义在拉美的传播乃至"拉美化"的萌芽起到重要作用,深刻影响拉美社会主义的发展。

马克思主义在 19 世纪六七十年代开始在拉美另一大国——墨西哥广泛传播,有效推动了墨西哥产业工会的建立与联合。1870 年,圣地亚哥·比利亚·努埃瓦主导创立"墨西哥劳动者中心",并于同年 9 月更名为"墨西哥工人伟大团体",成为墨西哥第一个全国性的无产阶级联合组织。国际工人协会墨西哥支部也于 1871 年在墨西哥城宣布成立,机关刊物《社会主义者报》随之出版发行,积极宣传马克思主义思想,提倡改善工人阶级和农民的工作与生活状况。随后,1878 年 7 月 10 日,墨西哥的西班牙文《共产党宣言》首次在《社会革命报》上发表。1878 年 7 月,墨西哥社会主义党在整合进步力量的基础上正式成立,并逐渐在墨西哥全国建立 17 个"政治中心",进一步传播社会主义思想,社会主义运动也展现深

① 喻继如:《19 世纪 70 年代至 20 世纪初马克思主义在拉丁美洲的传播及工人组织的建立》,《南昌大学学报》(人文社会科学版),1984 年第 3 期。
② Daryl Glaser and David M. Walker, *Twentieth-Century Marxism: A Global Introduction*. Routledge Press,2007,p.155.

入之势。

1892 年,巴西第一次工人代表大会在里约热内卢召开。不久,"社会主义中心"宣布成立,成为巴西第一个以马克思主义为指导思想的进步组织,机关报《社会主义者》也成为巴西第一份宣传马克思主义思想的媒体,并以"全世界无产者,联合起来!"的口号作为副报头。1895 年 5 月 1 日,"社会主义中心"领导圣多斯和圣保罗的群众举行游行示威,宣传科学社会主义的理念和原则。

1896 年,在智利著名马克思主义者路易斯·奥雷哈领导下,"社会工人中心"和"工人兄弟联盟"在首都圣地亚哥相继成立,"社会工人中心"的机关报《人民之声》也出版发行。1897 年,在一些成员的建议之下,奥雷哈指导合并"社会工人中心"和"工人兄弟联盟",正式命名为"智利社会主义联盟"。1897 年 10 月,智利的无产阶级政党——"智利社会党"举行成立大会,全国 148 名代表出席大会,社会党的机关报《锤子》正式发行,致力于在智利和拉美宣传马克思主义思想,领导智利的社会主义运动。①

19 世纪 70 年代初,随着马克思主义在乌拉圭的传播和发展,拥护国际工人协会的工人开始在工人中间占据优势,使得巴枯宁"同盟"的成员在蒙得维的亚处于孤立弱势地位。1875 年,乌拉圭建立了第一个工人联合会,随后乌拉圭劳动者地方联合会也于 1885 年成立。1895 年,《劳动人民捍卫者》问世,马克思主义思想得到进一步传播。同年,以《劳动人民捍卫者》为中心又建立了"社会研究中心",即 1904 年成立的社会主义团体——"卡尔·马克思"的前身,"社会研究中心"广泛宣传马克思主义,为乌拉圭革命事业提供理论方面支撑。

19 世纪末,社会主义思想开始在古巴工人中传播。古巴社会主义运动革命先驱、最早的马克思主义者卡洛斯·B.巴利尼奥同烟草工人一起劳动,并于 1892 年与何塞·马蒂共同创立古巴革命党,积极宣传马克思主义思想,动员工人们积极参加古巴的独立战争。1903 年,卡洛斯·B.巴利尼奥创建了古巴第一个马克思主义团体"俱乐部",1904 年又创建了

---

① 舒吉昌:《马克思主义在拉丁美洲早期传播概况》,《拉丁美洲丛刊》,1983 年第 5 期。

工人党(从 1905 年起称社会主义工人党)。① 古巴的民族英雄马蒂虽然不是马克思主义者,但写了不少介绍和纪念马克思的文章,进而加深了马克思主义在工人群体中的影响,比如《论卡尔·马克思之死》便是最突出的代表作。"马蒂不仅对马克思主义的早期传播,而且对古巴革命与建设亦有着巨大而深远的影响,卡斯特罗就承认'七·二六运动'受惠于马蒂的思想。今天,马蒂思想依然是古巴共产党确立的指导思想之一。"②

其实,科学社会主义在拉美的传播过程始终贯穿着与其他流派社会主义思想的不断碰撞,并逐渐产生了巨大的政治和社会影响力。在 19 世纪中叶,源自欧洲的空想社会主义以及无政府社会主义思想在拉美地区的思想界产生过一定的影响力。然而,在马克思主义思想传入拉丁美洲之后,它便与其他各种流派的社会主义思想进行了激烈的交锋与斗争。

19 世纪 80 年代末,阿根廷社会党的机关刊物《前锋》连续刊登批判圣西门、傅立叶空想社会主义以及巴枯宁无政府主义的文章,与空想社会主义和无政府主义进行坚决的斗争。1896 年,《原则宣言》在阿根廷社会党成立大会上得以通过,明确指出阿根廷社会党人"必须用革命手段去推翻资本主义制度"。

1912 年,阿根廷社会党的青年党员小组发起成立"卡尔·马克思著作研究中心",不断在各类报刊中发表文章,揭露社会党领导人的右倾机会主义路线,与党内机会主义者进行坚决斗争,勇敢捍卫马克思主义思想和科学社会主义的基本原则。③

自 19 世纪下半叶,拉美一些社会主义组织致力于把马克思主义的思想理论同本国实际相结合,这一地区的社会主义运动因此进入了一个崭新的阶段。马克思主义思想在拉丁美洲的传播、无产阶级作为独立政治力量登上历史舞台,谱写了拉美工人运动的新篇章。

---

① 毛相麟:《古巴社会主义研究》,北京:社会科学文献出版社,2005 年,第 20—21 页。
② 冯昊青,郑祥福:《马克思主义拉美化的探索历程及其基本特征》,《马克思主义与现实》,2016 年第 4 期。
③ 喻继如:《19 世纪 70 年代至 20 世纪初马克思主义在拉丁美洲的传播及工人组织的建立》,《南昌大学学报》(人文社会科学版),1984 年第 3 期。

二、十月革命与社会主义思想的进一步传播

1917 年 11 月 7 日,列宁领导的俄国社会民主工党(布尔什维克)推翻了以克伦斯基为首的资产阶级临时政府,建立了世界上第一个由马克思主义政党领导的社会主义国家。十月革命的胜利标志着人类历史进入了新纪元,对整个世界产生了深远影响,沉重打击了帝国主义的统治,激励了国际无产阶级革命运动和殖民地半殖民地的解放运动。

俄国十月革命的胜利极大地鼓舞了拉美各国无产阶级争取民族解放和民族独立的斗争,促进了拉美人民的觉醒意识。拉美各国的工人团体和马克思主义小组经过重建与重组,多数都以共产党组织进行命名。1918 年,阿根廷共产党在布宜诺斯艾利斯正式建立,成为拉美第一个以科学社会主义为指导的真正的共产党组织。在 1918—1921 年间,阿根廷共产党先后领导阿根廷工人和无产阶级举行多次罢工,多达 700 万产业工人投身于罢工和反对资本主义的政治运动。[①] 在俄国十月革命后,古巴的工人运动也受到很大鼓舞,社会主义思想在古巴的传播更为广泛深远。1925 年,巴利尼奥同胡利奥·安东尼奥·梅利亚(Julio Antonio Mella, 1903—1929)一同创建了古巴共产党(后改名为人民社会党)。同年,古巴第一个全国性劳工组织——古巴全国工人联合会也宣告成立,使得具有共产主义思想的知识青年逐步开始同工人运动相结合。20 世纪 30 年代初期,古巴共产党积极参加了反对马查多独裁统治的斗争。1933 年 8 月 4 日,古巴共产党领导工人进行总罢工,推动了古巴社会主义革命事业的发展。[②]

十月革命对于拉美的知识分子和工人运动产生了极为深刻的影响,共产主义思潮和马克思主义思想在整个拉美扩散开来,拉美多国的左翼政党或者劳工组织纷纷转变成为共产党,马克思主义拉美化的探索与发展正式步入了激进革命时期。1919—1930 年,共产党组织在墨西哥、巴西、尼加拉瓜和哥伦比亚等十多个拉美国家先后建立。1925 年,共产国

---

① 舒吉昌:《马克思主义在拉丁美洲早期传播概况》,《拉丁美洲丛刊》,1983 年第 5 期。
② 毛相麟:《古巴社会主义研究》,北京:社会科学文献出版社,2005 年,第 21 页。

际南美洲局成立,首次联席会议于 1929 年 7 月在布宜诺斯艾利斯举行,拉美社会主义运动与国际共产主义运动的联系更加紧密。此外,拉美多数国家在 20 世纪 30 年代纷纷成立具有本国特色的无产阶级政党和共产主义组织。[①]

　　十月革命的胜利以及苏维埃共和国的成立,极大鼓舞了拉美的马克思主义者积极投身于拉美的社会主义和民族解放运动,他们提出了具有拉美国家与民族特色的社会主义思想和理论。其中,何塞·卡洛斯·马里亚特吉(1894—1930)的思想在拉美地区最具影响力。

　　马里亚特吉是秘鲁共产党创始人和拉丁美洲杰出的共产主义运动领袖,1919—1923 年旅居欧洲,接受了马克思主义的思想,写了许多政论文章。1923 年回国后,他主张把马克思主义同秘鲁本国实际相结合,积极参加反对 A.B.莱吉亚独裁统治的斗争。1925 年,马里亚特吉组织创办革命刊物《阿毛塔》,积极参加美洲人民革命联盟。1928 年 10 月 7 日,马里亚特吉领导创建秘鲁社会党并任总书记,同年 12 月出版了拉丁美洲马克思主义者马里亚特吉的经典作品《关于秘鲁国情的七篇论文》。马里亚特吉运用马克思主义的立场、观点和方法,精辟分析秘鲁的经济、政治、教育以及土地所有权等尖锐问题,具有鲜明的地区与国家特征,其社会主义思想一向被视为马克思主义者的经典著作,主要涵盖以下重要思想与观点:

　　(1) 社会主义不仅是世界性的政治运动,也代表人类未来的发展和希望。因此,"拉丁美洲的未来注定是社会主义!"这是解决拉美地区和国家问题的唯一途径。

　　(2) 西班牙对美洲的征服中断了印第安人村社公有制经济的发展进程,使他们建立起封建的生产方式,从根本上堵塞了资本主义在秘鲁社会内部发展的可能性。

　　(3) 秘鲁的资本主义和资产阶级是在民族国家形成后才开始发展的。它具有几个特征:① 秘鲁的资产阶级是有产者和食利者,而非生产者;② 与外国资本联系在一起,是外国资本在本地的延伸;③ 与封建贵族

———————————

[①]　徐世澄:《拉丁美洲现代思潮》,北京:当代世界出版社,2010 年,第 79—80 页。

联系在一起。马里亚特吉因此认为,"秘鲁的资本主义只能是外国垄断资本的附庸,不可能独立发展,也不可能根除封建庄园制等前资本主义的生产方式"。

（4）随着历史的发展,秘鲁演变出三种经济因素并存的半封建与半殖民地社会。这三种经济因素根植于西班牙征服时期的封建经济、山区残余的印第安人村社经济、以沿海地区为先导的资本主义经济。其中,占主导地位的是以拉丁美洲大庄园制为特征的封建经济。

（5）在秘鲁,只有依靠社会主义革命才能消灭封建制度,而资本主义无法实现这一目标。马里亚特吉因此指出,秘鲁的革命只能是一场纯粹的社会主义革命。同时,秘鲁的社会主义革命具有两重性,既要反对资本主义,也要反对封建主义。

（6）秘鲁的社会主义革命具有本国的特殊性,印第安人和土地构成革命的核心。然而,就其本质而言,印第安人问题和土地问题实际上是同一个问题,应当把印第安人的解放和深刻的社会主义革命联系起来。

（7）无产阶级政党是引导社会主义革命的先锋力量,因此秘鲁革命的领导者必须是无产阶级,并且应与印第安人的反封建、反资本主义的政治运动结成广泛联盟,由革命的统一战线共同完成秘鲁的社会主义革命。[1]

马里亚特吉作为印第安人的社会主义的代表,其思想"甚至融入那个时代拉美马克思主义理论界的血脉之中,成为马克思主义拉美化的基因,进而渗入了整个拉美左翼的思维之中,时至今日其影响力依然不衰。21世纪社会主义就宣称自己是印第安人的社会主义"。[2] 同时,印第安人的社会主义思潮影响着拉美马克思主义理论家,引导他们多关注土著、农民和土地等问题,同时也为马克思主义拉美化发展提供了机会,开辟了比较合适本土化的道路。

---

[1]　参见徐世澄:《拉丁美洲的几种社会主义理论和思潮》,《当代世界》,2006 年第 4 期;［秘］何塞·卡洛斯·马里亚特吉:《关于秘鲁国情的七篇论文》,白凤森译,北京:商务印书馆,1987 年。

[2]　冯昊青,郑祥福:《马克思主义拉美化的探索历程及其基本特征》,《马克思主义与现实》,2016 年第 4 期。

　　十月革命之后,拉美地区迎来了马克思主义拉美化和多样化的探索期,众多工会领袖和左翼知识分子都为马克思主义拉美化作出了积极贡献。其间,除了著名的马克思主义者马里亚特吉外,还涌现了一大批颇具探索与创新精神的理论家、实干家,墨西哥的托莱达诺、古巴的梅里亚,以及《对巴西政治发展的唯物主义解释》的作者索德雷等都是其中的杰出代表。

第二节　战后拉美的社会主义思想与运动

　　20 世纪 50 年代以来,帝国主义殖民体系在民族解放运动强劲冲击下迅速瓦解,第三世界国家纷纷摆脱帝国主义统治,作为重要的政治力量登上世界舞台,社会主义运动呈现蓬勃兴起之势。社会主义在拉美由思想传播走向多国实践,成为当代拉美政治发展的主要特征,而科学社会主义、民族社会主义与民主社会主义则构成政治进程中的主要探索模式。[①] 在林林总总的社会主义思想与运动之中,引起人们广泛关注的当属古巴、智利的社会主义实践以及对拉美多国产生重要影响的民主社会主义。

　　一、古巴的社会主义革命与建设

　　1953 年 7 月 26 日,卡斯特罗兄弟率领一批青年革命者攻打古巴圣地亚哥的蒙卡达兵营,行动失败后被巴蒂斯塔当局逮捕。1955 年 5 月,卡斯特罗兄弟获释,不久便成立"七·二六运动"政治组织。1956 年 12 月,卡斯特罗兄弟与格瓦拉等人从墨西哥乘格拉玛号游艇回到古巴。在与政府军激战之后,幸存的 12 人转至马埃斯特腊山开展游击斗争。

　　1957 年 3 月,古巴的一批革命青年攻打首都哈瓦那的总统府失败,

---

① 　袁东振:《拉美社会主义思潮的发展及其趋势》,《环球视野》,2009 年第 4 期。

也转入拉斯维利亚斯省山区从事游击战争。1958 年 10 月,菲德尔·卡斯特罗颁布土地改革法,号召古巴各阶层人民组成广泛的统一战线。1959 年 1 月 1 日,卡斯特罗领导的军队从政府军手中夺取哈瓦那,古巴革命取得胜利。

1961 年 4 月,美国政府支持的雇佣军对古巴展开军事进攻,试图推翻卡斯特罗领导的古巴革命政权。与美国完全决裂之后,卡斯特罗被迫转向苏联寻求政治支持。1961 年 4 月 16 日,卡斯特罗公开宣称古巴革命是"一场贫苦人的,由贫苦人进行的,为了贫苦人的社会主义民主革命"。[①] 5 月 1 日,卡斯特罗宣布古巴是社会主义国家,将坚定不移地走苏联式的社会主义道路。

革命胜利后,古巴政府积极探索社会主义经济和社会建设。1959 年 2 月,古巴制定了具有临时宪法作用的根本法,同时颁布新的石油法和矿业法,把外国和本国大资本家的厂矿企业收归国有,接管全部私营银行,并成立新的国家银行。至 1963 年 10 月,古巴政府在农村进行了两次土地改革,消灭了庄园制与富农阶层,国营农场、农业生产合作社和个体小农成为古巴农村三种主要经济形式。

菲德尔·卡斯特罗持坚定的民族主义立场,力图摆脱美国对古巴的控制。美国则采取外交孤立、贸易禁运、经济封锁以及军事干涉等政策,干涉古巴内政。1959 年 8 月,第五次美洲国家外长会议在智利的圣地亚哥召开,第七次美洲国家外长会议于 1960 年 8 月在哥斯达黎加的圣何塞举行。在这两次会议期间,美国竭力构建反古阵线,对古巴实行集体制裁。1960 年年底,美国取消古巴食糖的全部采购定额,实行贸易禁运,停止对古巴的一切援助。1961 年 1 月 3 日,美国与古巴断绝外交关系。

面对美国步步紧逼、力图扼杀古巴革命时,社会主义阵营国家给予了古巴热情的支持。在古巴革命胜利后的第十天,苏联就向世界宣布承认古巴革命政权,愿意与之复交。苏联部长会议副主席米高扬(Anastas

---

① [古]菲德尔·卡斯特罗:《卡斯特罗言论集》(第二册),北京:人民出版社,1963 年,第 265 页。

Mikoyan，1895—1978)于 1960 年 2 月访问古巴,对外公布苏联将向古巴提供贷款和购买古巴的蔗糖。同年 5 月,苏联与古巴复交。6 月,苏联表示要帮助古巴应对来自美国的威胁。7 月,苏联的武器开始运往古巴。由于苏联的示范作用,包括中国在内的其他社会主义国家也开始纷纷支援古巴的革命事业。到 1960 年年底,在古巴革命胜利短短一年时间内,所有社会主义国家都同古巴建立了外交关系。

1960 年 9 月,中国同古巴建交,双方派代表团进行互访。同年 11 月,中国就开始向古巴提供经济援助。毛泽东曾高度评价古巴革命,多次表示要坚决支持古巴人民的革命斗争。[①] 包括中国在内的社会主义国家的支援对古巴革命的进行发挥了很大作用,为古巴社会主义发展创造了有利条件,而且也为古巴社会主义政权的生存提供了强大的依靠。正如卡斯特罗后来回忆道:"如果那时没有国际上的声援,如果没有全世界的阶级兄弟,特别是苏联人民的支持,古巴革命者就有可能无法取得胜利。"[②]

20 世纪 80 年代末 90 年代初,社会主义国家间的经济合作组织——经济互助委员会也宣告解散,古巴失去了重要的原材料出口市场和机电产品的进口来源。苏联解体后,俄罗斯停止援助古巴,古俄贸易量急剧下降,古巴能源和外汇严重短缺。美国 1992 年通过的《托里切利法案》更加紧了对古巴的禁运和封锁,古巴遭遇了前所未有的经济困境。1996 年 5 月,美国通过《赫尔姆斯·伯顿法》,对古巴实施更加严格的禁运政策。

为了更好地总结经验教训,指导改革进程,1997 年 10 月,古共召开第五次全国代表大会,提出了新的指导方针,强调古巴的社会主义改革要从具体国情出发,绝不盲目借鉴别国经验和做法。只有通过改革不断完善社会主义,古巴才能建成具有自身特色的社会主义制度。

东欧剧变使得古巴在一夜之间完全丧失了同大多数社会主义国家的

---

① 中华人民共和国外交部、中共中央文献研究室编:《毛泽东外交文选》,北京:中央文献出版社、世界知识出版社,1994 年,第 398—488 页;中华人民共和国外交部外交史编辑室主编:《中国外交概览:1987》,北京:世界知识出版社,1987 年,第 365 页。
② 毛相麟:《古巴社会主义研究》,北京:社会科学文献出版社,2005 年,第 23 页。

密切联系,加上美国的敌对封锁,古巴经济发展受到严重打击,古巴的社会主义政权危机重重。国际形势要求古巴及时提出新的对策,以应付这突如其来的困难局面。1990 年,古巴宣布准备进入"和平年代的特殊时期"(简称"特殊时期"),正式提出了新的战略方针。特殊时期的基本战略,就是要转变过去依靠外援以实现国家工业化的发展战略,依靠自力更生来保证生存和发展。

特殊时期可大致分为四个阶段。① 1990 年至 1993 年 6 月为第一阶段,此阶段战略和政策重点主要包含两点:一是动员群众坚持社会主义制度,抵制东欧剧变的影响,二是采取相应的调整措施,完善现行体制,实现稳住局势、保证生存的目的;② 1993 年 7 月至 1996 年 2 月为第二阶段,此阶段战略和政策重点是经济体制改革,扩大个体经济,发挥多种经济成分的作用(1994 年 10 月,古巴在全国开放了农牧产品市场,随后又开放了工业手工业品市场,同时还进行财税改革和物价改革,整顿经济秩序);③ 1996 年 3 月至 2001 年 8 月为第三阶段,此阶段战略和政策重点仍然是经济改革,面对美国"和平演变"的威胁,古巴根据国情稳步进行经济改革,深化国企、税制、银行体制改革,加大对外开放,尽量减少改革带来的社会代价;④ 2001 年 9 月以后为第四阶段,由于"9·11 事件"突然发生,古巴制定的 2005 年经济恢复与发展计划受阻,此阶段战略和政策重点坚持改革开放,继续完成上一阶段未完成的改革目标,同时在糖业、小农政策上进行改革。[①]

古巴自 1959 年取得革命胜利之后,在 30 多年里建立起了独立的国民经济体系,构建了完善的社会保障制度体系。特别是在东欧剧变之后,古巴顶住了美国压力,保持社会主义性质不变色,并发展了混合经济,经济结构和外贸结构从单一发展为多元,外国投资实现由无到有,并逐步增加,探索出一条有古巴特色的社会主义道路。有学者指出"这一举世公认的成就不仅充分展示了古巴民族的坚强性和社会主义制度旺盛的生命力,而且也有力地证明了改革的必要性和迫切性。改

---

① 参见毛相麟:《古巴社会主义研究》,北京:社会科学文献出版社,2005 年,第 261—272 页。

革是推进古巴社会主义的必由之路,古巴沿着这一方向所进行的改革是不可逆转的,它将继续为改善社会主义制度、使古巴更好地同世界经济接轨而发挥出重要的作用"。①

为进一步建设好古巴的社会主义事业,2008 年 2 月,劳尔·卡斯特罗正式接替菲德尔·卡斯特罗担任国务委员会主席兼部长会议主席,首次提出要更新古巴的经济社会发展模式,即改革开放。2011 年 4 月,古共召开六大,劳尔接替卡斯特罗当选为古共中央第一书记并通过了《党和革命的经济与社会政策的纲要》(简称"《纲要》")。之后,2016 年 4 月,古共七大召开,通过了《古巴社会主义经济社会模式的理念》(简称"《理念》")、《到 2030 年全国经济社会发展计划:国家的建议、轴心和战略部门》和《党和革命的经济和社会政策纲要的更新(2016—2021 年)》三个重要文件。古共六大和七大通过的这些纲领性文件,特别是《纲要》和《理念》,为古巴社会主义经济和社会模式的更新指明了方向道路。为更新古巴经济模式,"古巴党和政府采取了一系列新的改革措施,如减少国有部门的冗员、将空闲土地承包给集体或个人、扩大个体户范围、制定新的外资法、开设马列尔经济开发特区、建立非农牧业合作社等"。② 此外,2019 年,古巴还通过并实施新宪法,这将为古巴的模式更新提供法律保障。

当然,古巴社会主义建设任重道远,还有很多"硬骨头"。2017 年,随着美国总统特朗普上台后强化了美国对古巴的封锁政策,以及委内瑞拉形势恶化等,古巴仍然面临诸多不利外在因素。从古巴内部来看,首先,其经济结构不合理,经济发展对外依赖度高,比如旅游业、医疗输出、镍矿出口作为古巴三大支柱产业易受到外部环境影响;其次,货币与汇率制度的并轨也将加大经济和社会风险;再者,古巴面临巨大的债务偿还压力。2015 年,古巴与巴黎俱乐部债权国达成协议,未来 18 年内偿还 25.8 亿美元逾期债务本金。

---

① 毛相麟:《古巴社会主义研究》,北京:社会科学文献出版社,2005 年,第 298 页。
② 徐世澄:《古巴共产党与古巴经济社会模式更新》,《当代世界社会主义问题》,2019 年第 2 期,第 60 页。

二、智利社会主义理论与实践的探索

1970 年,萨尔瓦多·阿连德(Salvador Allende,1908—1973)作为"人民团结阵线"候选人当选智利总统。上台执政后,阿连德提出在尊重法治、体制和政治目标的前提下,改变资本主义制度,在智利走出一条社会主义的新路。

阿连德 1908 年 7 月 26 日生于瓦尔帕莱索一个中产阶级家庭,获医学博士学位。1933 年,阿连德参与创建智利社会党,于 1943 年起先后担任总书记和主席。1939—1942 年,阿连德出任卫生部长、参议院副议长和议长。1958 年和 1964 年,阿连德两度作为智利社会党和共产党竞选联盟的候选人竞选总统,但均以失败告终。

阿连德青年时代受到社会主义和自由、平等、博爱等思想影响,在长期政治活动中,形成比较明确的反对帝国主义和维护民族独立的思想,逐渐接受马克思主义的理论与观点。他认为,"革命斗争可能以游击中心形式出现,也可能以城市起义形式出现"。[1] 执政之后,阿连德系统提出建设智利社会主义的理论观点:

(1) 在智利可以通过选举的方式从资本主义和平过渡到社会主义。阿连德提出要以选举获得行政权和国家的立法权,从而进行社会经济改革,最终实现政权的社会主义化。

(2) 在资本主义法制范围内进行社会主义变革。阿连德在 1971 年 5 月 21 日向智利国会提交的第一份总统咨文中提出"开创法制化的途径来实现新形式的、具有多元化和自由的社会主义秩序",目标是在智利建立一个自由、民主与多元的社会主义。

(3) 社会结构的多元化。阿连德坚定主张社会主义的民主和多元。智利"人民团结阵线"致力于追求多元化的政治观念,建立一个多党制政府、培育公私并存的多元化经济体制。

阿连德执政后,智利"人民团结阵线"实行了一系列改革措施:

---

① 苏振兴:《中国大百科全书·外国历史Ⅰ》,北京:中国大百科全书出版社,1990 年,第28 页。

（1）大规模实行国有化。强化对金融与对外贸易的监管，同时将自然资源和关系国计民生的重点企业收归国有。

（2）大刀阔斧进行土地改革。"人民团结阵线"在整个执政时期总共征收了 4287 个庄园的 822 万公顷的土地，创办合作社和国营农场。

（3）提高人民的收入和改善社会福利。阿连德政府大幅提高工人工资，出台措施鼓励工人自治，同时扩大社会保险范围，积极筹措资金为工人和农民兴建普通住宅。

（4）奉行独立的外交政策。阿连德政府致力于维护国家的主权和民族独立，坚决反对帝国主义与殖民主义，加强与第三世界国家的交流与合作。1971 年，阿连德政府不顾"美洲国家组织"条约规定，与古巴恢复了外交关系。不久，菲德尔·卡斯特罗对智利进行了国事访问，积极参与智利的内政决策，并在群众集会上对阿连德政府提出公开的政策建议。[1]

在阿连德任期的第一年，智利政府奉行货币扩张政策，国内生产总值增长 8.6%，工业增长 12%。同时，通货膨胀率从 34.9% 降至 22.1%，失业率也明显回落至 3.8%。然而，如多数发展中国家一样，智利超过一半的出口都依赖单一商品。国际铜价的波动对智利经济造成了一定影响。1971—1972 年，国际铜价从 1970 年高峰时的 66 美元每吨，下降至 48 美元每吨。1972 年，智利出现了无法控制的通货膨胀，而政府采取的冻结物价政策使得黑市上的大米、大豆、糖和面粉价格飞涨。[2]

由于没有掌握军队等重要国家机器以及某些政策失误等因素，阿连德执政两年后，智利经济形势恶化，政局动荡。1973 年 9 月 11 日，以皮诺切特为首的军队发动政变，推翻阿连德领导的政府。阿连德拒绝流亡国外，在与政变部队战斗中以身殉职。

阿连德政府的改革致力于社会主义理论与实践的探索，沉重打击了智利的工业与农业资本家的势力。尽管以失败告终，但智利的社会主义探索还是留下了可贵的经验与深刻的教训。

智利在军政府的新自由主义改革下，虽然在经济增长、投资以及提高

---

① 李扬：《智利阿连德的社会主义》，《国际共运史研究》，1993 年第 2 期。
② 徐世澄：《拉丁美洲现代思潮》，北京：当代世界出版社，2010 年，第 99—100 页。

生产率方面取得显著成就,但是社会发展却不尽人意,就业、社会贫富差距等社会问题频发。

首先,在军政府统治时期,智利存在失业增加和就业质量下降问题。随着新自由主义经济改革,智利国企私有化和国家机构裁减,使得大批职工下岗。加之大步伐的对外开放、过快降低关税、取消非关税壁垒等自由经济贸易措施又使得本国中小企业难以快速应对外来公司的竞争,大量企业倒闭,大批工人失业。"以圣地亚哥为例,1974—1989 年间平均失业率达 1.1%,比 1960—1973 年的水平高出 3 倍。同期工人工资长期处于低水平状态,年平均实际工资仅接近 20 世纪 60 年代初的水平。与1960—1973 年间相比,1974—1989 年间最低工资的实际值下降了 26%,仅是阿连德政府时期的 40%。根据拉美经委会的统计,1980—1989 年间,除 1981 年(9%)和 1989 年(7.5%)外,智利城市年平均失业率都在两位数,其中 1982 年债务危机时高达 20%。"[①]在这期间,大量失业人群被迫进入非正规经济部门,从而降低了就业质量。

其次,在军政府执政期间,智利收入分配不均,贫富差距加大。新自由经济理论认为,经济增长会增加各个阶层的收入,最终会消除贫困。皮诺切特军政府试图用新自由经济理论解决本国贫困问题,然而事实相反,军政府的经济政策没有消除智利的贫困和不公,反而加大了贫富差距。智利的国企私有化,使得大量财富集中于少数国内财团和跨国公司,而在这期间,智利的基尼系数则更直接地反映了智利的贫富差距,"1970 年智利的基尼系数为 0.500,1979—1980 年为 0.523,1982—1984 年为 0.524,1987 年为 0.485"。[②] 国际上通常把 0.400 作为贫富差距的警戒线,大于这一数值容易出现社会动荡。显然,在军政府时期,智利社会分配不公。

再者,军政府时期,智利贫困人口不断增加。虽然在军政府之前智利就存在大量贫困人口,但是随着新自由主义经济改革,贫困人口也在不断增加。"1969 年、1979 年和 1989 年,智利贫困人口分别占全国总人口的

① 中国社会科学院拉丁美洲研究所:《拉美研究:追寻历史的轨迹》,北京:世界知识出版社,2006 年,第 334 页。
② 同上书,第 335 页。

28.5％、36％和41.2％,呈明显上升趋势。贫困人口由1970年的178万增至1987年的549万,增长了两倍以上。"①

可见,军政府执政并没有改善智利社会状况,反而使得智利社会问题更为严重。智利必须进行新的变革,才能有更好的发展。这一希望寄托在智利共产党上。

20世纪80年代后,智利共产党主动调整了其国内政策以改变军事独裁统治的局面。1980年,智利共产党提出团结一切反法西斯分子,实行广泛的联盟的政策,并开展了包括使用"革命暴力"在内的各种形式的斗争,推翻军事独裁统治,重建人民民主制度。随后,1983年9月,智共与社会党左派革命运动等联合进行人民民主运动。同年年底,马努埃尔·罗德里格斯爱国阵线宣布成立,智共积极开展"武装宣传",引起当局采取军事对抗。1986年1月,智共政治委员会发表了号召国内反对派力量联合起来的声明,并强烈谴责皮诺切特军事独裁政权。在此之后,智共为即将到来的大选做准备,为此在1986年成立了"争取1989年自由选举运动",并于1987年6月加入左派联盟。1989年5月,智共十五大秘密召开,会上修改了党章,改革党的组织机构,重申民主集中制的原则。

在智共的努力斗争下,1989年12月,智利举行自20世纪70年代初军事独裁以后的首次公开大选。智共通过支持艾尔文当选总统,在1990年10月获准重新成为合法政党。不久,智共武装组织马努埃尔·罗德里格斯爱国阵线宣布放弃武装斗争,转而投入政治斗争和民主化进程。

在智共的推动下,新成立的民主政府把解决社会问题作为国家发展最优先的目标来考虑,目的是让智利群众共享改革发展的成果。艾尔文及其以后的几届政府都力图实现经济发展与社会公正的平衡。比如,艾尔文政府提出"增长而不失公平",1994年弗雷政府继续提出了"坚持经济增长,消除贫困,实现名副其实的公正",2000年戈拉斯政府进一步提出构筑"社会安全网"、财政支出要更倾斜于最贫困阶层的政策。这些务实的政策使得智利社会状况发生较好转变,贫穷人口减少,受教育人数则

---

① 中国社会科学院拉丁美洲研究所:《拉美研究:追寻历史的轨迹》,北京:世界知识出版社,2006年,第336页。

不断增加。

三、民主社会主义的思想与实践

自 20 世纪 60 年代中期起,民主社会主义思潮逐步演变为当代拉美影响最大的政治思潮和派别。拉美民主社会主义政党演变过程中,既出现了 19 世纪末 20 世纪初建党的传统社会党,又出现了第二次世界大战前后成立的民粹主义政党。此外,一些拉美传统资产阶级政党虽宣称信奉民主社会主义,但并未申请加入社会党国际。

拉美民主社会主义政党兴起、发展与欧洲社会党、社会党国际密切相关。历史上,拉美社会党与欧洲社会党、社会党国际的关系大致经历了一个由疏远、松散演变到不断密切和融合的发展过程。社会党国际成立之初,可以说基本上是欧洲社会党人的一个俱乐部,在其创始会员的 34 个成员党中,欧洲社会党占了 30 个,非欧地区只有 4 个,来自拉美的只有阿根廷社会党和乌拉圭社会党。因此,此时国际社会的民主社会主义主张在拉美影响微弱。

20 世纪 60 年代以后,随着拉美成为第三世界民族解放与独立运动的重要组成部分,在拉美掀起了民主和解放运动高潮。拉美和加勒比地区的牙买加、特立尼达和多巴哥、圭亚那、巴巴多斯、巴哈马、格林纳达、苏里南、多米尼克、圣卢西亚、圣文森特和格林纳丁斯等国在 20 世纪 60 年代后纷纷获得民族独立。为避免拉美国家深受共产主义的影响,社会党国际才开始密切关注亚非拉新兴国家以及殖民主义问题。1961 年 10 月,意大利社会党领袖萨拉盖特在社会党国际七大开幕式上指出:"最近几年,从殖民地地位获得解放和取得独立的八亿人口,将对人类未来的进步产生决定性的影响。他们将接受共产主义幻影的引诱,还是团结在民主社会主义的旗帜之下呢? 问题就在这里。"①从此拉美社会党与社会党国际的关系开始发生积极变化。

1976 年后,在维利·勃兰特领导下社会党国际彻底走出"欧洲中

---

① [苏] H·西比列夫:《社会党国际》,姜汉章,陈联璧,兴海译,北京:中国社会科学出版社,1983 年,第 248 页。

心主义",拉美社会党与社会党国际的关系迅速发展。1976 年 11 月，社会党国际十三大召开，会议决定对社会党国际机构进行改革，如取消观察员地位、放宽第三世界社会党加入国际的条件、增加副主席的人数，这使得各大洲代表都有机会进入领导机构。会议还主张把拉美作为社会党国际在第三世界活动的重点地区。为此，会议专门通过了《关于拉丁美洲的决议》，对拉丁美洲蔓延的军事独裁表示遗憾，并谴责拉美军事政权对拉美民主力量的镇压和破坏，批评美国对拉美军事政权的态度，声明社会党国际支持拉美各国的自由民主运动和参与建立国际经济新秩序的要求等。

由此，社会党国际及其民主社会主义主张才真正开始在拉美各国产生广泛影响，拉美地区的民主社会主义力量也得到快速发展。在社会党国际和西欧社会党人的密切关注和大力扶持下，拉美地区成为民主社会主义的"第二支柱"。冷战结束后，随着拉美地区共产主义势力的迅速衰落以及其他左翼力量的逐步分化，民主社会主义力量成为拉美左翼的主力军和社会党国际稳定的"后院"。①

（一）民主社会主义政党的类属分析

在这些信奉民主社会主义的政党之中，一些政党提倡通过议会道路实现社会主义，一些却主张暴力革命。同时，一些政党冠以社会党或社会民主党的名称，而另外一些政党则以革命党或自由党命名。② 概而言之，拉美的民主社会主义政党主要可分为三类：

1. 第一类是社会党国际的 27 个成员党。其中正式成员党 12 个，咨询成员党 8 个，在拉美构成民主社会主义政党的核心部分。这些民主社会主义的政党多数成立于 20 世纪 40 年代，也有部分政党创始于 20 世纪 60 年代以及从其他政党退出后易名为社会民主党。

2. 第二类是拉美地区传统的社会党，目前约有 20 多个。此类政党的创党时间基本与欧洲社会民主党一致，拥有共同的理论体系以及类似的发展历程。第二次世界大战之前，这些政党在拉美的影响力举足轻重，引

---

① 蒋锐：《拉美社会党与社会党国际的关系》，《当代世界社会主义问题》，2012 年第 1 期。
② 徐世澄：《拉丁美洲现代思潮》，北京：当代世界出版社，2010 年，第 109—110 页。

领这一地区的社会和政治思潮。然而,由于民族社会主义政党与共产主义政党在第二次世界大战之后的迅速崛起,传统社会党在风起云涌的民族解放运动中日渐式微。此外,一些国家的社会党内部矛盾难以调和,分裂为众多派别,其政治影响逐渐消失。

3. 第三类是明确表示信奉或倾向于选择民主社会主义的政党。这类政党没有在组织上加入社会党国际。1992 年,尼加拉瓜桑地诺民族解放阵线宣布自己为社会民主党,秘鲁的社会主义同盟在国内也宣布信奉民主社会主义,但这些左翼政党都没有实际加入社会党国际。①

(二) 拉美民主社会主义的政策理念

肇始于欧洲的拉美社会民主党同样秉承欧洲民主社会主义的政治思想与政策诉求。拉美各国的社会民主党都反对以暴力革命夺取政权,主张阶级合作与议会道路,主张实现社会公正,最终实现社会主义。民主社会主义思想的精髓就是提倡政治、经济和社会民主以及国际关系的民主化,其理论基石就是把民主视为社会的根本准则,应当体现在政治、经济、社会和国际关系的每个领域。

1. 政治民主。民主社会主义国家应当积极培育公民的参与和合作的公共精神,最终的目标是使民主充分融合在公民政治与社会生活之中。

2. 经济民主。民主社会主义国家在社会经济领域也建立了相应的民主制度。民主社会主义国家的经济领域应体现出民主,也即民主应该渗透到各种经济活动之中,采取各种措施鼓励工人参与国有和集体企业的联合决策与管理,国家同时也要通过民主决策的方式来管理国有、集体以及其他企业。

3. 多种所有制并存。民主社会主义倡导在现有资本主义体制之下实行以私有制为基础的国有制、集体所有制、私有制以及其他形式所有制并存的混合经济体制。政府主要运用金融、财政与税收等宏观政策手段,调节社会分配,避免财富的过度集中和两极分化。

4. 福利国家。社会民主主义鼓吹阶级合作,政府、资本家和工人之间

---

① 参见华清:《拉美民主社会主义政党的标准和类型》,《科学社会主义》,1993 年第 1 期。

在某些方面存在利益的一致性,从而为社会民主党提倡建立的福利国家提供了前提与基础。国家、工会与资本家通过集体谈判制定指导性薪酬政策,支持扩大社会转移的范围,政府通过各种保障机制增强中下阶层对失业与疾病的抵御能力。与此同时,国家要大力实行教育改革,最大限度地普及教育,促使教育的精英化转变为大众化,以便为所有公民创造平等的社会机遇。①

拉美民主社会主义因受欧洲社会党和社会党国际的影响,所以在政策理念有上述相同之处。但是,拉美民主社会主义还更多地受到拉美自身社会历史、经济发展和思想文化的深刻影响,因而与欧洲民主社会主义也有很大不同之处。从思想来源方面来看,欧洲民主社会主义吸收了马克思主义、拉萨尔主义、费边社会主义、伯恩斯坦修正主义、新康德主义的伦理社会主义、基督教教义、资产阶级自由主义、凯恩斯主义等的理论资源。然而,拉美的民主社会主义思想来源主要有玻利瓦尔革命思想、拉美民众主义、民族社会主义、基督教社会主义和解放神学社会主义等等。②

从价值观念上来说,自由、公正与平等、民主、人权、团结一致等是欧洲民主社会主义的基本价值。1989 年,社会党国际十八大通过了《原则宣言》,首次对民主社会主义的基本价值进行了较为系统的阐述,正式将自由、公正、平等、团结一致、民主、人权、和平作为其基本价值原则和价值观念。拉美社会党也认同以上价值,但是有所区别。比如在自由价值上,拉美更侧重政治自由即人民民主而非个人自由;在平等价值上,拉美更加强调社会正义而不是社会公正即解决人民温饱问题而不是一味强调高福利;在团结一致价值上,拉美并没有像欧洲主张超越阶级、民族的界限,拉美团结一致的主要原因是共同历史文化传统,民族主义色彩浓厚。此外,拉美还主张将独立自主、爱国主义作为其基本价值。拉美地区在历史上,长期受到欧美新老殖民主义者在政治上的压迫和控制,在经济上的掠夺

---

① 施雪华,孔凡义:《民主社会主义的主张与表现》,《中国教育报》,2007 年 6 月 26 日。
② 蒋锐:《拉美与欧洲民主社会主义的思想来源和价值观念比较》,《社会科学研究》,2012 年第 4 期。

和剥削以及文化上的侵略和摧残。因此,独立自主、爱国主义自然成为拉美的基本价值。[①]

从政党理论来看,第二次世界大战后欧洲民主社会主义者认为社会党不再是服务于某个阶级利益的政党,而强调自己是为社会各阶层服务的全民性政党。例如,德国社会民主党《哥德斯堡纲领》指出:"社会民主党已经从一个工人阶级政党变成了一个人民政党。"[②]法国社会党1990年的《原则声明》也自称"一个具有人民性和具有改革社会的愿望、鼓励讨论和思想交流的政党",[③]而拉美民主社会主义在政党理论上更加强调社会党的阶级合作性质,并非能代表社会各个阶层。

从经济所有制来看,欧洲社会党自20世纪80年代以后开始主张建立混合经济,大多都放弃了国有化政策。混合制经济即在不否定资本主义私有制的前提下,实行一种多种所有制并存的经济体制,强调国家和政府对经济领域进行必要的干预,以保证社会主义的平等和民主原则在经济生活中的实现。[④] 拉美民主社会主义在所有制问题上认同欧洲社会党的混合制经济模式,但更加强调国有化,在经济问题上更加重视土地改革和经济独立。欧洲社会在进行混合制时,已经完成了工业化、土地改革任务,而拉美还没有,而且拉美同时要解决国家经济受大资本和国外垄断资本控制的困境等问题,实现经济的独立自主,因此他们必须进行国有化发展。

从福利国家理论来说,虽然福利国家制度并不是社会党人的首创,但却被欧洲社会党人吸收并积极应用于实践。第二次世界大战后,欧洲社会党相继上台执政,从资产阶级手里接过了福利国家理论,致力于建立社会福利国家。欧洲社会党认为,民主社会主义基本价值在制度上最突出的体现就是福利国家制度,大多社会党人将建立完善的福利国家制度写

① 蒋锐:《拉美与欧洲民主社会主义的思想来源和价值观念比较》,《社会科学研究》,2012年第4期。
② 张世鹏译:《德国社会民主党纲领汇编》,北京:北京大学出版社,2005年,第84页。
③ 中联部资料编辑中心编译:《社会党国际和社会党重要文件选编》,北京:中央党校出版社,1993年,第303页。
④ 蒋锐:《拉美与欧洲民主社会主义理论比较》,《社会主义研究》,2012年第5期。

入党纲,并作为自己的施政目标。拉美民主社会主义认同福利国家制度,但同时深刻认识到没有现实条件来建立完善的福利国家制度,因此在福利国家制度上只能更多地强调社会正义和团结互助。在实践中,更加注重解决人民温饱问题,缩小两极分化,[①]而不是单纯追求欧洲所倡导的普遍高福利。

(三)民主社会主义在拉美发展进程中的作用

民主社会主义理论与实践渗透在拉美政治经济社会的各个方面。拉美各国社会党致力于推动拉美民族独立,实现政治民主,促进拉美经济与社会发展,成为拉美政治舞台上一支重要的进步力量。

1. 维护国家主权和民族独立

美国长期以来都把拉丁美洲视为自己的后院和势力范围,意欲通过各种方式控制拉美的政治和经济,并以军事手段和寻找代理人的方式建立亲美政权,推翻与美国对立的政府。然而,伴随着拉美地区汹涌的民族解放运动,拉美政府与人民对美国的政治和经济干涉愈加不满,尤其是拉美的民粹主义政党以及民主社会主义政党更构成维护国家主权和民族独立的中坚力量。

在拉美,由于存在长期受欧美新旧殖民主义统治的历史,拉美的民众主义或民族主义思潮对社会党人国家观的塑造产生了深远的影响。拉美民主社会主义融入了拉美特色,因而具有强烈的民族主义、爱国主义色彩。拉美国家更加珍视国家主权的独立,坚决反对外来势力干涉拉美国家的内政。民主社会主义思潮为拉美各国提供了理论依据和精神支柱。

2. 致力于拉美的政治民主化

拉丁美洲多数国家在获得民族独立后都宣布建立代议制的民主政体,纷纷颁布以民主为基石的宪法和法律,并据此成立了议会,政治党派可以平等参与竞争和选举。然而,长期遭受欧洲帝国主义殖民的拉美缺乏民主根基,披着民主外衣的军事当局与独裁统治大行其道,民主政体只

---

① 蒋锐:《拉美与欧洲民主社会主义理论比较》,《社会主义研究》,2012 年第 5 期。

是独裁者愚弄人民的工具。随着民族解放运动的蓬勃发展,拉美地区的反独裁民主运动不断深入,社会民主党与其他进步力量积极投身于这场争取民主的斗争之中,独裁政权被迫逐步让位于民选政府,还政于民的社会运动有效推动了拉美政治民主化的发展进程。在这一进程中,很多拉美社会党不惜通过武装斗争夺取政权以争得民主。比如,委内瑞拉民主行动党、哥斯达黎加民族解放党、巴拉圭二月革命党、格林纳达新宝石运动、秘鲁人民党、尼加拉瓜桑地诺民族解放阵线等都是以暴力革命方式实现国内政治民主化。[①]

此外,在国际关系上,拉美社会党人也主张实现国际关系民主化。拉美多数国家长期被殖民主义统治,深受西方帝国主义、霸权主义政策的掠夺和侵害,因此拉美民主社会主义者非常重视国际民主化发展,主张通过第三世界的团结一致、不结盟运动、拉美的一体化发展等推动国际关系民主化发展,提高发展中国家的发言权,建立公正、和平的国际政治经济新秩序。

3. 推动拉美经济社会的改革与发展

拉美的社会民主党信奉社会民主主义的经济社会发展政策,主张政府干预经济活动,强化能源、交通与银行等产业的国有化,改革不公平的社会经济体制与结构。在农业领域,社会民主党提出改革土地所有权制度,反对大庄园制以及地产集约制;以土地改革为中心,大力发展农村经济,把土地分配给农民,改变土地过于集中在少数人手里的问题,同时为农民解决各种生产服务问题;在社会分配领域,努力消除失衡的社会经济发展趋势,缩小社会差距,追求社会公平与公正。把国有化与经济发展和维护社会公正相统一起来,试图通过国有化来促进产业结构调整,促进社会福利,增加就业机会,解决贫困问题。社会党执政的政府基本都采取了与之相应的一些政策与措施,对社会经济体制与结构实行了较大的改革,有力地推动了拉美社会经济的整体发展。[②]

---

① 蒋锐:《拉美与欧洲民主社会主义理论比较》,《社会主义研究》,2012 年第 5 期。
② 华清、冯燕:《拉美民主社会主义在拉美现代化中的作用》,《当代世界与社会主义》,1996 年第 3 期。

第三节　新世纪拉美左翼与社会主义
　　　　思潮的勃兴

进入 21 世纪,拉美地区各种社会主义思潮迭起,左翼政党纷纷上台执政,开启了社会主义的理论与实践探索。1998 年,乌戈·查韦斯在委内瑞拉大选中当选总统之后,拉美左翼政党不断在选举中获胜。2006 年之后,15 个拉美国家一度都是左翼政党或左翼联盟执政,左翼力量成为拉美政坛的重要政治力量。此外,拉美还有 20 多个非执政的共产党,共有党员约 40 万人。[①] 拉美左翼创办的"世界社会论坛"已成为左翼与非政府组织的国际性交流平台,共同推动拉美社会主义运动向前发展。

一、拉美左翼崛起的背景分析

拉美左翼力量的崛起有其深刻的动因与历史必然性。新自由主义的失败为左翼的崛起提供了契机,民主化运动和民粹主义的复兴为左翼执政奠定了社会基础,左翼执政国家的经济社会成就与示范促进了左翼力量的增强,而美国全球战略与拉美政策的调整则促成了拉美左翼力量的拓展和壮大。

（一）新自由主义的失败为社会主义勃兴提供良好机遇

自 20 世纪 80 年代到 21 世纪初,根据美国主导的"华盛顿共识",拉美各国推行"新自由主义"经济改革。这些改革短期内间接促进了拉美地区经济的恢复与发展。在 1991—2000 年间,拉美年平均增长率达到 3.2%,高于 20 世纪 80 年代的 1.2%,拉美经济区域一体化也得到一定发展。[②] 然而,到了 20 世纪 90 年代末,新自由主义经济改革的弊端开始逐步显露,拉美经济问题愈加严峻。这些改革不仅没有使拉美各国摆脱经

---

① 柴尚金:《拉美左翼和"21 世纪社会主义"的兴起》,《党建》,2009 年第 11 期。
② 中国社会科学院拉丁美洲研究所:《拉美研究:追寻历史的轨迹》,北京:世界知识出版社,2006 年,第 354 页。

济与金融危机,还导致拉美经济继续衰退,社会差距进一步扩大,政府的宏观调控政策也收效甚微。1980—2000 年,拉美地区经济年均增长率仅为 2.2%。2005 年,拉美贫困人口占总人口的比重高达 40.6%。[1] 特别是在 20 世纪 90 年代末到 21 世纪初,拉美经济增长率不仅低于很多亚洲国家和发展中国家,而且低于全球平均水平,拉美成为这一时期世界经济增长率最低的地区。新自由主义没有能够促进拉美的经济与社会发展,一些中等发达国家的经济甚至呈现负增长,人民生活水平显著下降。

拉美民众在新自由主义改革过程中付出了沉重的代价,国有企业的私有化致使数百万人失去工作,还导致大量国有企业落入财团或者西方跨国资本手中,使它们完全掌握了拉美国家的经济命脉。拉美国家失去了宏观经济管理和调整经济运行的能力。此外,新自由主义改革过于强调发挥市场机制的作用,忽视国家干预的必要性,反过来造成市场的混乱和无序。改革结果是拉美经济严重依赖外资和外国市场,从而极易受到损害。此外,拉美医疗和教育等社会保障范围不断缩减,贫困人口比例大幅增加。世界银行公布的数据显示,1990 年以来拉美就业率年均增长 2.8%,低于 20 世纪 80 年代的水平。同时,官方公布的失业率从 20 世纪 80 年代的 6% 增加到 90 年代的 8%,1999 年达到 9.5%。

拉美地区印第安人付出了更为沉重代价。随着新自由主义经济模式的推广,印第安人的合法土地因兴修水库或者开采石油遭到肆意侵占,他们的家园纷纷被毁。"巴拉圭土著人协会称,50 年来协会已失去了98.2%的土地。危地马拉 80% 的土地为 2% 的人所占有,而占农村人口 76% 的印第安人所拥有的土地却少得可怜。危地马拉国家农民协作委员会主席帕斯古阿尔指出,目前危地马拉的赤贫人口已经达到 280 万,其中绝大部分集中在土著人聚居地区。在墨西哥恰帕斯州的 14 个印第安族群中,4/5 的家庭没有土地。"[2]此外,印第安人的科教文化卫生状况日益恶化。由于饮食卫生条件差,加之缺医少药,印第安人的死亡率极高。在文化教

---

[1] 李永刚:《拉美左翼为何崛起?》,《新远见》,2007 年第 4 期。
[2] 中国社会科学院拉丁美洲研究所:《拉美研究:追寻历史的轨迹》,北京:世界知识出版社,2006 年,第 356 页。

育方面也存在极大的不公,印第安人聚居区 62％的学校仍然不具备小学六年制的条件。

20 世纪 90 年代以后,非正规部门产生的就业占总就业的 80％,而这些非正规部门就业的扩大对正规部门的工资水平产生了较大负面影响。1990 年,拉美 14 个国家的实际工资的下降幅度均在 10％以上,最终导致贫富分化现象日趋加剧。拉美 20％的最高收入者占据着 40％—70％的财富,而 40％的最低收入者只占有 5％—20％的财富。① 在 2000 年左右,拉美地区平均基尼系数为 0.522,超过 0.400 的警戒线。2003 年,世界银行发布的相关报告指出,拉美是全球贫富差距严重的地区,而且这种现象并没有得到有效改善。

新自由主义改革导致失业日益增加,缩减政府开支使得公共部门的就业锐减,贸易自由化和放松政府的监管则对工农业造成了致命冲击。经济停滞和社会动荡引发拉美民众广泛的反自由主义抗议运动,他们要求政府采取切实措施促进经济增长、缩小社会差距以及增加就业。20 世纪 90 年代以来,拉美各国反对新自由主义的社会运动日渐激烈,为左派在这一地区的重新崛起奠定了坚实的民众和社会基础,各种具有本国和民族特色的社会主义应运而生。

(二)“第三条道路”为新型社会主义提供了理论指导

东欧剧变后,俄罗斯与东欧国家经济社会陷入困境和衰退,而奉行市场化原则的新自由主义则无法解决这些经济和社会问题。面对这一机遇,西方左派重新调整政治策略与目标,使得第二次世界大战之后左翼力量发展达到了新高潮。“第三条道路”就是在此背景下应运而生的。左翼政党为了超越传统的左与右,主张以新的现代化精神应对和处置新时代的革命性变化,经济与金融全球化也使这一理论跨越西方发达国家的疆界,几近成为整个世界左翼政党的政治改革理论。

在“第三条道路”的指导之下,拉美许多国家的左翼政党都不同程度

---

① 王翠文:《从拉美的经历看新自由主义神话的幻灭》,《当代世界与社会主义》,2004 年第 4 期。

地选择了具有本国特色的新型社会主义发展道路,试图寻找一条自由市场经济与国家宏观调控相结合,在经济全球化进程中保护民族产业和国家利益的经济社会发展之路。①

(三)政治民主化助力社会主义力量重新崛起

20世纪70年代后期,拉美一些军人执政的国家以不同方式结束军人统治,这种"还政于民"的民主化进程一直延续至20世纪90年代初,文官政府纷纷上台执政。厄瓜多尔于1979年结束军人统治,秘鲁(1980)、玻利维亚(1982)、阿根廷(1983)、巴西(1985)、乌拉圭(1985)、智利(1990)、巴拉圭(1993)等国也先后完成民主化进程。拉美的民主化进程结束了这一地区的动荡局势,各国政局趋于稳定,多数国家确立了代议制的政治体制,为左翼政党通过选举上台执政奠定了坚实的社会和群众基础。

拉美现代代议制的政治体制的确立和运行使得拉美成为"一片民主的大陆"。这符合美国政府在世界范围内推广西方民主的国际战略。虽然美国并不乐见拉美国家的左派政党上台,但却找不到有效办法加以阻止,美国必须承认左派政党的合法性,从而减少国际社会对其左派政党的舆论压力。再者,代议制下政党间的执政更替能正常地通过大选来实现,从而使左派政党在选票箱里赢得执政地位的道路也就畅通了。我们也可以看到拉美左派在大选中往往采取政党联盟的策略,把大量的小政党和社会运动争取过来,合成多达十几个或几十个政党或运动组成的、多元的竞选联盟,它们甚至不惜与右翼势力结盟,以此巩固和扩大自身实力。

此外,这一时期拉美的民粹主义也开始复兴,注重维护中下层民众的现实利益,主张多党制以及对社会进行激进改革,因而获得中下层民众的广泛拥戴。民粹主义恰是因为"多阶级"和"平民化"的特点,调动了民众参与国家治理的积极性和主动性。

(四)左翼政府的成就促进了左翼力量的增强

20世纪90年代末,拉美一些左翼力量上台执政。左翼政府的政治、

---

① 刘纪新:《拉美左派的现状与发展趋势》,《拉丁美洲研究》,2004年第10期。

经济与社会政策极大促进了拉美各国政治的稳定、经济的发展以及社会
事业的快速发展。

乌戈·查韦斯在委内瑞拉上台执政后，政治上发展"人民权力"，建立
基层的权力机构"社区委员会"，希望"彻底改革国家体制"，实现"革命的、
社会主义的民主"；经济上抛弃新自由主义的经济与社会政策，强化政府
调控与自由市场经济的有机结合，大力发展集体所有制和"人民经济"，在
关系国计民生的重要领域推行国有化，修订国家石油法案，征收高额能源
开采费用，有效遏制了西方国家控制国家能源的状况；社会政策上注重关
注中下层民众利益，实施以消除贫困和加快社会发展为目标的"玻利瓦尔
计划"，实行广泛的扶贫帮困和社会保障制度；外交上坚决反对美国的霸
权主义和强权政治，主导建立"美洲玻利瓦尔联盟"。①

拉美左翼政府的经济社会政策与追求社会公正的理念有机结合，使
得这一地区的经济与政治环境不断好转，在拉美起到了良好的示范作用，
从而促进了左翼力量在拉美的重新崛起。

（五）美国全球战略与拉美政策的调整促成左翼力量的拓展

拉丁美洲多年来一直是美国外交的重点，被视为美国的"后院"。但
是冷战结束后，苏联威胁的消失使拉美在美国眼中的战略地位有所下降，
美国外交战略重心由大西洋逐渐转移至亚太区域，一向被视为美国"后
院"的拉美地区被相对忽视，战略地位减弱。克林顿总统上台后，刚开始
时比较重视与拉美的关系，提出建立美洲自由贸易区，但是后来因在海外
忙于应付与前南斯拉夫的战争，拉丁美洲基本上就不在美国政府的议事
日程之内。2000 年，小布什上台伊始，也是想重新打理自己的"后花园"，
但是 2001 年"9·11 事件"发生之后，美国又忙于反恐，将注意力转向南
亚、中亚及中东地区，拉美再次离开美国的议事日程。美国战略转移为拉
美左翼政党的发展提供了良好外部环境。

同时，美国没有根据拉美国家近些年来的变化制定出相应的新政策，
继续推行"新自由主义"和"美洲自由贸易区"计划，而且在应对能源、粮食

---

① 　柴尚金：《拉美左翼和"21 世纪社会主义"的兴起》，《党建》，2009 年第 11 期。

危机方面,美国未采取任何有效的地区性安排来帮助拉美国家摆脱危机。此外,为尽快摆脱 1998 年发生的金融危机,美国将危机转嫁于拉美地区,该做法使拉美经济深受其害。上述美国关于拉美的三个政策导致拉美各国民众普遍产生失望情绪,为拉美左翼力量的崛起提供了政治空间。一些左翼总统候选人利用选民的这种心理,提出一些批评美国的口号,赢得了不少选票。①

二、社会主义思潮与运动的新发展

在 20 世纪与 21 世纪的交替过程中,拉美左翼政党在地区和世界政治舞台的影响力持续增长。古巴在劳尔·卡斯特罗的领导下进行社会主义的探索与改革,委内瑞拉统一社会主义党虽经政局动荡但仍继续执政,巴西劳工党领袖卢拉于 2002 年当选总统,这些事件有力地推动了拉美的社会主义与左翼运动的发展。左翼力量相继在一些拉美国家上台执政,极大地鼓舞了左翼政党在本国扩大政治影响甚至积极争取大选获胜的信心。

2002 年 10 月,巴西劳工党赢得总统选举胜利,取得了执政地位。劳工党执政后便致力于在巴西建设"劳工社会主义"。为了兑现竞选承诺,左翼政府适时进行多项经济与社会改革。劳工党政府在扩大公共领域投资和增加就业岗位的同时,在巴西全国推出"家庭救助计划",实施全民义务教育,并为弱势群体提供免费医疗服务。经过不懈努力,巴西贫富差距明显缩小,贫困人口总数显著减少,中下层民众因此成为支持劳工党的中坚力量。

2006 年 1 月,印第安政治领导人莫拉莱斯当选玻利维亚总统。执政后的莫拉莱斯提出在玻利维亚践行"社群社会主义",致力于建设团结、和谐、互惠基础上的政治经济新模式。"社群社会主义"立足于印第安文明,主要倡导社会公正和以人为本,目标是在拉美地区建立一个"拉美大祖国"。在这种执政理念指导下,莫拉莱斯积极推行国家政治、经济和社会改革。在国际事务中,玻利维亚政府反对帝国主义和强权政治,捍卫国家

---

① 李永刚:《拉美左翼力量为何崛起?》,《新远见》,2007 年第 4 期。

主权,支持为自由和正义斗争的各种力量。在经济上,左翼政府旗帜鲜明地反对新自由主义,实现能源与自然资源的国有化。

2007 年 1 月,拉斐尔·科雷亚就任厄瓜多尔总统。作为左翼的"主权祖国联盟"主席,执政后的科雷亚代表期望变革现实的政治力量,致力于在厄瓜多尔建设"21 世纪社会主义",试图用一种新社会运动变革新自由主义模式,用"另一个世界"取代当前的资本主义。然而,科雷亚明确指出,厄瓜多尔的 21 世纪社会主义迥异于委内瑞拉和玻利维亚,厄瓜多尔应根据本国实际,发展适应本国及地区现状的新型社会主义。

拉美左翼政党上台执政后,毅然抛弃新自由主义的指导原则,致力于社会公正和缩小贫富差距的社会改革,进行了具有本国特色的社会主义探索。同时,受国际金融危机影响,拉美各国对未来发展开始了新的思考和探索,追求公平与正义的社会主义价值理念成为人们探索世界发展路径的必然取向,世界社会主义运动也因此将在多样性中不断向前发展。①

三、社会主义力量的政治取向

进入 21 世纪,拉美左翼政党和左翼组织纷纷调整激进的政策措施,提出与右翼政党迥异的国内外政策,努力向中间选民靠拢,关注基层民主和社会发展,以获得民众更广泛的支持。左翼和社会主义力量在拉美地区的崛起改变了拉美的政治生态与政治版图,对拉美的政治、经济和社会政策产生了重要的影响。因此,在拉美政治发展进程中,左翼和社会主义政党也就不可避免地显示了自己明显的政治取向与政策导向。

（一）左翼与社会主义政党均以民主方式实现执政

随着拉美民主化的发展,拉美左翼从体制内上台执政的渠道是畅通的,它们想要长期执政,最大的对手是右翼政治力量以及代议制民主的政治制度,为此要争取民众的支持才能赢得大选成为执政党。中间选民定律也告诉拉美左翼修正原来的政治理念,走中左的道路,获得更多中间选民的支持。例如,即使巴西卢拉政府和厄瓜多尔古铁雷斯左翼政府,他们

---

① 柴尚金:《拉美左翼和"21 世纪社会主义"的兴起》,《党建》,2009 年第 11 期。

的执政也依赖于中间派人士的支持。拉美新左翼的斗争方式也发生变化，不再以革命性和暴力斗争方式，而是转向在现行体制中与执政者之间通过和平方式，如采取议会辩论、提出不同的国内外政策主张、经济发展理念等进行斗争，以及通过不同政党间的联盟扩充自己的实力，从而获得选民支持，成为执政党，以此逐步实现自己的施政纲领。

拉美左翼政党都是在现有民主宪政体制下逐步掌握国家政权，并未引发政治地震。作为拉美左翼运动旗手的查韦斯也是通过民选方式成为委内瑞拉总统，而由他主导制定的《玻利瓦尔宪法》明确规定，委内瑞拉要建设成为公民既享有个人权利又拥有社会权利的"公正、民主的国家"。目前，拉美左翼政党已非传统的"红色"，而演化成了"淡红色"，左翼力量受到现实政党政治和民主体制的约束，纷纷调整政党的政治纲领和选举策略，有些左翼政党在大选中不得不与中右翼政党结成选举联盟，甚至参与右翼组阁。[①]

（二）政治理念逐渐趋于"中左"的务实政策

拉美左翼执政之后，面临的主要问题是消除新自由主义经济改革造成的贫穷扩大和社会严重分化，其主要任务是在现有体制下恢复经济发展，推动国家现代化发展。因此拉美左翼将追求经济增长与社会公平放在同等重要位置，致力于促进社会就业和减少贫困人口。巴西前总统卢拉曾是激进左翼人士，但他所领导的劳工党执政后，大力振兴国家经济，推进国家的全面发展与进步。为此，劳工党政府提出以推动社会发展为核心的国家发展计划，注重协调经济与社会的发展，缩小贫富差距以及全力帮助弱势群体。

（三）"世界社会论坛"成为拉美左翼政治展示的重要渠道

拉美左翼政党积极倡导成立"世界社会论坛"，而巴西劳工党在2001—2003年连续发起、主办三届"世界社会论坛"，"另一个世界是可能的"成为论坛的核心口号和内容。[②] 论坛着重讨论影响世界发展的重大问题。在论坛力量的构成上，"世界社会论坛"成员主要为中左政党和进

---

① 　袁东振：《当前拉美社会主义思想和运动新动向》，《环球视野》，2009 年 4 月。
② 　吴洪英：《对拉美左派重新崛起的初步评析》，《拉丁美洲研究》，2004 年第 10 期。

步力量,多数来自发展中国家和非政府组织,并在亚洲、欧洲和北美国家建立了一些地区性机构,论坛还聚集了世界上反对新自由主义全球化的力量,是拉美左翼联合对抗美国的重要机构,成为与"世界经济论坛"分庭抗礼的国际性论坛。①

---

① 谌园庭:《拉美左派崛起浅析》,《拉丁美洲研究》,2005 年第 3 期。

第二章
拉美社会主义的类属、缘起与特质

第一节　拉美新左翼的类属与缘起[①]

社会主义运动与左翼政党在拉美的崛起已是不争的事实。新旧世纪之交,左翼政党在阿根廷、玻利维亚、巴西、智利、厄瓜多尔、萨尔瓦多、危地马拉、洪都拉斯、尼加拉瓜、巴拉圭、乌拉圭和委内瑞拉纷纷上台执政。左翼力量的这些胜利在拉美历史上绝无仅有,拉美地区从未出现如此众多的左翼政党与联盟同时执政的局面。因此,厘清拉美左翼的类属与缘起,才能准确把握左翼运动的未来与发展趋势。

一、拉美左翼的类属解构

所谓左翼,又称左派,学界存在多种阐释。英国《剑桥拉丁美洲史》指出,拉美左翼是指拉美各国的共产党和社会(民主党)。[②] 也有学者把拉美现在尚存的一些游击组织(如哥伦比亚革命武装力量、哥伦比亚民族解

---

① 本节主要内容作为阶段性成果发表于《上海行政学院学报》2015 年第 6 期,人大复印资料《世界社会主义运动》2016 年第 1 期全文转载。
② 〔英〕莱斯利·贝瑟尔主编:《剑桥拉丁美洲史》第六卷(下),北京:当代世界出版社,2001年,第 173 页。

放军和墨西哥萨帕塔民族解放军等)看作左翼组织。① 还有的认为,"在拉美现实中,一般意义上的或广义的左派力量,涵盖了十分广泛地对现状不满,期望变革的社会阶层,包括工会、农会、妇女组织、青年组织以及知识阶层、小资产者、自由职业者等"。② 上述定义,只是从政党性质角度来定义,并不全面。

为准确定义拉美左翼,国外也出现将劳工政策以及对工会的态度作为区分拉美左右翼政府重要标志的研究。③ 有中国学者认为拉美左右翼的内涵随着历史演变呈现出了较强的动态性特征,二者出现融合的现象难以区分,可以将是否明确喊出"社会主义"口号来区分拉美左翼和右翼。④ 这两种尝试为拉美左翼研究提供新思路,但或许拉美本地区的学者观点更值得参考。

智利学者玛尔塔·哈内克在其《跨入 21 世纪的左派》一书认为,"左派是指反对资本主义制度及其致富逻辑,并为建立劳动阶级利益服务的社会而奋斗的力量组合",包括"左派党"(izquierda de partido)和"社会左派"(izquierda social),前者是指政党和政治组织,而后者是指社会运动。⑤

学界尚不能给拉美左翼给出一个统一的定义,那可以从左翼的主张来认识,也许会更清晰。也因为拉美左翼政治主张变化,拉美左翼又分为新老左翼。学界区分新老左翼标准,常见有两种。第一种,将是否通过民主选举方式夺得国家政权作为区分新老左翼的标准。第二种,将是否采取新的"反对新自由主义"和"社会主义"经济与社会政策,追求公平与正

---

① Marta Harnecker, *La Izquierda en el Umbral del Siglo XXI*, Editorial Ciencias Sociales. La Habana, 2001.
② Robert J. Alexander, *Political Parties of the Americas*. Greenwood Press, 1982, p.97.
③ Maria Lorena Cook & Joseph C. Bazler, *Bringing Unions Back in: Labour and Left Governments in Latin America*, April 2013, pp.1-42, see from http://digital commons. ilr.cornell.edu/cgi/viewcontent.cgi? article=1166&context=workingpapers.
④ 黄忠,郑红:《近年来国内外拉美新左翼研究评述》,《当代世界与社会主义》,2015 年第 5 期。
⑤ Marta Harnecker, *La Izquierda en el Umbral del Siglo XXI*, Editorial Ciencias Sociales. La Habana, 2001.

义作为衡量新老左翼的重要指标。① 这两种标准都并不全面,实际上拉美左翼主要是因 1998 年乌戈·查韦斯在委内瑞拉大选中当选总统之后,拉美左翼政党不断在选举中获胜后得到世界的普遍关注。在查韦斯之后的拉美左翼政党的政策主张纷纷较 20 世纪 60 年代至 90 年代发生较大变化,因此通常称为"新左翼"。

　　拉美左翼政党与政府可谓林林总总,但就其内在属性而言,应当主要包含两种类型,佩特科夫(Teodoro Petkoff)称之为"改革左翼"(reformist left)和"波旁左翼"(bourbon left),②而卡斯特内达(Jorge Castañeda)则称之为"正确左翼"(right left)和"错误左翼"(wrong left)。③ 有中国学者把拉美左翼分为"温和左翼"和"激进左翼"两类,其中智利、巴西、乌拉圭和阿根廷等属于"温和左翼",委内瑞拉和玻利维亚属于"激进左翼"。④也有学者把拉美左翼分为三类。罗萨诺把拉美左翼分为三类:第一类为"原教旨主义左派",即那些坚持革命立场的左派,如萨尔瓦多的"法拉本多·马蒂民族解放阵线"等;第二类为"民众主义左派",如委内瑞拉的查韦斯、玻利维亚的莫拉莱斯等;第三类为"改良主义左派",如智利社会党、巴西劳工党、阿根廷基什内尔政府、乌拉圭巴斯克斯政府等。⑤ 委内瑞拉学者博埃斯内尔也把拉美左翼分成三类:第一类为"革命左派",比如由共产党领导的古巴政府;第二类为"民主左派",比如巴西、阿根廷、智利、乌拉圭等国的左派政府;第三类为"民众主义左派",比如查韦斯政府。⑥

　　如此分类固然有助于我们了解拉美左翼力量的基本属性。然而,正如一些学者评论,此种分类弱化了左翼运动的内涵,未免略显肤浅,因为

---

① Jayati Ghosh, "Left Regimes in Latin America: Economic Aspects of Attempts to Create '21st Century Socialism'", in *The Marxist*, XXVIII 2, April - June 2012, p.30.
② Teodoro Petkoff, "Las dos izquierdas," *Nueva Sociedad*, No.197, May 2005, pp.114 - 128.
③ Jorge G. Castañeda, "Latin America's Left Turn," *Foreign Affairs*, No.85, May 2006, pp. 28 - 43.
④ 苏振兴:《拉美左派崛起与左派政府的变革》,《拉丁美洲研究》,2007 年第 12 期。
⑤ Wilfredo Lozano, "La Izquierda Latinoamericanaenel Poder", *Nueva Sociedad*, No.197, Caracas, Venezuela, Mayo-Junio 2005, p.130, pp.133 - 135.
⑥ Demetrio Boersner, "Gobiernos de Izquierdaen América Latina, Tendencies y Experiencias", *Nueva Sociedad*, No.197, Caracas, Velezuela, Mayo-Junio, 2005, pp.112 -113.

拉美左翼政府在领导方式、组织机构与社会基础方面存在明显差异。[①]
因此,从政党的内在本质与政府的社会经济政策考量,拉美左翼力量似乎
应分为自由左翼(liberal left)与干预型左翼(interventionist left)。

(一)自由左翼的市场取向

20世纪80年代,拉美传统左翼政党遭遇了市场化的巨大政治与经
济压力,抛弃了多年来一直倡导的国家干预政策,政治上逐渐向中间靠
拢,因此倾向于采取温和的、以市场为导向的经济和社会政策。这些政府
虽不像20世纪90年代执政的新自由主义政府完全以市场为导向,但他
们总体上并不排斥市场在经济中的作用。在传统左翼政党未能执政的拉
美国家,尽管左翼政党为争取中间选民失去了某些激进特征,但仍能得到
对新自由主义改革不满的选民支持,能够通过强烈批判新自由主义政策
来阻止更加激进的新左翼运动在本国诞生与壮大。

巴西、智利和乌拉圭的自由左翼政府开放本国的对外贸易与投资。
智利的巴切莱特(Michelle Bachelet)和拉各斯(Ricardo Lagos)政府降低
关税,放松对资本的控制。乌拉圭的巴斯克斯(Tabare Vázquez)政府与
美国签署双边投资协议,而巴西劳工党的卢拉(Luiz Inacio Lula da Silva)
和罗塞夫(Dilma Rouseff)政府则不断提升外资开放程度,在对外贸易中
维持相对自由的经济政策。

除智利拉各斯政府之外,拉美自由左翼政府并没有进行国有资产的
私有化或私有资产的国有化,并且实施了较为保守的货币与财政政策。
巴西的劳工党政府提高利息、增加预算盈余以及维持相对较低的所得税
水平。智利的拉各斯政府则通过了一项法律以确保政府的年度预算盈
余,增强中央银行的独立性,防止政治干涉货币政策。乌拉圭的巴斯克斯
政府也采取了有力措施,限制政府开支,保障年度预算有较大盈余。

(二)干预型左翼的调控特质

在20世纪90年代拉美的政治发展历程中,干预型左翼的激进社会

---

① Hector E. Schamis, "Populism, Socialism, and Democratic Institutions," *Journal of Democracy*, No.17, October 2006, pp.20-34.

运动主要出现在中左政党执政并推行市场化的国家。在这些国家，传统左翼向中间靠拢，为倡导国家干预的新型左翼运动留出政治发展空间。由于新自由主义的失败，对现状不满的选民抛弃了传统左翼，转而支持更加激进的左翼运动。

干预型左翼政府不断扩大国家对经济的干预，其政策虽然没有20世纪六七十年代那样激进，但这些国家普遍强化对自然资源和能源产业的控制。委内瑞拉政府迫使私有石油公司把多数产权出售给国家，并大幅提升政府的税收比例。玻利维亚的莫拉莱斯（Evo Morales）政府强行接管外资的天然气公司，提高上缴国家的税收与各种费用。厄瓜多尔的科里亚（Rafael Correa）政府则颁布一项法令，把石油产业的国家利润分成比例由50%提高至99%。① 除能源产业的国有化之外，干预型左翼政府还对电信、钢铁以及电力实行国有化，相继成立了航空和电信行业新的国有公司。

分析自由左翼与干预型左翼在政策取向方面的差异，应更多关注这些左翼政党产生的时间节点。拉美自由左翼政府主要是指20世纪80年代末和90年代初上台执政的资历较深的左翼政党，当时面临着新自由主义政策的巨大压力。严重的金融危机以及国家干预政策的失败，拉美民众对于国家主导的发展模式希望幻灭，许多拉美政府因而转向由跨国金融机构和发达国家主导的以市场为导向的经济政策。20世纪90年代中期，这些新自由主义政策帮助拉美国家摆脱了通货膨胀，金融秩序得以恢复，也一定程度上促进了经济的增长。因此，这一时期执政的拉美左翼政党都面临新自由主义的巨大压力。

概而言之，自由左翼政府较多青睐先前的以市场为导向的经济政策，干预型左翼政府则倾向采用增加公共开支与加强国家对经济的干预。同时，自由左翼和干预型左翼的政党组织架构也不尽相同，自由左翼多由历史更悠久、制度化相对完善的政党组成，干预型左翼则多为流动不定、高

---

① Gustavo A. Flores-Macias, "The Political Economy of the Left in Latin America: Explaining Governments' Reactions to Neoliberal Reforms", Ph. D. diss.. Georgetown University, 2008.

度依赖领袖魅力的新型社会运动。

二、拉美左翼缘起的内生动因

20世纪90年代末至21世纪初,拉美地区经济危机不断加剧,民众对自由主义的不满情绪也在逐渐加深,拉美各国不同程度地受其影响。在执政的传统左翼政党完成市场化改革的这些国家中,新左翼政党应运而生。在玻利维亚、厄瓜多尔和委内瑞拉,传统左翼政府的新自由主义政策失去了左翼选民的支持,为更加激进的新左翼政党让渡出政治空间。在巴西和乌拉圭,左翼政党20世纪90年代未能上台执政,无需对市场化改革负责,更激进的政党缺乏政治生存空间,传统左翼因而仍能获得左翼选民的支持。

(一) 学界现存观点与评析

拉美左翼运动呈现出两种主要类型的深层动因,学界从不同的分析视角进行了各种诠释。卡斯特内达(Jorge Castañeda)认为,不同的历史起源衍生出拉美迥异的两类左翼运动与政党。从共产主义和社会主义政党演变而成以及成立于后卡斯特罗游击运动时代的左翼政党,都能够从自身的失败以及苏联与古巴的境遇中吸取教训,实施政党的调整和改革。然而,产生于拉美民粹主义运动的左翼政党则较少受到世界左翼思潮和共产主义的影响,更加关注如何能在本国的选举中上台执政。[1]

拉美政治运动的现实与卡斯特内达的分析恰好相反,传统的民粹主义政党与新左翼政党之间几乎不存在任何联系。玻利维亚、厄瓜多尔与委内瑞拉的新左翼政党通常被视为民粹主义,但这些左翼党派却激烈批评和极力疏远国内的民粹主义政党。拉美许多民粹主义政党,如玻利维亚的民族革命运动(Nationalist Revolutionary Movement)和墨西哥的制度革命党(Institutional Revolutionary Party),都抛弃了传统的国家干预政策,支持实施市场经济改革。然而,拉美一些传统的共产主义和社会主义政党却没有锐意改革,智利共产党(Chilean Communist Party)和秘鲁

---

[1] Jorge G. Castañeda, "Latin America's Left Turn", *Foreign Affairs*, No.85, May 2006, pp. 28–43.

的左翼联合阵线(United Left)在 20 世纪 80 年代末与 90 年代初没有适时调整党的极端主义政策,目前已基本不具政党影响力。

另一种观点强调自然资源收入的激增催生拉美两种类型的左翼政党。科特·威兰德(Kurt Weyland)认为,干预型左翼产生于玻利维亚、厄瓜多尔和委内瑞拉,原因在于这些国家通过利用自然资源而获得的巨额收入损害了以市场为导向的经济和社会政策,其领导人与人民便会忽视市场的作用。巨额的自然资源收入使新自由主义政策黯然失色,但造就了巨大的国家发展机遇,促进了激进主义挑战现有的政治与社会经济秩序。然而,在缺少巨额自然资源收入的巴西、智利和乌拉圭,左翼政党在某种程度上被迫接受市场经济的政策,竭力通过提高生产力、效率和竞争力来促进经济的发展。①

自然资源收入的分析视角有助于理解国际经济状况,也有助于解释石油收入颇丰的委内瑞拉为何抗拒市场化改革。然而,回顾查韦斯政权上台执政的时间,不难发现他领导的左翼联盟开始执政时正值国际油价的低迷期。此外,用这一方法分析玻利维亚和厄瓜多尔的新左翼政党也不太恰当,因为相较于巴西、智利和乌拉圭,这两个拉美国家相对贫穷,自然资源的收入也极其有限。

古斯塔沃(Gustavo A. Flores-Macias)则认为,国家政党体制的差异导致拉美产生两类不同的左翼政党。体制与制度化完备的左翼政党拥有较为广阔的视野,更为重视在现行法制框架之下进行政策决策,政党领袖通常在体制内产生。但是,较为激进的左翼政党更容易在体制与机制不甚完善的国家取得政权,体制外的政治强人更容易攫取政党的领导权。②

政党机制化的分析方法有助于解释拉美两类左翼政党产生之源。安第斯山脉国家政党机制的瓦解为新左翼政党的出现扫清了障碍,南科恩地区(Southern Cone)政党制度的整合也为这一区域传统左翼激进政党

① Kurt Weyland, "The Rise of Latin America's Two Lefts", *Journal of Democracy*, No.17, October 2006, pp.145 - 164.

② Gustavo A. Flores-Macias, "Statist vs. Pro-Market: Explaining Leftist Governments' Economic Policies in Latin America", *Comparative Politics*, No.42, July 2010, pp.413 - 433.

的中间路线改革提供了动力。然而,政党制度化的缺失只能部分解释新型左翼政党产生的动因。在玻利维亚、厄瓜多尔和委内瑞拉,原有政党机制的瓦解先于新左翼政党的产生,只是这些激进左翼运动加速了政党去机制化的进程。在智利、乌拉圭和巴西,政党机制化的加强部分源于传统温和左翼的胜利以及激进左翼的失败。因此,政党机制化无法充分诠释20 世纪 80 年代末与 90 年代初拉美众多左翼政党为何趋于中间化以及支持国家采取市场经济的政策。

(二) 政治与经济环境转换的宏观视角

在拉美的政治进程中,无论巴西的劳工党与乌拉圭的广泛阵线,还是玻利维亚的左翼革命运动(Movement of the Revolutionary Left)、厄瓜多尔的民主左翼(Democratic Left)和委内瑞拉的实现社会主义运动(Movement toward Socialism)等中左政党,都一直倡导社会主义理念,或至少也是赞成政府主导的经济与社会发展政策。

然而,20 世纪 80 年代末 90 年代初,东欧剧变与苏联解体,社会主义的理念与原则在全球影响力有所减弱,此时爆发的金融危机更加凸显了拉美盛行的进口替代型工业化之路的弊端,多数国家面临严重的经济萎缩与通货膨胀,民众对国家干预为主导的社会主义政策的支持力度大为减弱。阿根廷的阿方欣政府(Raúl Alfonsín)、秘鲁的加西亚政府(Alan Garcia)、巴西的萨尔尼政府(José Sarney)与墨西哥的洛佩斯政府(José López Portillo)先后采取了非常规的国家干预政策,但金融危机却进一步加深。因此,许多政客把矛头指向这种国家主导型的经济发展模式,批评这一模式导致巨额财政赤字、高额的外债以及无数低效的国有企业,国家干预的发展模式受到广泛诟病。

新自由主义因而成为这一地区 20 世纪 90 年代主要的经济发展模式,削减政府开支与遏制通胀的传统措施也为拉美国家带来了巨大的益处。拉美的通胀率从 1991 年的约 200％下降到 1997 年的 10.4％。贸易与金融自由化、放松政府的管制与国企私有化等结构性调整帮助拉美国家恢复了金融秩序,政府的财政收入与工业的竞争力也大幅提升。1991—1997 年可谓拉美新自由主义的黄金时代,年均经济增长率达到

3.8％,而 1981—1990 年的年均增长率仅有 1.0％。[①]

　　国家干预政策的失败以及市场化改革的最初成功,使拉美左翼政党感受到巨大的政治压力,它们纷纷修正政策向中间靠拢,在一定程度上拥护以市场为导向的国家政策,抛弃了国有化、保护主义以及增加公共开支和税收的政策主张。在许多拉美国家,公众强烈呼吁进行市场化改革,左翼政党只能迎合民众的需求。20 世纪八九十年代的大部分时间,玻利维亚、巴西、智利、厄瓜多尔、乌拉圭和委内瑞拉的多数左翼或中左政党都支持或沿用这种市场化政策。此外,左翼执政党领导人当时还受到国际机构的巨大压力,而市场化改革却能够从跨国金融机构和发达国家获得巨额的金融资助。

　　然而,20 世纪 90 年代末期,拉美地区政治经济环境开始转换。多数拉美国家的债务负担有所减轻,跨国银行、国际金融机构和发达国家逐渐丧失其影响力,其倡导的市场为导向的经济和社会政策也失去了吸引力。自 1998 年,外资开始撤出拉美地区,许多拉美国家面临严重的经济困境。通货膨胀尽管维持在低位,但经济也陷入停滞状态。1998—2003 年,拉美地区年均国内生产总值(GDP)增长率仅有 1.3％,实际的人均 GDP 不增反降,失业率在 1991—1997 年为 6.7％,而 1998—2002 年却上升至 8.5％。[②]

　　拉美的经济困境也使得处于主导地位的新自由主义模式失去了民众的支持。市场为导向的经济政策的成就,通货膨胀的有效遏制,对于多数人而言已是一种遥远的记忆。新自由主义的效果此时也受到广泛质疑,国企私有化对国家有利的比例从 1998 年的 46％下降至 2003 年的 21％,支持市场化以及学校与医疗私有化的比例在 20 世纪 90 年代末期也显著下降。[③]

　　经济危机与日渐式微的新自由主义政策成就了拉美地区左翼政党在

---

① Economic Commission for Latin America and the Caribbean（ECLAC）, *Preliminary Overview of the Economies of Latin America and the Caribbean*. Santiago: ECLAC, 1999, pp.83 - 85.

② Economic Commission for Latin America and the Caribbean, *Preliminary Overview of the Economies of Latin America and the Caribbean*. Santiago: ECLAC, 2003, pp.140 - 141, p.156.

③ ECLAC, *Preliminary Overview*, 1999, p.86; ECLAC, *Preliminary Overview*, 2003, p.156.

选举中的胜利,但这些上台执政的左翼政党存在巨大的差异。在巴西、智利和乌拉圭这些国家之中,执政的传统左翼政党承诺削减社会开支,纠正新自由主义的过失,但并未完全抛弃这一以市场为导向的经济与社会政策。然而,通过选举上台执政的新左翼政党则强烈反对新自由主义的市场经济政策,并誓言完全取缔。

(三)干预型左翼崛起的成因考量

干预型左翼运动主要出现在20世纪90年代传统左翼执政并进行市场化改革的拉美国家。20世纪90年代末期,干预型左翼政党在玻利维亚、厄瓜多尔和委内瑞拉的崛起,主要肇始于民众对新自由主义和实施这一政策的政党的不满,而传统左翼政党也为反对新自由主义的新型左翼政党的崛起让渡出政治空间。经济危机和社会差距的不断扩大,民众对于市场经济政策失去了信心,新型左翼政党因而获取了多数选民的广泛支持。

1. "实现社会主义运动"的崛起

玻利维亚最具影响力的左翼政党——左翼革命运动(Movement of the Revolutionary Left)的新自由主义政策为干预型左翼力量的崛起奠定了基础。20世纪80年代末与90年代初,左翼革命运动逐渐趋于中间化。作为左翼革命运动领导人的扎莫拉(Jaime Paz Zamora)在1989年当选总统,开始在玻利维亚全面推行新自由主义政策,成功遏制本国的通货膨胀,促进了经济增长。同时,左翼革命运动随后与前军事独裁者胡戈·本泽尔(Hugo Banzer)领导的国内最大的右翼政党——民主民族行动党(Democratic and Nationalist Action)组成政治联盟,一直延续至本泽尔的总统任期(1997—2001)。

左翼革命运动的中间政策与市场化改革最初促进了该党的发展,但新自由主义的幻灭却使之成为政党的负面资产。20世纪90年代末,玻利维亚与其他拉美国家一样陷入严重的经济危机。1999—2003年,玻利维亚的人均GDP每年下降0.5%,城市失业率却从1997年的4.4%增加至2002年的8.7%。[①] 民众对市场化政策的支持率因而明显下降,从

---

① ECLAC, *Preliminary Overview*, 2003, p.141, p.156.

1998 年的 55％降低为 2005 年的 25％。① 经济危机以及政府的腐败和低效引起人们对于左翼革命运动和其他两个传统左翼政党的广泛不满，选民对于左翼政党的支持率显著降低。

左翼革命运动的中间化以及人民对传统左翼政党的不满为新型左翼政党的出现创造了政治空间。这一空间最初由左翼民粹主义政党——祖国良心（Conscience of the Fatherland）所填补，但党内斗争、创始人的离世以及与右翼政党民主民族行动党的结盟使之失去了民众的支持。莫拉莱斯（Evo Morales）领导的更为激进的左翼力量实现社会主义运动（Movement toward Socialism）在 1998 年取而代之，并激烈抨击传统左翼政党和新自由主义政策，致力于维护民族利益。在 2002 年的总统选举中，名不见经传的莫拉莱斯得票数名列第二，仅落后获胜者 2％。但是，莫拉莱斯在 2005 年的大选中却以 53％的得票率当选总统，并在 2009 年以更高的支持率继续连任。② 2014 年，莫拉莱斯又以较大优势获得连任，任期至 2020 年，得票率领先紧随其后的候选人——玻利维亚水泥业富翁梅迪纳近 40％。③

2."主权祖国联盟"的执政

在厄瓜多尔，罗德里格·布尔加（Rodrigo Borja）领导的民主左翼党（Democratic Left）在 1988—1992 年执政期间也采取了新自由主义的市场化政策，同样为更加激进的新左翼力量让出了政治空间。与玻利维亚左翼革命运动所领导政府的市场化政策比较而言，民主左翼党的市场化政策相对温和，因为厄瓜多尔的国家干预政策从未像玻利维亚那样带来灾难性后果。然而，在 20 世纪 80 年代末 90 年代初，为了使经济步入正轨，布尔加政府大力推行削减关税、降低利率、贬值货币、减少预算赤字，并与国际货币基金组织（IMF）签订多项协议。

随后，杜兰·拜伦（Sixto Duran Ballen）领导的右翼政府在 20 世纪

---

① Corporación Latinobarómetro, *Latinobarómetro Report*, 2005, p.76.
② Raul L. Madrid, "The Rise of Ethnopopulism in Latin America," *World Politics*, No.60, April 2008, pp.475－508.
③ "玻利维亚大选莫拉莱斯赢得三连任"，http://world.gmw.cn/newspaper/2014－10/14/content_101428905.htm。

90 年代稳步推进经济增长。然而，与多数拉美国家一样，厄瓜多尔在 20世纪 90 年代末也遭遇严重经济危机。1999—2003 年间，厄瓜多尔每年的经济增速只有 1.3%，人均 GDP 不增反降，城市失业率也从 1995 年的7.9%增加到了 1999—2000 年的 14%。新自由主义政策的支持率显著下降，国企私有化的支持率从 1998 年的 57%降至 2005 年的 33%。[1] 传统政党无法解决厄瓜多尔的经济、社会和政治问题，民众对政党的信任度在2001 年只有 8%。经济危机与市场化的灾难引发广泛的社会抗议运动，布卡莱姆（Abdalá Bucaram，1996—1997 年在位）和马胡德（Jamil Mahuad，1998—2000 年在位）两任政府相继垮台。[2]

厄瓜多尔的民粹左翼，而非传统左翼，主导了反对新自由主义和反政府的社会运动。在 2002 年的总统选举中，布尔加作为民主左翼党的候选人参加竞选，但由于他领导的政府先前支持新自由主义政策，无力解决国内经济和社会问题，最终获得的选票仅名列第四。然而，作为政治局外之人的卢西奥·古铁雷斯（Lucio Gutiérrez）与一个原住民左翼政党结成联盟，利用选民对于传统政党的不满，在 2002 年当选厄瓜多尔总统。就任总统之后，古铁雷斯却改变了竞选时的政策主张，转而支持新自由主义，并与国际货币基金组织签署协议。这种政策的转变，部分导致了他在汹涌的社会抗议声中黯然下台。

在 2006 年的大选中，另一位民粹主义新秀拉斐尔·科雷亚（Rafael Correa）与他领导的主权祖国联盟（Alianza País）获取胜利。2005 年，科雷亚担任经济部长期间曾提出实施国家干预政策，强烈反对新自由主义和当时的政治体制。与莫拉莱斯一样，科雷亚获得了贫民、原住民、左翼力量以及对传统政党和现状不满的选民支持，并在 2009 年成功连任。

3.“第五共和国运动”的胜选

委内瑞拉左翼民粹领导人乌戈·查韦斯的崛起也主要源于选民对于新自由主义和实施这一政策的政党的不满。20 世纪 90 年代，委内瑞

---

[1]　Corporación Latinobarómetro, *Latinobarómetro Report*，2005，p.76.

[2]　J. Andrés Mejía Acosta, "Ghost Coalitions: Economic Reforms, Fragmented Legislatures, and Informal Institutions in Ecuador（1979 - 2002）.", Ph. D. diss.. University of Notre Dame，2004，p.28.

拉的经济危机早于多数拉美国家,左翼力量也因此较早走上政治舞台。当卡洛斯·佩雷斯(Carlos Andrés Pérez,1989—1993 年在位)政府实施市场化改革之时,左翼反对力量便在委内瑞拉出现,一些城市爆发激烈的示威游行,佩雷斯领导的民主行动党(Democratic Action)这一中左政党内部甚至也存在强烈的反对之声。1992 年,尽管查韦斯领导的军事政变未遂,但他强烈抨击当时的政治体制,在委内瑞拉国内引起广泛的共鸣。在之后的几年中,佩雷斯受到弹劾下台,委内瑞拉最大的党派民主行动党和政治选举独立组织委员会(The Political Electoral Independent Organization Committee)的支持率大幅下滑。两大党派先前的支持率高达 80%,而在 1993 年大选中的支持率仅有 46%,[①]输给了独立候选人拉斐尔·卡尔德拉(Rafael Caldera)。执政之初,卡尔德拉扩大了政府对经济的干预,但经济状况更加恶化,政府不得不调转方向,重新实施新自由主义改革。市场化的改革由时任政府规划部长的迪奥德罗·佩特科夫(Teodoro Petkoff)组织实施,但佩特科夫却是左翼政党实现社会主义运动(Movement toward Socialism)的创始人。这些政策短暂刺激了经济发展,但 1997 年末的油价大跌使得委内瑞拉的经济遭受重创。

　　经济危机使得传统政党的支持率大为降低。1993—1998 年,委内瑞拉的经济年均增长 1.3%,失业率却从 6.6% 增长至 11.3%。1998 年,支持私有化的比例高达 59%,而在 2005 年降为 44%。[②] 卡尔德拉、民主行动党和实现社会主义运动的新自由主义政策为新型左翼政党让出了政治空间。在 1998 年的委内瑞拉大选中,查韦斯不是作为传统左翼政党的候选人,而是以一年前亲自创立的第五共和国运动(The Fifth Republic Movement)领导人的身份参加总统选举。作为政治新秀,查韦斯强烈批评委内瑞拉国内政局与新自由主义政策,赢得总统之位,并在随后几次的全民公决中获取胜利,连续执政至 2013 年 3 月 5 日辞世。

① 　Kurt Weyland, *The Politics of Market Reform in Fragile Democracies: Argentina,
Brazil, Peru, and Venezuela.* Princeton, NJ: Princeton University Press, 2002,
pp.213-216.
② 　ECLAC, *Preliminary Overview*, 1999, p.83, p.86.

（四）自由左翼崛起的动因视角

20 世纪 90 年代，巴西和乌拉圭主要左翼政党趋于中间化。然而，与安第斯的邻国不同，巴西的劳工党（Workers' Party）和乌拉圭的广泛阵线（Broad Front）没有能够上台执政，因而可以对新自由主义政策和实施这一政策的政府提出批评。劳工党和广泛阵线获得了反市场化政策的众多选民的支持，也能得到支持市场经济模式的选民青睐，同时也阻止了更加激进的新左翼运动的崛起。智利社会主义党（Socialist Party of Chile）的中间化进程先于劳工党和广泛阵线，在拉美国家中最早成功实施新自由主义政策，无需与新自由主义进行切割，也不会遇到更为激进的左翼力量的挑战。

1. "劳工党"的首次执政

巴西劳工党的调整深受巴西社会民主党（Brazilian Social Democratic Party）与其领导人费尔南多·卡多佐（Fernando Henrique Cardoso）的影响。1994 年，卡多佐时任伊特马尔·弗兰克（Itamar Franco）政府的财政部长，成功实施了以市场为导向的经济稳定计划，终结了严重困扰巴西的通货膨胀。在随后举行的总统选举中，卡多佐凭借成功的经济稳定政策当选巴西总统。执政之后的卡多佐与社会民主党继续进行市场化改革、国企私有化以及向外资开放本国市场。成立于 1988 年的社会民主党也因此从中左政党转型为中间型政党，其主要政策保障了巴西经济稳定增长。1994—1997 年间，巴西经济的年均增长率为 3.9%。[①]

劳工党最初的中间化始于 1995 年。劳工党候选人卢拉在 1994 年的总统选举中败北，党内开始了反思与改革，赞成中间化的力量逐渐掌握了党的领导权，并在 1995 年劳工党全国代表大会上通过决议，调整党纲与党的指导思想。此外，20 世纪 90 年代中期，卡多佐政府成功的市场化政策激励着劳工党向更加温和的政党转型，劳工党因此在一定

---

① David Samuels, "From Socialism to Social Democracy: Party Organization and the Transformation of the Workers' Party in Brazil", *Comparative Political Studies*, No.37, November 2004, pp.999 - 1024.

程度上接受新自由主义的某些市场政策。在1998年的总统选举中,劳工党摈弃了社会主义色彩的话语和口号,中间化的趋势更加明显。尽管这种转变使得劳工党候选人卢拉获得更多的支持,但还是没有能够在这次大选中获胜。

然而,由于经济停滞,巴西的政治气候在1998年开始变化,卡多佐政府的市场化政策逐渐失去支持。1998—2002年间,巴西年均经济增长率只有1.7％,人均GDP没有任何增长,而六个主要都市区域的失业率却从1997年的5.7％上升为2002年的11.7％。2002年,认为国企私有化对国家有利的比例从1998年的54％降至38％。[1] 因此,劳工党和卢拉开始激烈批评卡多佐政府的经济政策,承诺将更加大胆地解决社会问题,维持以市场为导向的经济发展框架,竭力争取支持卡多佐的选民。在2002年的总统竞选过程中,劳工党和卢拉许下诺言,新政府将继续执行与国际货币基金组织签署的协议,保持预算盈余和价格稳定,并与中间党派和保守力量组成执政联盟。

劳工党和卢拉在国内政治气候转变后仍继续坚持中间化的道路,原因在于劳工党不会遭遇左翼力量的挑战,并与工会和各种社会组织紧密联系,深受传统左翼选民的支持,中间化的政治代价相对较低。在2002年的总统选举中,劳工党首次获胜,卢拉在首轮投票中获得46％的选票,在第二轮投票中获得61％的支持率,轻松击败社会民主党候选人何塞·赛尔拉(José Serra),并在2006年继续连任。作为卢拉的接班人,迪尔玛·罗塞夫(Dilma Rousseff)在2010年上台执政,成为巴西历史上首位女总统,并在2014年10月成功连任,劳工党的经济与社会政策得以延续。

2.“广泛阵线”的成功中间化

20世纪90年代,乌拉圭的广泛阵线也逐渐趋于中间化。1984—2004年间,乌拉圭的两大传统政党,即中间的科罗拉多党(Colorado Party)和中右的国家党(National Party)轮流执政。两大党派在20世纪

---

[1]　ECLAC, *Preliminary Overview*, 2003, p.140, p.156.

90 年代实施市场化改革,促进了国内经济的稳步发展。1991—1998 年,乌拉圭的年均经济增长率为 3.9%,而 1981—1990 年的经济增长却为零,通货膨胀也由 1991 年的 81% 降到 1998 年的 8.6%。[①]

新自由主义政策的成功以及为了获取中间选民的支持,迫使广泛阵线开始政党中间化的进程。赞成中间化的党内领导人塔瓦雷·巴斯克斯(Tabaré Vázquez)和丹尼洛·阿斯特里(Danilo Astori)强化了党内领导权,并与中间政党结成战略联盟。自 1995 年,巴斯克斯和阿斯特里开始着手政党中间化,废止了一项银行国有化的政党提案,并在 1998 年的国会中不再提出延期偿还债务的议案。在 1999 年的总统选举中,广泛阵线的中间化的确帮助他们获得了更多选民的支持,但政府的市场化政策仍深受选民的拥护,执政的科罗拉多党还是以微弱优势继续执政。

然而,乌拉圭自 1999 年遭遇严重的经济危机。深受国际经济下行以及邻国阿根廷严重危机的影响,乌拉圭的经济在 1999—2002 年间年均萎缩 4.9%,城市失业率从 1998 年的 10.1% 升至 2002 年的 17%。[②]经济的恶化引发民众对于政府和新自由主义政策的极为不满。同时,巴斯克斯领导的广泛阵线则继续奉行中间路线,并在 2004 年的大选中摈弃了左翼的激进口号和政策,主张继续实施新自由主义某些合理的市场化措施,甚至提出应营造有利的商业环境,提升乌拉圭的国际竞争力。

20 世纪 90 年代末期和 21 世纪初,拉美的经济和政治气候发生了变化,但巴斯克斯和阿斯特里继续推动广泛阵线的中间化。他们深知,没有中间选民的支持就不可能上台执政,而 1999 年大选的教训更加坚定了这一信念。更为重要的是,广泛阵线不必担心来自左翼政党的挑战,深受传统左翼选民的坚定支持,并与工会和左翼社会运动组织紧密联系。在 2004 年的总统选举中,广泛阵线成功获得左翼和中间选民的坚定支持,得票率为 50.5%,第一次在乌拉圭上台执政。

---

① ECLAC, *Preliminary Overview*, 1999, p.83.
② ECLAC, *Preliminary Overview*, 2003, p.140.

3."社会主义党"的成功实践

在奥古斯托·皮诺切特(Augusto Pinochet)独裁统治期间,智利社会主义党一直激烈批评政府的新自由主义社会和经济政策导致智利的社会贫困与失业。1982—1983年的经济危机后,皮诺切特政府调整市场经济政策,保持了经济的稳定增长。20世纪80年代末,智利成为拉美增长最为强劲的经济体,民众对新自由主义政策的支持度也大为提升。在1988年的全民公决中,社会主义党与政党联盟支持市场经济政策,并承诺执政后将延续这一政策。社会主义党的这种调整部分属于争取中间选民和商界支持的战术考量,但也促使党内领导思想的转变,承认皮诺切特的政策促进了智利的经济与社会发展。

在1989年的智利总统选举中,中左联盟的调整使得许多支持市场经济模式的选民拥戴持中间路线的基督教民主党(Christian Democratic Party)候选人帕特里西奥·奥尔文(Patricio Aylwin)。上台执政后,中左政府继续实施皮诺切特时期的市场经济政策,扩大社会支出。20世纪90年代,智利的经济快速增长,贫困人口大为减少,通货膨胀维持在较低水平,从而保障了中左联盟在这一时期能够连续执政。

1999年,中左联盟推举社会主义党领导人里卡多·拉各斯(Ricardo Lagos)作为总统候选人。然而,智利的经济就在这一年陷入衰退,国内生产总值增长率为－0.5％,失业率从1998年的6.4％上升至1999年的9.8％,[①]联盟的支持率因而有所降低。

20世纪90年代,中左联盟始终处于执政地位,拉各斯因此无法置身于新自由主义政策之外。其实,就智利而言,这一时期的经济状况表现良好,中左力量无需远离这一政策,并且智利国内没有来自极左力量和社会运动的挑战。拉各斯誓言进行更加大胆的改革,缩小社会差距与减少贫困。拉各斯的主要竞选对手是右翼力量候选人乔奎恩·莱维(Joaquín Lavin),在第二轮投票中仅以3％的差距败北。[②]

---

① ECLAC, *Preliminary Overview*, 2003, p.140; Kenneth M. Roberts, *Deepening Democracy? The Modern Left and Social Movements in Chile and Peru*. Stanford, CA: Stanford University Press, 1998, p.146.

② ECLAC, *Preliminary Overview*, 2003, p.160.

尽管智利的经济在 1999 年遭遇危机,但却很快得到恢复。2000—2005 年间,经济年均增长 4.3%,拉各斯以较高的民众支持度结束自己的任期。在 2005 年的总统选举中,社会主义党候选人米切尔·巴切莱特(Michelle Bachelet)因此受益,承诺将延续拉各斯政府的经济政策。像拉各斯一样,巴切莱特也遭遇中右翼候选人塞巴斯蒂安·皮涅拉(Sebastián Pinera)的有力竞争,在第二轮投票中仅以 53.5% 的得票率胜出。尽管巴切莱特是位出色的总统,离任前的民众支持率高达 84%,但也未能帮助中左联盟继续执政。在 2010 年的大选中,皮涅拉击败基督教民主党候选人埃杜尔多·弗雷(Eduardo Frei),当选智利总统。但是,2013 年 12 月,巴切莱特作为反对党联盟候选人再次当选智利总统。

第二节　政治嬗变中的拉美社会主义政党①

肇始于 20 世纪 70 年代末期的拉美民主化浪潮对这一地区的左翼与社会主义力量的发展产生了重要影响。社会主义政党在民主化进程中恢复了合法的身份与政治地位,在民主化的新背景下适时革新,实现意识形态与政治战略从激进到温和的转型,展示出社会主义政党的独有特质,促进了拉美政治的多元发展趋势,为 21 世纪初社会主义力量在拉美多国执政奠定了坚实基础。

一、民主化背景下社会主义政党的变革

拉丁美洲是世界上最早受到西方民主思想影响以及从事民主运动的地区之一。拉美第一次民主化浪潮始于 19 世纪的民族独立战争,追求民族解放和建立民主政体。在 20 世纪六七十年代的军事独裁统治时期,拉

---

① 本节主要内容作为阶段性成果发表于《青海社会科学》,2015 年第 5 期。

美左翼与社会主义政党成为独裁恐怖镇压的重点。20 世纪 70 年代末以来,拉美民主化运动再度兴盛,尤其在新旧世纪之交,社会主义政党进行适时改革与调整,在民主化背景下寻求新型发展之路。

(一)拉美民主化进程与局限

20 世纪 70 年代后期,拉美各国文人政府相继取代军政权,代议制的民主政治体制得以恢复。然而,由军人政权过渡到文人执政并不意味拉美政治民主化进程的终结,因为民主化绝不限于军政府倒台和资产阶级代议制政权的建立。军人独裁政权让位于民选政府之后,拉美的政治民主化仍面临诸多严峻挑战。

1. 军人干政与政府频繁更迭构成政治民主化的最大障碍

20 世纪 70 年代末,拉美军人政权在内外压力下逐渐还政于民,但如何防止军人干政仍是民选政府的艰巨任务,因为军界强人在国内政治中仍具有巨大的影响力。一些拉美国家的军队在多年民主改革后依然限制民选政府,以武力要挟政府和议会的事件时有发生。

在 20 世纪 90 年代以后,拉美军事政变的历史重演经常发生,例如,尽管阿根廷从 1983 年军事政府还政于民之后,部分中下层军官仍先后发动四次政变;1991 年,海地历史上第一位民选总统因军事政变赶下台,而且在之前就已经发生过两次未遂的军事政变;1992 年,委内瑞拉发生了两次未遂的军事政变;1992 年,秘鲁总统藤森发动"自我政变",宣布解散议会,彻底改组司法机构,集立法、司法和行政三权于一身;1993 年,危地马拉总统塞拉诺效仿秘鲁总统藤森发动"自我政变",在军队的支持下宣布解散议会和最高法院。2000 年 1 月,厄瓜多尔军队支持印第安民族联合会包围总统府,推翻马瓦德总统,与印第安民族联合会组建三人"拯救国家委员会",试图取代总统履行政府职能。从这些事件中都可以看到军人干政往往导致政府频繁更迭,阻碍拉美民主制度的发展。

巴西劳工党自 2002 年上台执政至今,军队没有给劳工党政府制造困难,不是因为军队听从劳工党指挥,愿意接受劳工党领导,而是因为劳工党政权完全按照既定模式管理国家,劳工党在土地改革、社会财富分配和国有化方面不敢采取实质性的措施,担心惹怒军方也是原因之一。此外,一些拉美国家更是饱尝政府频繁更迭和军事政变之苦。厄瓜多尔在1996—2003年间换了五位总统,而每次发生的社会冲突和政治动荡,都给国家经济与社会带来巨大灾难,经济发展至少倒退10—15年。[1]

2. 现行体制弊端制约政治民主化

在19世纪摆脱殖民统治与获得民族独立之后,拉美国家先后确立了立法、司法、行政三权分立的政治体制。然而,第二次世界大战之后的拉美地区社会结构急剧变动,代表不同阶级和社会集团利益的政治力量不断涌现,要求分享政治权力,改革传统的以行政权力为核心的政治体制。随着拉美政治力量的多元化,代表各阶层和利益集团的政治力量相继进入立法机构,并占据了一定席位,而总统所属的执政党在议会中所占席位并不一定能稳居多数,议会和行政机构的权利较量在所难免。以行政权力为核心的拉美政治体制遭到冲击,能否妥善解决政治体制的危机对拉美政治民主化构成严峻考验。

政党政治也是拉美政治民主化的发展的一个影响因素。拉美历史经验证明,任何大党,一旦失去广大民众的支持,最终也必然会走向垮台。20世纪80年代至90年代,一些长期执政的拉美老党、大党纷纷丢掉政权,充分证明了这一点。从政党与其阶级基础和群众基础的关系来考察,拉美部分政党是因为失去了自己原有的阶级基础和群众基础,部分是因为没能随着社会阶级结构发生重大变动时而及时调整自己的政策以巩固和扩大原有的阶级基础和群众基础,应对好时代的变化。再者政党制度会使得政党更多关注如何获得选票支持,而不会反思所运行的制度,制度创新和完善的动力不足。这些对于拉美民主制度的生存来说是一个很大的挑战。

此外,现行体制下"20世纪90年代的拉美就出现了民主化进程和新自由主义改革进程相互制约和相互矛盾的困境:民主化进程越深化,新

---

① 方旭飞:《政治民主化与拉美左派政党的变化与调整》,《拉丁美洲研究》,2013年第5期。

自由主义改革就越难以进行;新自由主义改革越深化,以民主为武器的民众斗争就越激烈,从而形成了一个深刻的社会政治矛盾。正如门诺·维林加所指出的,在拉美,民主化方向和国家改革方向是相互对立的。所谓民主化趋势,就是指社会中过去没有代表权的或者被压迫的阶层现在都提出了自己的权利要求的趋势,而国家改革趋势,实际上就是采取'休克'措施,决然中断国家经营或国家补贴的社会计划,以此来回答民众要求的趋势。二者之间的矛盾是显而易见的。这是资产阶级民主制度所固有的矛盾,是阶级关系中'边缘化'与反'边缘化'的矛盾,也是拉美社会民主化进程中不可避免的现象。这个矛盾不解决,其结果不是牺牲民主,就是牺牲改革;而无论牺牲哪一方,国家的现代化和社会的发展都将停滞不前,甚至遭到破坏"。① 所以解决资产阶级民主所固有的矛盾,是拉美政治民主化发展的关键之一。

3. 政府腐败阻碍政治民主化

进入 20 世纪 90 年代,拉美政治透明度不断增加,司法监督机构持续完善,新闻媒体的独立倾向也有所增强。然而,巴西、阿根廷、智利与委内瑞拉等国一度出现的政治危机都源自腐败,腐败问题已成为拉美政治动荡的重要因素。

巴西石油公司是巴西最大的国营控股企业,对巴西国内生产总值的贡献率超过 10%,是巴西经济的重要支柱之一。由于石油产业的巨额投资和利润,数百家承包商与百名巴西石油官员"合作捞钱"。2015 年 2 月 5 日,巴西国会众院议长库尼亚宣布成立新的巴西石油公司腐败案调查委员会,对巴西石油高层接受巨额贿赂与官员腐败展开独立调查,涉及 150 人和 232 家巴西石油服务公司,腐败案值达数百亿美元,是巴西历史上最大的腐败案件,从而对劳工党长期执政构成巨大挑战。②

拉美毒品交易猖獗也加重拉美政府的腐败。拉美国家有的成为毒品

① 中国社会科学院拉丁美洲研究所:《拉美研究:追寻历史的轨迹》,北京:世界知识出版社,2006 年,第 322 页。
② 《巴西石油腐败丑闻持续发酵》,来源:环球网,2015 年 1 月。

制造国,比如秘鲁、玻利维亚、墨西哥、牙买加等,有的成为毒品转运站比如中美洲、巴哈马及部分加勒比岛屿国家。在毒品贸易泛滥的情况下,拉美的腐败已经成了一种流行病,严重腐蚀拉美多个国家的民主机构和司法系统。毒品交易使得一些毒枭敢于挑战政府的权威。比如哥伦比亚就是一个毒品贸易中心,其所在麦德林和卡利两个毒品卡特尔控制着几乎整个毒品产业,其势力之大,可以同政府争雌雄。拉美毒贩的暴力有时甚至使整个国家社会秩序陷入混乱。事实证明,在毒品危害面前,很多拉美国家的政府都无能为力,或被吞噬同流合污或束手无策任其猖獗。尽管拉美在禁毒斗争中取得了一些胜利,但禁毒持久战远没有过去,如何摧毁毒品贸易,消除毒品暴力,根治毒品腐败顽症,已成为拉美民主化进程的又一个严重的挑战。①

拉美各国的政府腐败导致党派激烈的权力斗争与政局动荡,严重打击了民众的民主意志,人民对传统的政党制度和民主政治体制逐渐丧失信心,助长了社会的不公正,不可避免地危及拉美地区的政治民主化。

4. 贫富差距与社会动荡危及政治民主化

拉美地区没有抓住历史机遇促进经济转型,贫富分化严重,长期陷入"中等收入陷阱",导致拉美社会两极分化与国家的动荡。拉美国家的基尼系数属世界最高地区之一,给拉美各国带来严重社会财富不均衡呈集中状态。同时拉美是世界上人口增长最快的地区之一,农村人口迅速增长和日益严重的贫困,大量人口涌向城市,致使城市人口急剧膨胀,城市失业人口剧增。此外,随着拉美新自由主义经济改革,拉美土著印第安人长期处于社会最底层,在政治、文化、社会和种族方面他们受到歧视和压制,在经济上还遭受贫穷和在健康卫生方面存在人群营养不良以及疾病等带来的折磨,导致拉美民族矛盾冲突严重。

而贫富差距扩大,影响制度的绩效合法性,而且还往往导致阶层之间的对立。虽然相比 20 世纪 60 年代,拉美的游击队起义大大减少,但是这

---

① 苏振兴:《拉美国家现代化进程研究》,北京:社会科学文献出版社,2006 年,第 401 页。

种威胁仍然存在,墨西哥和哥伦比亚就存在着游击队的现实威胁。这些矛盾与威胁加剧了社会分化与冲突,进而影响整个地区的经济增长与政治民主化。

(二)拉美社会主义力量的变革与调整

对于左翼与社会主义力量而言,拉美政治民主化既为他们提供了合法生存与发展的政治空间,也为其政治战略选择设定了体制性限制。如何在民主化进程中调整发展战略,适应新的政治环境,为自己创造有利的政治发展空间,成为拉美社会主义政党的主要挑战。

1. 民主内涵的再认识

20 世纪六七十年代,多数拉美左翼与社会主义政党把马克思主义与其他激进社会主义思想作为意识形态的指导原则,将民主视为资产阶级利益的工具和阶级统治的掩饰品,参与资产阶级的选举就是对革命目标的背离、对社会主义原则的妥协以及对人民大众革命意识发展的阻碍。因此,这些政党完全拒绝资产阶级的所谓民主选举,谴责资产阶级政治精英利用民主体制掩盖阶级关系的不平等,主张通过革命废除资产阶级的虚伪民主体制,建立无产阶级政权。

始于 20 世纪 70 年代末期的拉美民主化进程促使各国左翼和社会主义政党对民主认知发生改变,对于资产阶级民主体制的观点趋于理性。经历了黑暗的军事独裁统治以及多年的监禁和放逐,拉美的社会主义者多数不再坚持以暴力手段推翻资产阶级统治与实施无产阶级专政。在争取政治民主的实践过程中,左翼和社会主义政党纷纷修正了对民主的看法,不再把民主视为资产阶级统治的虚假工具,而作为自身争取合法政治权益的主要途径,成为夺取政权和上台执政的有效手段。

拉美左翼还结合国情,对民主内涵进行有益的丰富和补充。拉美左翼强调提高民主的质量,它们认为除了政治自由和选举民主是民主核心要义外,民主应还有更为广泛的内涵,比如公民的社会权利,还有参与政治、经济和社会管理的权利等。步入 21 世纪以来,以民众广泛参与到地方政府预算制定过程为特征的"参与式预算"在拉美地区迅速发展,国外学者把其看作"参与式民主"的重要表现形式。① 随后,参与式民主取代代议制民主或者建立参与式民主逐渐成为拉美左翼政府的基本主张之一。以查韦斯、莫拉莱斯等为代表的左翼领导人纷纷对代议制民主进行批判,认为"所有代议制民主不可避免的趋势是官僚和精英体制"。上述这些左翼领袖认为,参与式民主与代议制民主最根本的区别在于"人民是否有决策权",前者的核心是鼓励社会各阶层广泛参与国家决策。②

　　"参与式民主"是拉美国家的"创造性经验",基于不同国情,拉美各国的实施效果也有较大差异,但是这一实践无疑丰富了拉美政治民主的内涵,也是对西式民主的有效反击,对拉美政治民主化进程的贡献。为此,推动政治和社会改革,扩大民众参与权成为拉美左翼的基本政治主张和基本诉求,拉美国家左翼政府上台后,积极推动政治和社会领域的改革,力图扩大民主的内涵,提高民主的质量,有益于民主化进程的进一步稳固。③

　　2. 调整激进的政党政策

　　激进的政党政策并不符合拉美人民现实所需。一方面,20世纪中叶之后拉美军人政府上台实行新自由主义经济改革失败,拉美失业率居高不下,贫富差距拉大,贫困人口不断增加,以及社会不稳定、城市化进程中出现的一些问题等,这些矛盾不但没有得到缓解,有些矛盾反而更加剧了。拉美左翼上台后面临的主要问题是,解决国家的发展问题,尤其是人民的温饱问题。

　　另一方面,现行的民主制度可以让拉美左翼通过投票箱走上执政舞台,拉美左翼的政治诉求可获得渠道是畅通的。1998年,委内瑞拉左翼政党领导人查韦斯就是通过民主选举上台的。随后,拉美左翼政党大多

---

① Benjamin Goldfrank, Democracia Participativa y Sostenibilidad Ambiental Una Revisita a las Lecciones de America Latina Nora Rabomnikof, Julio Aibar, "El Lugar de lo Publico en lo Nacional-popu-lar. i Una Nueva Experimentacion Democratica?" Juan Carlos Monede. ro, Posdemocracia? Frente al Pesimismo de la Nostalgia, el Optimismode la Desobediencia in *Nueva Sociedad*, No. 240, Julio-Agosto 2012.

② Carlos Malamud, *Populismos Latinoamericanos*, Edic, 2010, p.111.

③ 袁振东:《政治变迁与拉美左翼的变动趋势》,《拉丁美洲研究》,2013年第5期。

都是民主选举掌权。因此,此时激进的政党政策并不能马上解决拉美人民的现实所需,更需要做的是在现行体制内进行变革,在经济与社会政策方面的调整,推行更为务实的政策。

1980 年 2 月 10 日,巴西劳工党正式成立,宣称自己是社会主义的政党。在 1981 年第一次全国党代会通过的党纲指出,党的最终目标是通过工人阶级的长期斗争建立一个摆脱剥削与压迫的民主社会主义社会。资本主义社会是以阶级剥削和压迫为基础的社会,要消灭剥削和压迫,就要实现社会主义。

巴西前总统卢拉以劳工党候选人身份参加了 1989 年、1994 年和 1998 年的总统选举。多次失败之后,卢拉深刻认识到调整党的指导思想与激进政策的重要性与必要性。经过 30 多年的发展,巴西劳工党最终认识到实现社会主义需经历长期曲折的过程,逐渐确立了"民主的可持续的社会主义"理念。劳工党承认阶级斗争,但反对暴力的阶级斗争,反对用暴力革命的方式夺取政权,推进国家从新自由主义机制向新型社会主义机制的转型。[①]

劳工党在国内政治气候转变后仍继续坚持中间化的道路,并与工会和各种民间组织紧密联系。调整激进政策之后的劳工党在卢拉领导下,于 2002 年的总统选举中首次上台执政,并在 2006 年获得连任。迪尔玛·罗塞夫作为卢拉的接班人在 2010 年执政,成为巴西历史上首位女总统。2014 年 10 月,罗塞夫获得连任,继续推进劳工党的经济与社会政策。

3. 实施多元的政治联盟策略

拉美各国党派林立,左翼与社会主义力量必须与其他政党结成政治联盟才能实现执政。自 20 世纪 70 年代末的政治民主化以来,拉美的社会主义政党不再固守意识形态,开始与左翼、中间或中右党派结盟,作为政坛的重要力量登上拉美政治舞台。

相较于 20 世纪 80 年代以前的老左翼政党来看,新左翼与老左翼所

---

① 　徐世澄:《巴西劳工党及其"劳工社会主义"》,《当代世界社会主义问题》,2008 年第 4 期。

面对的环境发生较大变化。老左翼时期,老左翼面对的主要是殖民、独裁、家族、军人专制等性质的政权,因此其目标主要是建立民主、民族、独立的政权和民主制度等,其策略主要是通过暴力革命,进行政治斗争。自20世纪70年代末的政治民主化以来,新左翼主要面临的是"新保守派"的政治力量和代议民主的政治制度,其主要目标是通过现行制度获得执政权。因此,新左翼往往采取联盟的策略以保证当选。

1998年12月,查韦斯作为"爱国联盟"的候选人当选委内瑞拉总统。"爱国联盟"实际上是以查韦斯领导的"第五共和国运动"为主体,由支持查韦斯的政党与社会组织构成。"联盟"中既有传统左翼政党,也有在政治斗争中涌现的新型政党。2006年12月,查韦斯建议将支持政府的所有左派政党合并,建立委内瑞拉统一社会主义党,宣布解散"第五共和国运动"。支持查韦斯的其他一些政党和组织,如人民选举运动、我们必胜独立运动、委内瑞拉人民团结、图帕马洛运动、民族共同体独立人士、社会主义同盟等也相继宣布解散,并入统一社会主义党。①

4. 夯实与扩大政党的民众基础

拉美的新自由主义改革导致巨大的社会差距,工人阶级的数量锐减,政治力量严重分化。左翼与社会主义力量趁势而为,开始争取不同阶层的民众支持。在巩固工会和传统支持力量的同时,社会主义政党努力争取自由职业者、非正规部门工人与工商界精英成为政党的支持力量,夯实政党的群众基础。

为确保"21世纪社会主义"拥有强有力的政治基础,委内瑞拉统一社会主义党提出团结一切可以团结的力量,发挥"21世纪社会主义"领导者的作用,党员人数约有300万。同时,为了调动国内民众的热情,积极参与"21世纪社会主义"建设,委内瑞拉政府不断强化各类合作社的建设力度,积极动员劳动者参与国家政治生活。政府通过提供信贷、优先购买合作社产品以及提供培训项目等方式,积极支持各部门建立合作组织。截至2006年底,委内瑞拉全国约有18万个合作社,共有150多万委内瑞拉

---

① 徐世澄:《委内瑞拉统一社会主义党的成立及特点》,《当代世界社会主义问题》,2010年第4期。

人加入这些合作组织,占成年人总数的 10％。①

5. 推动拉美一体化应对霸权主义

基于被殖民的共同经历,加之以美国为代表的霸权主义对拉美各国内政外交的干涉,同时也为提高拉美等发展中国家在国际上的话语权,拉美左翼政党建立并不断完善了两个重要的论坛,即圣保罗论坛和世界社会论坛。1990 年,圣保罗论坛正式成立,到 2001 年其成员由 48 个增加到 74 个。拉美左翼的圣保罗论坛已形成每年举行一次年会的制度,在第十次论坛时,会议明确将论坛定义为左派、反帝国主义、反对新自由主义、反对一切殖民主义和新殖民主义、团结互助和参与制订替代方案的空间。在第十二次论坛时将拉丁美洲人民和国际一体化作为主体,并通过圣保罗宣言。显然,圣保罗论坛已成为拉美协商一致应对外部压力的重要平台和制度机制。

世界社会论坛主要是拉美左翼进步力量人士为与世界经济论坛分庭抗礼而发起的。2001 年 1 月 25 日,首届世界社会论坛在巴西阿雷格里港开幕,随后世界社会论坛汇集了世界上反对新自由主义全球化的各个阶层,重点探讨影响世界发展的重要问题,并产生重大国际影响。2005 年 1 月,会议决定世界社会论坛将在世界各地分散举办。拉美左翼通过圣保罗论坛和世界社会论坛,加强内部团结,对拉美地区甚至世界政治进程都发生重要影响。② 同时,它们将有利于拉美各国主权独立和完整,增强应对霸权主义的能力。

二、社会主义力量在拉美政治嬗变中的作用

在拉美政治发展与变迁的进程中,各种政治力量都努力展示自己的存在与作用,而拉美的社会主义政党与左翼力量在此嬗变中则全力推动国家与地区的政治民主化,促进转变拉美政治发展观念,塑造拉美地区政治的新格局。

---

① 徐世澄:《对查韦斯"21 世纪社会主义"的初步看法》,《国外理论动态》,2007 年第 10 期。
② 冯颜利:《亚太与拉美社会主义研究》,北京:中国社会科学出版社,2013 年,第 121 页。

（一）社会主义力量推动拉美政治民主化

第二次世界大战之后,拉美的工业化与现代化迅猛发展,工人阶级的队伍不断壮大,社会主义政党和左翼组织先后成立,各种社会主义思想与运动在拉美各国兴起。进入 21 世纪,左翼与社会主义政党在拉美多国成为执政党。然而,无论被视为激进左翼还是温和左翼的政党,都是通过和平手段上台执政的民选政府。1998 年委内瑞拉左翼领导人查韦斯通过民选当选国家总统;2000 年成功再次当选;2002 年,厄瓜多尔左翼人士古铁雷斯在大选中获胜,同年,巴西劳工党领袖卢拉在拉美最大的国家巴西当选总统;2003 年,阿根廷庇隆党左翼候选人基什内尔临危受命成功当选。在这期间,还有智利、乌拉圭等国左翼大选获胜。拉美左翼上台执政,就是走的是体制内的崛起道路。而且这些左翼上台之后,仍然坚持民主选举方式进行权力交替,这大大有效利用了拉美民主制度。

执政后的政治、经济和社会改革也都是依据宪法,并在已有的制度框架下进行设计与实施。在委内瑞拉、玻利维亚和厄瓜多尔这些所谓的激进国家中,大刀阔斧的政治体制改革和经济社会政策的调整首先就是遵守宪法和法律,没有超越和突破现存的政治体制。

民主的发展与政治稳定息息相关。拉美左翼政党是在军事政权新自由主义改革失败之下和在亚洲金融危机之后表现不佳而逐步崛起上台执政的。拉美左翼执政时期正好处于世界经济恢复发展上升周期。巴雷罗·贝伦(Barreiro Belen)在对全球民主政权的计量研究中发现,现任政府社会开支的增长与领导人连任有显著的正相关性,[1]这一现象显著地发生在左翼政党执政时期。随着世界商品价格上涨和全球经济状况的好转带来了一个经济繁荣期,拉美左翼政府因此在扩大社会开支的情况下可以避免财政风险。反之,在国际大宗商品价格下跌、繁荣衰退的时期,左翼政府则会受到不可避免的冲击与挑战。[2]正是基于一个经济繁荣时期,拉美左翼从 20 世纪初上台后长期执政,直到 2015 年出现"粉色浪潮"

---

[1]　Barreiro Belen,"Explaining the Electoral Performance of Incumbents in Democracies", *Controlling Governments*, *Vo-ers*, *Institutions and Accountability*. Cambridge University Press,2008,pp.4 - 17.

[2]　张晓通,苗岭:《"粉色浪潮"——拉丁美洲左翼政党的兴衰》,《国际论坛》,2016 年第 4 期。

的消退,尽管 2008 年中间遭遇世界经济金融危机的爆发,但是由于左翼前期的绩效表现,仍然挺过难关,维护自己执政地位。拉美左翼长达 10 多年执政,有利于拉美政治的稳定,为左翼推动拉美开展参与式民主提供一定基础。

拉美的左翼政府致力于推进政治与社会民主,建立一个不同于资本主义"新自由主义"的新社会。扩大民众参与政治、经济和社会管理,推动政治和社会改革成为拉美左翼政府的基本政治目标,左翼和社会主义力量因而也成为拉美政治民主以及民主化进程的积极推动者。

(二)社会主义政党促进拉美发展观念的转变

第二次世界大战之后,发展主义、依附论、新自由主义经济思潮先后影响拉美的经济发展模式。拉美国家的经济发展大致经历了三个不同的发展模式的变化,即初级产品出口发展模式、进口替代工业化发展模式和外向发展模式。特别是在新自由主义"休克"模式下,主张国有企业私有化、减少政府对经济干预等。然而,新自由主义经济改革,并没解决拉美贫困问题和贫富分化等问题。新上台的社会主义政党以此为鉴,宣布放弃新自由主义,探索新的发展道路。为此,它们先学习"第三条道路"模式,后又提出独特的"21 世纪社会主义"。拉美社会主义政党学习欧洲社会党的"第三条道路",承认市场经济的活力,根据拉美自身国情和发展阶段发展拉美式的混合制经济。

拉美的混合制经济与欧洲社会党混合制经济有所不同,拉美社会党更强调国有化,与欧洲社会党经济政策的侧重点相反,其关注的重点不是对经济生活的民主监督和民主管理,而是国家和政府对国民经济的宏观调控和经济发展的计划化,倡导社会正义并力图实现经济发展与社会公平的平衡。比如,1999 年,查韦斯在委内瑞拉执政后,先后颁布了《改革方案》《经济计划》等法令,宣布实行市场与国家相结合的经济方针,认为"必须让看不见的市场之手与看得见的国家之手靠拢在一起",①智利三任总统都强调实现经济发展与社会公平。

---

① 李明德主编:《拉丁美洲和加勒比发展报告(2000—2001 年)》,北京:社会科学文献出版社,2001 年,第 245 页。

拉美还主张经济上独立性，反对新旧殖民主义。为此，拉美社会主义政党在外交上实行多元外交和结盟政策，强调促进拉美一体化和第三世界的团结，主张建立国际经济新秩序。比如，委内瑞拉公开反对建立美洲自由贸易区，主张以"玻利瓦尔美洲联盟"取而代之；2004 年 12月 8 日，在第三届南美国家首脑会议上，南美 12 个国家的元首或总统代表签署一项声明，宣布成立南美国家共同体，表明拉美独立自主发展的新理念。

2006 年 12 月 15 日，查韦斯宣布支持"21 世纪社会主义"的所有政党将被合并成一个新的政党——"统一社会主义党"。这一新的政党将领导委内瑞拉人民开展"玻利瓦尔革命"，致力于政治、经济和社会的根本变革，努力建设"21 世纪社会主义"。随后，玻利维亚、尼加拉瓜和厄瓜多尔等国领导人公开支持查韦斯的"21 世纪社会主义"思想和实践。

"21 世纪社会主义"的核心任务是通过财富再分配，在城市鼓励和发展社会生产企业，在农村通过调整土地使用权、有效地利用大庄园主的闲置土地等手段，让农民、工人、家庭妇女、中小生产者和中产阶级等所有未能从国家石油资源中受益的"被排斥者"重新获益，以实现委内瑞拉的社会正义、公平和互助，摆脱对外依赖。"21 世纪社会主义"包括四个方面内涵：首先是民族主义，查韦斯强调在经济全球化面前，委内瑞拉既要适当加入，又要明确保持自己的民族特性；其次是社会主义，查韦斯告诉大家理解"21 世纪社会主义"可以去查阅马克思、列宁的著作，他认为中国革命和毛泽东是委内瑞拉革命的兄长；再者是基督教教义，"21 世纪社会主义"吸收了基督教义中社会公正等道德理念；最后是批判资本主义和新自由主义。[①] 拉美左翼多数国家为建设"21 世纪社会主义"也采取多项措施。

为确保"玻利瓦尔革命"运动朝着正确的方向前进，查韦斯在政治领域对旧的代议民主制进行改革，严厉抨击传统政党的政策措施以及维持这些权力控制的政治体制，委内瑞拉应建立新的政治制度，把最高权力从

---

① 冯利颜：《亚太与拉美社会研究》，北京：中国社会科学出版社，2013 年，第 148 页。

传统政党手中转移到人民手中。1999 年 12 月,委内瑞拉新宪法《玻利瓦尔宪法》在全民公决中通过。新宪法规定委内瑞拉立国的基本原则之一就是建立一个公正、民主的国家。委内瑞拉将建立一种"参与制和主人公制"的民主机制,重视人民参与权、集体权及公民应享有的各项社会经济权利,所有公民有权自由参与公共事务,人民对公共事务的制定、执行和管理的参与是实现主人翁民主的必要条件。[①]

查韦斯执政 10 年的统计数据表明,委内瑞拉的贫困和赤贫人口显著降低。1999—2008 年,贫困家庭从 42.8% 降至 26%,赤贫家庭则从 16.6% 降至 7%。在查韦斯第二任期内,贫困家庭的比例从 2004 年上半年的 53.1% 下降到 26%,赤贫家庭则从 23.46% 降至 7%。这一成就非常显著,国家几乎消除了赤贫人口,而"联合国千年发展目标"提出 1990—2015 年间力争使赤贫人口减少一半。[②]

(三) 社会主义运动塑造拉美政治新格局

从历史角度分析,美国总是试图主导拉美地区的政治发展与进程。然而,随着左翼与社会主义力量的兴起与执政,拉美地区在政治、外交、安全、贸易、金融与地区一体化等领域都力图摆脱美国的影响,促进地区与国家间广泛协作,谋求发展与新兴大国的战略协作关系。

1. 社会主义运动弱化美国在拉美的主导地位

近十多年的拉美政治力量变迁,社会主义政党在拉美多国上台执政。鉴于美国影响力的下降、经济实力的衰退和战略调整的需要,美国对拉美国家的政治态度出现了转变,逐渐接受了拉美新的政治力量现实,努力改善与拉美国家的关系。

目前,美拉关系面临新的国际环境,拉美外交的独立性与自主性不断增强,美国对拉美的控制力下降在所难免。进入 21 世纪,拉美左翼政府推动的拉美一体化带有联合制美之意,以委内瑞拉为代表的左翼公开反对建立美洲自由贸易区,主张以"玻利瓦尔美洲联盟"取而代之,最终导致美国美洲自由贸易区计划失败;拉美国家主导的圣保罗论坛和世界社

---

① 方旭飞:《试析查韦斯执政 14 年的主要成就与失误》,《拉丁美洲研究》,2012 年第 6 期。
② 官进胜:《查韦斯执政十年:经济社会成就与挑战》,《国外理论动态》,2009 年第 10 期。

论坛也是应对美国插手拉美内政的有力还击,并在国际政治中产生较大影响。拉美的社会主义运动和新兴政治力量在探索本国发展道路、地区一体化以及参与国际治理等方面,都会对重塑拉美新的政治格局产生积极的影响。

2. 社会主义运动促成拉美区域组织的分化与重组

世贸组织多边协调的停滞不前,区域合作成为众多国家的现实选择,拉美和加勒比地区的区域合作构成其中重要组成部分。随着左派的崛起与执政,拉美和加勒比国家在意识形态和政治立场上出现了较为明显的分歧,主要体现在对新自由主义的认识以及与美国的关系之上,从而导致一些区域合作组织的"意识形态化"。

2004 年 12 月,左翼国家主导的南美洲国家共同体(2007 年 4 月更名为南美洲国家联盟)和美洲玻利瓦尔替代计划(2009 年 6 月更名为美洲玻利瓦尔联盟)相继成立,成为拉美的重要区域合作组织。2011 年 12 月,拉美地区最大的区域性组织——拉丁美洲和加勒比国家共同体宣告正式成立,其成员包括拉美和加勒比地区所有的 33 个发展中国家,但美国和加拿大却被排除在外。因此,美洲玻利瓦尔联盟、南美洲国家联盟、拉美共同体等拉美区域组织逐渐形成与美国分庭抗礼的拉美政治格局,拉美国家以团结寻求更大的外交力量。

然而,拉美的太平洋联盟却极力支持新自由主义,呼吁成员国之间加大开放力度,实现商品、资本与劳动力的自由流通,而意识形态的对立使得拉美区域组织很难进行实质合作。①

---

① 赵晖:"拉美区域合作与中拉合作的战略选择",http://study.ccln.gov.cn/fenke/zhengzhixue/zzjpwz/zzgjzz/108336.shtml.

第三章
金融危机与拉美社会主义的再兴

    2008 年发生的国际金融危机不仅席卷西方资本主义世界,宣告了新自由主义的彻底破产,而且对发展中国家以及社会主义国家也产生了广泛而深刻的影响。通过思索与斗争,社会主义和左翼人士普遍认为,此次危机仍是资本主义固有矛盾运动的必然结果,摆脱危机的唯一选择只有社会主义,作为运动、制度与价值理念的社会主义重新得以弘扬。

第一节　后危机时代的社会主义
思潮与运动

    2008 年以来,由美国次贷危机引发的金融危机迅速向世界蔓延,从金融领域扩散到实体经济,影响波及欧美发达国家和新兴经济体,成为自 20 世纪 30 年代资本主义世界大萧条后最为广泛的国际金融危机。此次危机引发了人们对这场世界金融危机的必然性及其根源问题的思考,马克思主义的经济危机理论再次彰显出强大的科学价值和生命力。

    一、马克思危机理论的内在逻辑与成因分析

    经济危机理论是马克思主义政治经济学的核心内容,集中阐释了资本主义经济运行的内在逻辑,并清晰雄辩地阐明了资本主义经济危机是资本主义制度必然导致的结果,具有丰富的逻辑蕴涵,深入剖析了资本主义经济危机的内外因素与爆发机理,是马克思主义理论中与现实最相贴近、相关联的学说。经济危机理论有两个基础:一为马克思对于现实中发生的周期性经济危机的细致观察,二主要是对资本主义制度所存在的基本矛盾的理论分析,深刻地将现实与理论进行有效结合。

(一)经济与社会的基本矛盾是资本主义经济危机的制度根源

马克思根据剩余价值生产和实现条件的对立矛盾,深入分析经济危机的制度根源。资本主义生产可以分为创造剩余价值和实现商品价值的两种过程,直接生产过程创造剩余价值,而商品价值的实现必须通过产品的销售。马克思进一步分析,直接剥削的条件和实现这种剥削的条件并不相同。剩余价值的生产条件和实现条件在时空上相互分离,社会生产和再生产在现实中经常彼此脱节。这种结果出现的原因源于生产利润是资本的属性和目标,而不是根据社会需求决定生产,资本为了追逐利润而不断扩大生产的规模和数量。因此,资本主义的有限消费和为了利润无限扩大的生产规模之间的冲突经常出现。马克思认为,"生产资本愈增值,它就必然更加盲目地为市场生产,生产愈益超过了消费,供应愈益力图扩大需求,由于这一切,危机的发生也就愈益频繁而且愈益猛烈"。①

在资本主义经济条件下,市场价值的实现要受到生产力和消费能力的制约,而生产的规模和数量只受社会生产力的限制。随着资本积累的增加,大量社会财富将转化为追加资本,而现代工业生产强大的扩张能力也将不断涌入那些市场急剧扩大的原有生产领域或与此相关的新兴领域。然而,主要取决于分配关系为基础的社会消费力却使多数人的消费萎缩至有限范围内的最低水平,而这种社会消费能力的提高既不依赖绝对的生产力,也不会依赖绝对的消费能力。

当生产力及其要素与生产关系之间的矛盾不断加深和扩大,经济危机就会不期而至。资本主义有组织性的社会生产和资本主义社会无政府

---

① 《马克思恩格斯全集(第四卷)》,北京:人民出版社,1958年,第452页。

状态之间的矛盾以及生产社会化与私人占有之间的矛盾造成了资本主义社会必然导致生产无限扩大与消费需求相对不足的矛盾。因此,狭隘的消费基础与生产力不可避免产生冲突。①

（二）自由市场体制是资本主义危机产生的客观基础

现代工业的生产与市场经济体制的发展夯实了经济危机爆发的现实基础,而商品生产与商品流通的过程也可能不断孕育经济危机。机器大工业的出现为资本主义经济发展创造了物质与技术条件,资本的不断扩张,剩余产品迅速转化为生产资料,从而形成与大工业相适应的生产条件。然而,当商品生产与交换的主体对市场信息不能准确把握之时,商品生产就会不停地扩大,从而造成生产过剩。在资本主义体制中,机器大工业对国民生产具有绝对影响和统治力,一场遍及全部产业的经济危机最终爆发。

另一方面,价格的资源配置功能在市场体制下总是促进资本从一个产业转入另一个产业,社会劳动在产业之间的分配由失调逐渐走向协调。但是,如此脆弱的平衡却以平衡的对立面为前提,本身就可能包含危机,原因在于不断提高的社会生产力必然降低商品的价值,造成资本的贬值,从而驱使资本与资本之间为避免毁灭而进行激烈的角逐和竞争。在资本主义生产缺乏国家宏观调控的情况下,企业对剩余价值无止境的追求以及资本积累在某些利润丰厚产业的快速扩张,便会引发相关商品的过剩,从而最终导致经济危机。

（三）相对生产过剩构成经济危机的本质内涵

当自由市场经济发展到一定阶段,经济危机就会成为资本主义经济运行模式的必然产物,而生产过剩就会成为资本主义经济危机的最直接表现,然而资本主义经济危机的本质与特征只是生产的相对过剩,整个社会却显现为商品分配的极大不均衡。在市场经济环境之下,简单的商品生产仅为经济危机提供了前提和基础,而资本主义高度发达的商品生产为经济危机的爆发提供了全部要素,并且只有在资本主义自由市场经济

---

① 胡磊:《马克思危机成因理论视野中的全球经济危机》,《南京政治学院学报》,2010 年第1 期。

制度下如此生产过剩的危机才会从可能性转化为现实性。马克思说:"在资本主义生产方式内发展的、与人口相比显得惊人巨大的生产力,以及虽然不是与此按统一比例的、在人口增加快得多的资本价值(不仅是它的物质实体)的增加,同这个惊人巨大的生产力为之服务的、与财富的增长相比变得越来越狭小的基础相矛盾,同这个日益膨胀的资本的价值增殖的条件相矛盾。危机就是这样发生的。"①从马克思的阐述可以看出,经济危机的实质就是,一方面是资本无限度地追求剩余价值的增加;另一方面是现实条件的无法满足,这两方面之间所存在的不可调和的矛盾最终导致经济危机的周期性爆发。

在资本主义的早期发展阶段,社会产品供给不足,因而不存在生产过剩的危机,但随着工业的发展,个别产业或市场出现停滞,而机器大工业的普及却伴随着资本主义经济危机的到来,并且经常导致生产过剩或者经常性的市场动荡。在资本主义的私人占有生产资料和整个社会生产无政府状态的条件下,生产的无限扩大和有限的消费群体必将产生矛盾和冲突,整个社会生产相对过剩的现象也在所难免。当供给发生变化,尽管需求保持不变,相对的生产过剩也会产生,构成危机从可能性变为现实性的重要因素。马克思正是把经济危机作为资本主义社会特有的特征和属性,全面总结分析了经济危机的发展与变化,详细解读为何资本主义制度无法摆脱经济危机这一梦魇。②

(四)规模庞大的固定资本更新构成危机周期性的物质基础

资本主义的发展进入 19 世纪以后,伴随这一制度的经济危机大约每隔十年就爆发一次,而一次危机则是一个经济周期的终点和起点,而且经济发展的周期也将会逐渐缩短。因此,马克思认为经济危机的周期性与固定资本的大规模更新密切关联,其在《剩余价值理论中》从固定资本与流动资本、不变资本与可变资本等方面逐步阐释经济危机是如何周期性爆发的。此外,马克思认为虽然固定资本的更新有助于摆脱经济危机,但

---

① 《马克思恩格斯全集(第二十五卷)》,北京:人民出版社,1974 年,第 296 页。
② 邓春玲:《马克思经济危机理论的逻辑蕴涵与当代价值》,《当代经济研究》,2009 年第 10 期。

同时却又为下一次经济危机打下物质基础。由于固定资本的更新必然增加生产资料的需求，也为资本主义经济走向复苏提供了物质条件，产业部门的生产得到扩大和发展，为工人提供的就业机会也必然增加，从而增加社会就业以及推动国家消费资料生产的发展，这一体制的全部社会生产重新趋于活跃，并将形成下一轮经济繁荣。

与此同时，大规模的固定资本更新必然伴随科学技术的发展和生产效率的大幅提升，但这又将加剧产业的激烈竞争，社会生产的正常秩序最终遭到破坏。在社会总供给量超过总需求量的时候，新一轮的经济危机便会出现，形成新的危机、萧条、复苏和繁荣的周期性经济循环。

（五）复杂的信用制度构成经济危机的助推器

在资本主义发展进程之中，金融资本统治下的各种信用制度渗入每个经济社会领域，资本主义的经济危机也常常在信用高度发达的经济体中多次发生。金融信用制度一方面能够推动经济发展，但也会加剧资本主义社会的各种矛盾。马克思说："信用加速了这种矛盾的暴力的爆发，即危机。"[1]生产规模的不断扩大和生产过程的扩张促进信用制度持续扩展，推动工商业活动的不断增长。信用制度在经济繁荣阶段的巨大发展使得社会借贷资本的需求无限增加，从而为经济停滞阶段的信用紧迫埋下了陷阱。其中的问题就在于货币是否能够在执行支付手段的时候顺利回流是具有不确定性的，这种不确定性体现在数量、时间等，如果货币没有顺利回流就存在诱发经济危机的可能性。对此马克思指出："一旦那些把货物运销远处（或存货在国内堆积起来）的商人的资本回流如此缓慢，数量如此之少，以致银行催收贷款，或者为购买商品而开出的汇票在商品再卖出去以前已经到期，危机就会发生。"[2]

在信用制度的各种复杂关系中，任何资本流通环节出现断裂就可能破坏定期偿付活动的连锁运行机制。由于资本主义再生产过程全部建立在信用制度基础之上，只要资本流通出现严重停滞，信用兑付契约的连锁反应就会扩大与蔓延，而作为信用危机转化形式的货币危机就会随之降

---

① 《马克思恩格斯全集》（第二十五卷），北京：人民出版社，1974 年，第 499 页。
② 同上书，第 341 页。

临,银行倒闭、工商业破产以及大规模的工人失业预示着经济危机即将爆发。①

随着时代的发展,市场经济逐渐成为全球化时代较为普遍采用的经济制度。由美国次贷危机引发的此次国际金融危机的实质再次充分表明,生产过剩与需求不足的危机在现代市场经济条件下不仅依然存在,地区和全球性金融危机由于金融信贷缺乏监控以及资本市场的疯狂投机也将不断发生。然而,马克思生产过剩危机形成根源的基本理论仍然是我们认识当代经济与金融危机的最为重要的根本理论。

二、理论探索:危机根源的再认识

论及这场金融危机的根源,西方政界与学界多将其归咎为"金融市场的投机活动失控",试图通过"规范"金融业和"完善"金融体系来解决危机和恢复繁荣。然而,经济金融化和信用投机盛行是当今垄断资本主义发展的生存形态,也是资本主义不择手段追逐利润本性的必然结果。因此,只有社会主义生产方式替代资本主义生产方式,才能从根本上消除危机产生的真正根源。

(一)学界对于危机根源的理论探究

东欧剧变及冷战结束以来,世界发生了重大变化。经济全球化与地区一体化加速进行,世界各经济体之间的联系日趋紧密,跨国公司大规模涌现,虚拟资本和国际投资无限扩大。此外,原苏东社会主义国家纷纷抛弃原有体制,进入资本主义世界经济体系,经济危机必然具有与以往不同的崭新特点。

从历史角度分析,资本主义历次经济危机的发源地都是资本主义中心区域的欧美国家。然而,冷战结束后,欧美发达国家通过自己掌控的全球经济运行机制向其他国家和地区转移危机。苏联解体后的几次危机,如 1992 年的俄罗斯经济危机、1994—1995 年的墨西哥金融危机、1997 年的亚洲金融危机以及 2001—2002 年的阿根廷经济危机,都

_____

① 邓春玲:《马克思经济危机理论的逻辑蕴涵与当代价值》,《当代经济研究》,2009 年第 10 期。

发生在远离欧美发达资本主义国家。这次全球性经济与金融危机既是后冷战时代第一次从世界经济中心爆发的危机,也是资本主义经济体系在制度对抗结束后所遇到的最直接和最严重的挑战。危机的动因不仅仅是技术与管理缺陷,更有资本主义基本制度和意识形态在新的时代背景下的体制危机与信仰危机。探求这次全球性经济危机的内生动因,不同的专家从迥异的视角进行阐述与分析,但其主要观点可以分为两类:

①"技术性调整与金融创新论"。这一观点否认金融危机与资本主义制度之间存在必然联系,主要从资本主义的金融创新、技术调整、管理缺陷与人性的贪婪等方面寻找危机的原因。但是,这些解释大多只涉及表面问题,没有从深层次探究危机的制度根源,只是提出一些表面的补救措施,没有从制度与体制之上寻找解决问题的对策。

②"制度生成与内在矛盾决定论"。这种观点根据马克思的危机理论和相关论述,将经济与金融危机归因于资本主义制度的内在矛盾,重点分析资本主义制度的固有矛盾和危机产生的客观必然性,却在一定程度上忽略了这次危机新的特点与变化,忽视了资本主义的金融体制创新和技术革新在这次危机中的新表现,无法对这次经济危机的性质和后果做出准确评估与判断。①

为了拯救濒临破产的银行业和制造业,世界主要经济体国家纷纷加强了政府的宏观调控,通过大规模的政府注资,向大型企业提供贷款以及某些产业国有化,竭力挽救市场经济。政府的调节职能进一步强化,从而推动资本主义制度进行新一轮调整,克服危机以挽救资本主义制度。然而,这种调整在一定程度上不可逆转,一次次危机带来一次次调整,最终必将导致资本主义制度之下社会主义因素的增加与积累,从而为资本主义走向社会主义创造了客观条件。

(二) 社会主义者对金融危机的认识与理解

美国次贷危机若是资本主义经济与金融危机的序曲,欧洲某些国家

---

① 常欣欣,毛德儒:《经济危机视野中的资本主义走向与社会主义前景》,《科学社会主义》,2009 年第 3 期。

的债务危机便是这场危机新的变奏。美国利用金融霸权地位以及资本主义体系内部发展的不平衡性,竭力将危机转嫁给欧洲。

2010 年 5 月,"国际共产主义论坛"(International Communist Seminar)在比利时布鲁塞尔举行。会议在论及此次危机的根源及影响时提出,欧洲的统治阶级正在利用赤字问题推动新的反劳工政策,一些国家已成为资产阶级及其代理人实施以牺牲人民利益为代价的救市方案实验场,欧洲垄断资本内部相互倾轧,并与美国垄断资本进行激烈角逐,欧洲的债务危机便是帝国主义矛盾的具体表现。然而,作为欧洲最发达经济体的德国却面临两难选择,欧元的适当贬值利于德国的出口,但不救助这些处于金融崩溃边缘的国家也不符合德国的利益,并将危及德国在欧洲的领导地位。鉴于欧洲垄断资本在国际竞争中存在一定的共同利益,德国最终还是接受了欧盟与国际货币基金组织的金融救助计划。

在"国际共产主义论坛"的研讨中,左翼学者进一步指出,欧洲各资本主义国家政府采取的紧缩措施将减少劳动力的可支配收入,恶化而非缓解资本主义有效需求不足的矛盾。而且,许多资本主义国家把大量财政资金花费在救助金融部门之上,最终导致财政赤字激增,国家债务负担沉重,削减了凯恩斯主义宏观调控政策的效用。为了应对危机与降低成本,资本家解雇工人、压低工资、增加劳动强度,工人势必进行激烈抗争。为了镇压工人的反抗运动,资本家及其代理人政府加大了对共产主义的攻势,同时把共产主义贴上法西斯主义的标签。[①]

希腊共产党进而分析提出,许多资本主义国家都存在主权债务负担过重的问题,根源在于生产过剩和资本过度积累,也是资本主义生产的社会化与私人占有之间根本矛盾的具体表现。多年以来,希腊为支持北约而不断增加军费,而美国为巩固美元霸权对欧元发起的金融攻势则是希腊债务危机的导火索。希腊统治阶级长期与垄断资本相互勾结,大部分欧盟援助款项实际并未投入生产环节,而是最终进入垄断资本家的腰包。

---

① "The Communist Parties facing the deepening of the capitalist systemic crisis", *Draft General Conclusions of the 19th International Communist Seminar Brussels*, 14 – 16 May 2010.

此外,2010年12月在南非约翰内斯堡召开的"第十二次国际共产党工人党大会"也发表了《茨瓦内宣言》,指出经济与金融危机进一步加剧了帝国主义之间的竞争以及传统势力与新兴经济体之间的较量。[①]

此次经济与金融危机对资本主义制度构成严重冲击,但却极大地鼓舞了资本主义制度的掘墓人无产阶级及其左翼政党,复兴世界社会主义运动的希望之火重新燃起,为国际共产主义运动走出低谷提供了极好的机遇。

三、策略调整:拓展社会主义的共识与理念

资本主义的新危机使"历史终结论"不攻自破,不仅宣告了新自由主义的彻底破产,而且揭示了资本主义作为一种社会制度的内在局限性以及社会主义取代资本主义的历史必然性。2008年12月11—14日,法国共产党第三十四次代表大会指出,资本主义危机为我们开创了一个新的历史时期,法国、欧洲和全世界的阶级斗争翻开了新的一页,社会主义者可以利用这一机遇"建立一个属于工人阶级及其同盟的国家"。[②]

（一）增强社会主义的意识与认同

客观形势的变化促使世界各国社会主义组织调整策略,根据新的形势采取积极的斗争策略,广泛宣传社会主义思想,动员广大民众参与反对资本主义的斗争,提高民众的阶级觉悟以及对社会主义的认同。

首先,社会主义政党和左翼组织发挥马克思主义理论研究的优势,在知识阶层中扩大宣传马克思主义关于资本主义与社会主义的理论。危机爆发后,通过马克思主义学术研究机构和学术论坛,以国际经济与金融危机为主题,社会主义者与各种马克思主义研究机构组织了多场报告会和研讨会,邀请马克思主义学者就"马克思的经济危机理论""经济危机下的工会与社会运动"以及"经济危机与资本主义的局限性"等主题进行广泛研讨。

其次,利用现代媒体,丰富社会主义理念的宣传方式。左翼政党和组

---

① 陈硕颖:《2010年世界社会主义发展动态》,《理论探索》,2011年第3期。
② 刘淑春:《金融危机爆发以来国外共产党的新动态》,《红旗文稿》,2010年第4期。

织充分利用自己的官方网站,通过在线互动等形式开展社会主义理念的讨论,以通俗易懂的语言阐明共产党人的思想与观点。美国共产党提出,不仅要参与主流媒体关于社会主义的对话,以美国人的思维方式解释社会主义,而且应进一步加强自己的官方网站建设,用实时更新的网页代替纸质刊物,利用信息技术宣传党的纲领和奋斗目标。愈来愈多的宣传社会主义思想的网站互换链接,成为国际共产主义运动进行信息交流和协调行动的平台。

最后,广泛开展群众性社会运动。在危机来临之际,各国社会主义组织根据各自国情提出具体的反危机措施,通过议会立法和群众运动,为劳动者争取权益,抗议本国政府片面的金融救援计划,要求政府支持实体经济与遏制失业。社会主义者把开展抗议运动作为动员民众参与反对资本主义的斗争手段,唤醒民众的社会主义觉悟,扩大社会主义运动与理念的影响力。

(二)向社会主义过渡的经济准备

一些国家的社会主义组织提出了应对危机的纲领与措施,主张实行民主的国有化。[①] 左翼人士认为,欧美各国政府向金融机构注资的所谓救市计划是在用人民的血汗钱为银行家和投机家酿成的危机买单。然而,这种措施非但救不了银行,还将削弱政府对公共部门的投资能力,影响经济增长与就业增加,从而为新的危机埋下隐患。

同时,西方政府以国家名义购买银行或大型企业部分股份,实行危机时期的"国有化"。左翼学者对此坚定指出,这种国有化既不属于社会主义性质,也不是民主性质的国有化,至多只是国家资本主义性质的国有化。一旦危机结束,各国政府还会把股份归还银行或企业。因此,这种国有化的实质是维护金融与垄断资本的统治地位和资本主义制度的稳定。若要真正实行社会主义国有化,必须首先实现无产阶级及其盟友掌握国家政权,剥夺垄断资本的统治地位,实行宏观经济调控以及广泛的生产民主。

[①] 聂运麟:《金融危机与资本主义国家共产党的理论与策略》,《当代世界与社会主义》,2009 年第 2 期。

（三）左翼力量的国际合作与协调

自 2008 年金融危机爆发，西方各国的社会主义和左翼运动开始活跃，试图摆脱东欧剧变以来的长期低迷状态。2009 年 11 月，来自 48 个国家的 57 个共产党和工人党的代表参加了在印度首都新德里举行的"第 11 届国际共产党及工人党大会"。这次会议继 2008 年巴西圣保罗会议对国际经济危机的关注，仍将主题确定为世界资本主义危机、工人与民众的斗争以及社会主义运动与工人阶级的作用，最终通过了《新德里宣言》。《新德里宣言》与《圣保罗宣言》集中表达了国际金融危机爆发后国际工人党和共产党对资本主义新变化的认识。2010 年 12 月，"第 12 届国际共产党及工人党大会"在南非茨瓦尼召开，会议一致通过了《茨瓦尼宣言》，深刻剖析了不断深化的资本主义危机，明确了共产党的历史任务，提出社会主义仍是人类未来的唯一选择，所有左翼力量与共产党组织应加强合作，为实现真正的社会主义而奋斗。

国际上的左翼力量之间通过各种途径展开了对话交流，加强了彼此之间的沟通与互动，从而形成了相互之间的支持，壮大了左翼力量在国际上的声势，并逐步扩大了其国际影响力。在巴西劳工党的呼吁下，拉美左翼政党主导的"圣保罗论坛"在国际上的影响力逐渐扩大。

拉美左翼力量在国际金融危机背景下也开展了各种反对资本主义的联合斗争。委内瑞拉的"21 世纪社会主义"公开宣称反对帝国主义与资本主义，得到了厄瓜多尔、玻利维亚的认同和支持。金融危机发生后，拉美左派主导的"世界社会论坛"也走出了先前的困难局面，于 2009 年举行了规模空前的贝伦大会，发表了在拉美地区具有影响力的《贝伦宣言》，强调拉美目前不是需要一个解决资本主义危机的临时调节机制，而是需要提出一个全新的替代方案，即消除资本主义制度，建立一个反对种族主义、反对宗法统治的社会主义替代制度。[1] 在以巴西劳工党为代表的拉美左翼政党的倡议之下，"世界经济论坛"的国际影响力也在逐渐增强，为左翼政党"反新自由主义全球化"提供了世界平台。

----

① 臧秀玲，杨帆：《国际金融危机对当代资本主义和世界社会主义的影响》，《山东社会科学》，2012 年第 2 期。

四、前景展望：开创社会主义的新时代

世界金融危机对资本主义构成巨大冲击，资本主义在意识形态、政治与经济层面不可避免地产生危机。俄罗斯共产党总书记久加诺夫指出，社会主义不是意识形态专家的任性要求，而是人类进步自然与不可避免的阶段。[①] 金融危机给整个世界带来了前所未有的转折点，人们对社会主义理想和人民政权取得胜利的信念以及对世界左翼力量团结协作的信念随之增强。

（一）社会主义运动的发展机遇

此轮世界经济与金融危机为东欧剧变后处于低潮的世界社会主义运动创造了机遇。世界各国的社会主义者呼吁左翼力量团结一致，努力壮大实力，推动社会改革以及世界社会主义运动的复兴与发展。

法国共产党第三十四次代表大会报告指出，资本主义危机为我们开创了新的历史时期，欧洲和全世界的社会主义运动也因此翻开了新的一页。我们应该采取新的发展方式，在全世界继续推动政治斗争，促进资本主义社会的转型，保障社会团结，实现新的进步，从而建立一个真正属于工人阶级与其同盟的社会主义国家。英国共产党提出"社会主义运动仍然是解决资本主义混乱状态的唯一选择"，社会主义者与左翼力量应适时行动，打破垄断资本对政治和经济的统治。希腊共产党则强调，应该最大限度地利用当前被资产阶级视为威胁经济与政治稳定的危机，推进工人阶级与政治盟友在国家和国际层面开展合作，加强以反对帝国主义为目标的阶级和社会斗争。在此过程中，各种进步力量应团结协作，攻击资本主义这只"受伤的野兽"，为推翻现存权力体系以及为实现生产的社会所有制而斗争。[②]

在经济与金融危机期间，生产社会化与生产资料私人占有之间的矛盾愈加突出，根源主要在于资本主义生产而非货币流通，任何补救性管理

---

① 刘淑春，于海青，贺钦：《社会主义是资本主义的替代选择——国外共产党关于当前经济危机的观点综述》，《马克思主义研究》，2009 年第 3 期。

② 刘淑春：《金融危机爆发以来国外共产党的新动态》，《红旗文稿》，2010 年第 4 期。

政策的调整都不可能解决这一制度固有的腐朽性。俄罗斯共产党第十三次代表大会的报告明确表述，苏东社会主义瓦解之时，整个世界似乎都将按照自由市场和美国统治世界的模式进行发展和演变。然而，历史的钟摆加速左摆，它的指针直指社会主义，影响全球的危机终使人们认识到美国这座资本主义世界的"灯塔"已不再是吸引人的方向标，社会主义仍将是人类发展的必然形态。资本主义强加给世界的自由市场模式将淹没在危机的浪潮之中，社会主义者对社会主义理想的信念更加坚定，对世界左翼力量团结协作的信念也随之增强。①

　　社会主义者充分意识到，资本主义不可避免地走向经济危机、社会灾难与军事对抗。只要资产者的权利与利益总是优于物质与精神价值的真正创造者，社会就不会实现和谐，争取社会公正与实现社会主义的各种思潮和运动因此应运而生，时代也将执着地证实这些社会主义运动的必要性与必然性。

　　（二）社会主义的比较优势渐进显现

　　世界金融危机促成国际政治格局的渐进变化，后冷战时代"一超多强"的世界格局日益向多极的世界演进，国际力量对比出现新的特征，发达国家与新兴经济体国家的差距持续缩小，社会主义与资本主义的比较优势渐进显现。

　　在政治上，西方国家的主导地位与话语权受到挑战。欧美发达国家应对世界危机与全球问题的垄断地位和影响力相对下降，更多依赖新兴国家处理相关挑战。新兴经济体则在危机之后加强合作，扩大国际与地区事务的话语权与决策权。在国家发展模式上，新兴经济体注重宏观调控，发挥政府在资源配置中的主导作用，而欧美倡导的新自由主义发展模式受到广泛的质疑和挑战，自由贸易与全球化推动者的道义形象因贸易保护和民族主义也被削弱。

　　在经济上，发达国家经济总量呈 3.4% 的负增长，西方七国占全球GDP总量的比重降至 50% 以下，外汇储备不到世界的 15%。与此同时，

---

① 刘淑春，于海青，贺钦：《社会主义是资本主义的替代选择——国外共产党关于当前经济危机的观点综述》，《马克思主义研究》，2009 年第 3 期。

新兴经济体保持了 1.7% 的增长率,"金砖四国"(BRICS)和"展望五国"(VISTA)的国内生产总值在全球所占比重从 2008 年的 15.7% 升至 18%以上。新兴经济体对全球经济增长的贡献率接近 90%,仅"金砖四国"对世界经济增长的贡献率就超过 56%。①

虽然西方资本主义国家在国际秩序和规则制定方面仍然具有垄断地位,但无论处理传统国际事务还是非传统议题,它们的国际动员能力都受到了极大限制。

在社会主义与资本主义的比较态势之中,社会主义体制的某些优势逐渐得以体现,而西方资本主义则出现了相对衰落。发达资本主义国家,特别是作为世界头号强国的美国,其硬实力和软实力在世界的影响都明显削弱。西方主要资本主义国家第二和第三产业遭受重创,经济增长乏力,发展速度和增长潜力表现逊色,整体实力与国际竞争力有所下降。欧洲在国际货币基金组织和世界银行中的一些席位和表决权被迫转给以社会主义中国为代表的新兴大国,世界金融危机导致欧美资本主义国家在金融领域的绝对主导地位产生动摇。②

然而,由于体制的巨大差异,社会主义与资本主义拥有不尽相同的国家利益和价值体系。两制国家既有紧密协作,也有激烈竞争,合作与竞争的深度和广度继续拓展,复杂性和激烈程度日渐增强。在与资本主义的竞争和比较之中,社会主义的优势逐渐显现,在世界获得了更多的共识与认同。

(三)社会主义之路的困境与挑战

经济与金融危机为世界社会主义运动带来了机遇,但是社会主义者也客观冷静地分析了当前面临的困境,如何应对危机与实现社会变革,因此构成社会主义运动的巨大挑战。

东欧剧变后,在西方资本主义和平演变的攻势之下,世界上许多社会主义和左翼组织抛弃了马克思主义,国际共产主义运动陷入低谷。目前,

---

① 高祖贵:《后危机时代国际战略形势及其发展趋势》,《和平与发展》,2010 年第 2 期。
② 臧秀玲,杨帆:《国际金融危机对当代资本主义和世界社会主义的影响》,《山东社会科学》,2012 年第 2 期。

左翼社会运动和社会主义政党的影响力还不够强大,无法有效改变社会主义运动所处的困难局面。这些社会主义和左翼组织的理论体系也不够成熟,无法拿出让工人阶级和人民大众广为接受的社会主义替代方案。与此同时,右翼的社会民主思想成为社会的主流意识形态,资本主义对社会主义和共产主义攻击的强度不断升级,从法律上和经济上对左翼思潮施加压力,有组织的议会外政治斗争常常受到瓦解,社会主义和左翼运动对抗资本主义的社会运动无法有效组织和实施。

然而,社会主义运动无疑蕴含巨大的复兴潜力,社会主义者并没有因为当前的困难局面而悲观失望,对社会主义的前途仍充满信心。一次次经济和金融危机证明了资本主义作为一种社会制度的局限性,有必要运用革命手段推翻资本主义。当前,危机已对经济和社会条件急剧恶化的工人阶级产生了根本的影响,共产党人的主要任务就是赢得目前的反危机斗争。同时,这一任务也必将伴随反对资本主义的政治和意识形态,伴随着夺取国家政权和建立社会主义的期望。① 第十次世界共产党和工人党国际会议的《圣保罗宣言》指出,人类目前面临着关键抉择,处于历史的十字路口。资本主义对和平、民主以及人民大众的利益构成严重威胁,各国社会主义和左翼组织正在努力振兴国际共产主义运动,工人阶级和人民大众争取社会进步的斗争以及争取实现社会主义的事业必将取得重大进展。②

第二节 金融危机与拉美社会主义新考量

新时期拉美社会主义的考量需要多重视角,既要分析当今世界的经济状况,也要分析美国与拉美的关系以及此轮金融危机对拉美的具体影响。始于 2008 年的金融危机与先前的危机具有广泛的相似性,但就其具

---

① Contribution by Gyula Thurmer, President of the Hungarian Communist Workers' Party, http://11imcwp.in/content/hungary-presentation.
② 张文化:《资本主义国家共产党论金融危机与党的任务》,《河南社会科学》,2010 年第 4 期。

体的历史条件而言,这次危机仍然具有自己的特征与独特性,波及的范围涵盖发达国家和发展中国家。因此,分析危机对拉美政治体制、阶级结构以及社会主义运动所产生的巨大影响显得尤为迫切与重要。

一、拉美经济与阶级结构的演变

(一)金融危机对拉美经济的影响

拉美经济深受世界金融危机的影响,各国贸易、投资、国内生产与财政收入都大幅降低,人均 GDP 下降 2%。[①] 企业破产大幅增加,国家的公共支出下降,农业矿产部门与外贸行业的失业率也随之上升。世界需求的下降导致商品价格的降低,拉美有限的外汇储备只能短暂弥补出口收入的减少。这场危机意味着整个社会经济结构的重塑,拉美的增长模式将进行长期、大规模的转型,致力于改革和扩大社会支出的工会组织与社会运动也将被迫采取直接行动,否则就会失去其相关的效用。

拉美中左政权国家应对金融危机的最初措施主要包括:对银行业提供金融支持以及降低农业、矿产商的税率;低息贷款刺激汽车销售;向中小企业的失业工人提供临时失业救济金。2009 年初,拉美国家采取这些措施主要基于这样的假想,危机不会十分严重,国家的外汇储备将会保障经济不会大幅下滑。

根据国际货币基金组织(IMF)的统计,由于证券和其他资产市场萎缩以及货币贬值,2008 年拉美的金融资产损失 22 亿美元,2009 年拉美国家的国内支出下降 5%。[②] 出口商品价格暴跌导致商品进口更加昂贵,贸易赤字不断扩大。如若没有应对危机的有效计划和方案,拉美就会进入严重而漫长的衰退期。

(二)金融危机促成拉美阶级结构变化

金融危机对拉美阶级结构的变化产生重要影响,从社会的上层群体到弱势群体都不可避免地受其波及。首先,初级产品的需求和价格大幅

---

① 参见 José Antonio Ocampo, "Latin America and the Global Financial Crisis", *Cambridge Journal of Economics*, 2009, No.33。

② James Petras, "Latin America: Perspectives for Socialism in a Time of a World Capitalist Recession/Depression", www.globalresearch.ca。

下降导致农业与矿业资本家的收入与权力大为萎缩。这些资本家在繁荣时期依赖银行贷款扩大生产规模,但是在危机时期他们债务缠身,面临破产,只好向政府施压,帮助他们偿还即刻到期的债务。部分农业与矿业公司破产,资本在危机之中进一步集中,农矿产业对 GDP 和国家税收的贡献相对下降,对政府和经济决策的影响力也随之降低。海外市场的丧失、依赖国家对其债务进行补贴以及对市场的干预意味着新自由主义所谓的自由市场理念寿终正寝。

然而,除了社会主义的口号之外,拉美的"新国家主义"没有丝毫进步性。在农矿产业资本家的压力之下,国家把金融危机的重担转嫁给工人、雇员、小农场主与商人,通过盘剥民众对初级产品出口进行补贴以及对资本的贷款实行零利率。金融危机使得政府提供的公共服务大为削减,薪资收入也相应降低,国家的主要功能愈加转向为统治阶级偿还债务与提供贷款补贴。

经济下滑使得农业与矿业不再是"增长的引擎",这两大产业资本家的政治影响力也因此弱化。在"新国家主义"的背景之下,阶级斗争的重心转向与国家统治者的对抗,因为危机时期的所有阶级关系与阶级斗争都已转变为与维护资本主义生产方式的国家的抗争。

与海外市场联系紧密的金融和工业产业在市场份额、资本融资与信贷境况堪忧。随着危机在北美、欧洲和中南美洲的加剧,"去资本化"的过程日渐严峻。遭受危机影响最大的是那些深度融入全球市场的产业,而且全球化愈是加深,危机在金融、汽车制造和通信产业的蔓延速度愈加迅速。

部分拉美人士认为,1998—2002 年遭受区域经济危机的拉美在这次危机中能够独善其身。但是,此种观点有失偏颇。拉丁美洲无法"在一个大洲建设资本主义",产业工人将大规模下岗,工人的工资也将被削减。此外,产业工人主要聚集在都市中心区域,依靠各种产业提供就业,这种特征决定了他们具有巨大的社会政治作用,国家被迫向其提供公共就业以及失业补偿。鉴于工会无法超越集体谈判的框架模式,由失业和半失业工人组成的新型组织将可能出现,并可能采取瘫痪公路和占领工厂与政府机关等直接行动。

然而,世界不会出现"无端的激进运动"。饥饿的"幽灵"可能造就右翼民粹主义者,也可能促成建立左翼领导的失业工人组织。[①] 但是,新的历史条件要求探索新的斗争形式,不能简单重复先前的固有模式。大规模的失业与破产决定了国家议会中冗长的谈判与毫无结果的辩论无法解决问题,超越议会的直接行动成为当前的合理选项。

二、左翼与社会主义力量的不断增强

1964 年的巴西、1971 年的玻利维亚、1972 年的乌拉圭、1973 年的智利以及 1976 年的阿根廷,左翼运动遭受重创。然而,近 20 年的左翼运动和组织却能够不断地积累经验、动员民众、重建组织,维护左翼和民众的利益。冷战后,虽然有诸多国家改旗易帜、背离社会主义,但是还有巴西、智利等国仍在坚持社会主义道路,并取得了一定的成就,如巴西的共产党员数量就超过了 30 万人。

（一）左翼力量的显著集聚

拉美左翼包括执政的拉美左翼政党、左翼执政的拉美国家政府、参政或在野的拉美左翼政党或运动,拉美的左翼人士等,[②]拉美的左翼不同于传统意义上的左翼,其更加注重社会民主与福利而淡化意识形态。在拉美左翼激进运动中心的委内瑞拉,左翼力量在 1999 年上台执政,粉碎了军事政变,阻止了帝国主义干涉与资本家的封锁和破坏。查韦斯政府推行混合型经济和社会福利计划,成立了群众性社会主义政党——委内瑞拉统一社会主义党（PSUV）。左翼运动显示出巨大能量,在无数关键时刻有效动员支持者击败亲帝国主义势力,捍卫左翼政权。

然而,左翼运动的发展并不总是一帆风顺。2000—2005 年间,拉美左翼运动突飞猛进,但在随后三年左翼运动的势头有所减弱。同时,拉美左翼的弱点开始显现,派别纷争与内部斗争阻碍了左翼力量上台执政。

---

① 参见 José Antonio Ocampo, "Latin America and the Global Financial Crisis", *Cambridge Journal of Economics*, 2009, No.33, pp.703 – 724。

② 徐世澄:《金融危机以来拉美左翼运动和共产党的新动向》,《求实》,2015 年第 7 期。

群众运动和行业工会受到削弱与分化,这些组织的领导人由中左政权选派产生,并使群众运动尽量保持中立与去政治化。然而,随着危机的加深和失业的不断增加,中左政权的统治力在不断弱化,民众的不满也在不断增强。

在一些右翼和中右翼政权的统治之下,如哥伦比亚的乌里韦(Uribe)、秘鲁的加西亚(Garcia)以及一些中美洲与加勒比国家,左翼运动重新获得了社会与政治空间,通过选举和议会外斗争向新自由主义霸权发起挑战。尤其在哥伦比亚和秘鲁,左翼群众运动在一些城市和乡村广泛展开,反对中央政府的社会分配政策、对聚居地的破坏以及跨国集团的劳动剥削。初级产品价格的下降与失业的不断增加可能促成中央与地方"双重政权"的权力格局。

在哥伦比亚、秘鲁和哥斯达黎加,群众运动的广度和深度都超过阿根廷和玻利维亚。哥伦比亚的游击队进行战略退却与重组,印第安人、学生与行业工会组成的社会运动走到斗争的前列,反对右翼的乌里韦政权。

然而,拉美社会运动具有明显的不足,这些运动通常只拥有行业与部门的群众基础和领导力,缺乏全国性的组织机构。即使这些运动拥有更加广泛的社会规划,领导者也缺乏独立的金融和物质资源来建构全国的干部组织,更加缺乏执掌国家政权的执政能力。随着这些社会运动影响力和群众支持度的不断扩大,这些左翼力量就会与中左政治领导人结成联盟,而这些中左力量在拉美政治进程中总是表现为"下台为左翼,上台为右翼"。

金融危机将导致矿业工人、石油工人与农业无产者的失业率上升,而正是这些产业工人具有阶级意识与阶级斗争的传统。出口锐减以及国内消费市场的大幅萎缩将会导致汽车和相关产业的工人失业,使得重组失业工人的直接斗争成为可能。国家财政收入下降导致政府削减雇员,大学和专业技校的毕业生无法实现就业,也可能投身于社会与群众运动。

金融危机使得拉美劳动力输出锐减,并可能带来劳动力回归国内,来自海外的汇款因而大幅降低,加剧拉美国家内部的紧张与困境。此次危机的世界性质造成拉美几十年来向国外输出劳动力的"减压阀门"不复存在,这些正值壮年的劳动力无法输出海外,可能投身社会与群众运动,增强左翼运动的力量。

（二）金融危机助推拉美社会主义增强实力

资本主义危机本身并不能保障左翼力量是最大的受益者。随着危机的深入,若干关键因素决定了拉美多数现任政权在危机中的得失。在阿根廷、玻利维亚、厄瓜多尔、巴拉圭、智利、巴西等这些中左政权以及委内瑞拉这样的民族左翼政权之中,国家实施的刺激计划如果无法应对危机,右翼势力就会从中受益。然而,在墨西哥、秘鲁和哥伦比亚这些新自由主义右翼执政的国家,群众运动主要通过左翼来实现政治诉求。

如若缺乏强大的革命力量,金融危机自身无法带来社会变革。在2009年危机的初始阶段,多数群众运动的目的主要是保持就业与防止大规模失业,要求国家通过补贴或国有化加大干预力度。新自由主义理念的衰亡不可避免,但它的最初取代形式极有可能就是国家资本主义。最为激进的社会运动恰好发生在最为依赖初级产品出口以及严重依赖美国和欧盟市场的国家,这些国家主要包括墨西哥、厄瓜多尔、秘鲁、委内瑞拉和中美洲的一些国家。

随着危机的持续与加深,一旦大规模的经济刺激计划无法推动经济发展,左翼激进运动便会应运而生。左翼运动的关键在于如此运动需要具备良好组织能力的领袖人物,能够把民众的不满与全国的斗争以及与反帝的社会主义运动实现有机统一。金融危机为群众运动以及社会主义运动的复兴提供了机遇,但是目前的运动也暴露出局部性、自发性以及缺乏深层的社会动员等缺陷。

三、外部环境变化：美国霸权的衰落

拉美政治气候一直受到美国政策调整以及美拉关系变化的影响,而把握美国与拉美关系的现状和未来,首先需要知晓美拉关系的四个发展阶段：① 1990—1999：帝国主义掠夺的黄金时代；② 2000—2003：危机与政治挑战时期；③ 2004—2008："相对自治"的商品繁荣时期；④ 2009

年以来全球危机和帝国资本权力的衰落时期。①

（一）日渐式微的美国霸权

欧美对拉美的掠夺和绝对控制建立在拉美腐败的右翼民选政府之上，而这些政府常被欧美和拉美的研究机构冠以"民主"或"民主过渡"政权。然而，进入新世纪，大规模的民众运动风起云涌，印第安原住民以及左翼力量在地方和中央上台执政，美国在拉美的霸权逐渐走向衰落。

拉美政治革命的驱动力来自强大的社会运动，尤其是那些印第安人、农民、失业工人以及都市弱势群体为主体的民众运动。民众力量以及代理人政治共同促成拉美"中左"政权上台执政的政治局面。左翼运动对美国"黄金"统治时期的主要政策提出挑战，严厉抨击私有化和去国有化、高额的外债以及与美国的自由市场协定。因此，美国国内政治的变化阻碍了在拉美地区重返 20 世纪 90 年代的黄金时代，其他一些因素也使得华盛顿难以在拉美恢复昔日的霸权。

① 美国的战略重心、资源与军事力量转移至中东和西太平洋地区。鉴于美国相对实力下降，拉美地区可以自由地实施自己的政治规划，加强地区一体化建设，摆脱美国倡议的自由贸易协定。

② 华盛顿竭力维护军事霸权地位，耗尽了国家的资源，从而阻碍了在拉美地区建立经济霸权。除墨西哥以外，美国作为拉美进出口主导国家的地位相对下降，亚洲、欧洲、中东日益成为拉美重要的贸易伙伴。随着美国市场的萎缩，美国失去了在拉美的影响作用，特别是政治影响力。

③ 初级产品价格在金融危机前不断上扬，增加了拉美的贸易顺差，外汇储备达到了历史新高，从而能够摆脱美国以及受美国操控的国际金融机构的干涉。随着国际市场对于能源、金属和农产品的旺盛需求，拉美拓宽了世界市场和外部融资渠道。通过初级产品出口，拉美中左政权能够更加摆脱美国的干涉，强化初级产品出口强势地位。

（二）美拉关系与美国拉美政策的调整

美国对拉美政策的目标，长期以来就是维护自己强大的政治、经济和

---

① 　James Petras，"Latin America：Perspectives for Socialism in a Time of a World Capitalist Recession/Depression"，www.globalresearch.ca.

军事地位，击败其他竞争大国。因此，美国在拉美的主要任务就是维护经济主导地位、实现利益最大化以及控制战略经济产业和贸易伙伴，通过签订军事协定、建立军事基地与操控所在国军方人士实施军事独裁，通过支持亲美的政客以巩固美国的政治霸权。

美国新殖民政策成功的关键在于建立和控制傀儡政权，行使所有殖民国家功能——经济剥削、镇压反抗以及进行武力干涉。没有傀儡政权和统治阶级的支持，华盛顿的权力将大为削弱，美国对拉美地区的经济影响力也会受损。如若如此，美国只能诉诸昂贵、危险的直接军事干预，否则就会被边缘化。

始于 2001 年的对外战争进一步削弱了美国与拉美的双边关系。美国多数的政治和军事资源集中在中东，特别是伊拉克和阿富汗，因而减轻了拉美的压力。旷日持久的中东战争使得军事干涉拉美在美国国内很难获取政治支持，高昂的中东战争费用也使得美国不再可能扩大与巩固在拉美的帝国影响力。

20 世纪 90 年代以来，拉美右翼政权的垮台、左翼社会运动的兴起、中左政权上台执政、中东的反恐战争以及这一时期的经济繁荣重新定义了美国与拉丁美洲的关系。因此，美国与拉美国家的关系呈现出若干类型，即独立型（委内瑞拉）、自治竞争型（巴西）、选择合作型（智利）以及全面合作型（墨西哥、秘鲁、哥伦比亚）。①

委内瑞拉在拉美摆脱了美国的干涉，确立了独立的民族领导地位。查韦斯大力实施社会福利计划，有利提高民众的支持度，取得了民族独立。委内瑞拉的独立性源于初级产品和石油价格的上升，美国与委内瑞拉的冲突一方面源于美国经济不振与漫长的中东战争，另一方面源于委内瑞拉的经济繁荣，使其能够获取地区与国际盟友。美国倡导的拉美自由贸易协定流产，推翻查韦斯政权的几次努力也均以失败告终，中美洲和加勒比地区的美国"后院"国家纷纷加入委内瑞拉主导创立的"美洲玻利瓦尔联盟"（ALBA）。

---

① Raul L. Madrid, "The Origins of the Two Lefts in Latin America", *Political Science Quarterly*, Volume 125 No.4, 2010 - 2011, pp.587 - 589.

拉美的其他一些国家,如哥伦比亚、墨西哥和秘鲁,一直以来都是美国霸权的忠实合作者,对抗查韦斯政权,坚定支持与美国签订自由贸易协定。智利和阿根廷等一些拉美国家则在这些集团中左右摇摆,不断调节其战略与政策。然而,我们应当了解,无论是激进的民族政权,还是美国的附庸,所有这些拉美国家的经济和政治体制都属资本主义概念范畴。

奥巴马上台执政并没有改变美国的霸权模式,可能发生改变的则是金融危机后美国追求全球霸权政策的资源和能力。美国支持哥伦比亚对抗委内瑞拉,在安第斯地区与智利和秘鲁签订自由贸易协定以对抗玻利维亚,与巴西的新型外交关系实质上确立了巴西的地区领导地位。

鉴于有限的自身力量,美国只好通过拉美国家的代理人或盟友打击反对势力,依赖非政府组织、民选政党与右翼行业工会压制公民运动和对抗左翼政府。金融危机与高昂的军费开支使得美国不再可能对拉美进行大规模的投资和贷款,只好依赖政治和外交手段干涉拉美事务。

拉美左翼力量此时拥有极大的政治优势。在拉美以外地区过度扩展势力削弱了美国的拉美统治阶级盟友的力量,美国在这一地区的右翼代理人纷纷下台,中左政权多数奉行反美的政策立场。金融危机在拉美的蔓延削弱了待遇优厚的私企员工、中下阶层、工会以及公共雇员对资本主义制度的支持力度,新自由主义的失败也使得拉美右翼势力至少在短期内无法重新上台执政。然而,从新自由主义的失败、美国实力的相对衰落以及金融危机中,拉美左翼力量见证了自己在新世纪的战略胜利。

第三节　拉美社会主义新发展 与危机后的调整

在拉美的政治发展进程中,多元性构成社会主义思潮与运动的显著特征。在拉丁美洲,各种政治发展模式盛行,各国根据自身情况的不同选择不同的发展模式,也因此,拉美历来被视为政治发展模式的试验场,可见其发展模式之多样性。进入 21 世纪,除古巴坚持马列主义为指导的科学社会主义之外,拉美左翼政权根据不同国家的经济和社会背景,纷纷提出建设新型社会主义,制定和实施了不同于先前新自由主义的各种政策。巴西劳工党提出建设"劳工社会主义",而玻利维亚则在国内推行"社群社会主义"。以宏观的属性视角,古巴、巴西和玻利维亚的社会主义探索分别代表不同的类型与模式,也呈现出迥异的国家与民族特征。2008 年的金融危机后,左翼政权调整政策,继续推行社会主义的理念与实践。

一、巴西"劳工社会主义"的理念与成就

20 世纪 60 年代末 70 年代中期,巴西的经济年均增长率高达10.1%,被称为"巴西奇迹"。根据近几年的调查数据显示,巴西从 2010 年起其国内生产总值就已超过 2 万亿美元,并于同年成为世界第七大经济体。巴西的经济实力在拉美居于首位,其崛起成为拉美非常瞩目的现象。针对拉美的崛起,究其原因与劳工党领袖卢拉执政的两届政府息息相关。巴西的劳工党是拉美最大亦是至关重要的左翼政党,以"劳工社会主义"为执政理念与价值导向,以争取多元与团结、建设民主的社会主义为己任。"劳工社会主义"是由巴西劳工党主导创立的政党理论和指导思想,是劳工党在 21 世纪新的历史条件下探索社会主义之路的理性选择。劳工党把构建"劳工社会主义"作为党的指导性理论和目标追求,对统一劳工党的指导思想以及明确党的奋斗目标具有重要意义。

(一)"劳工社会主义"的产生背景

巴西劳工党在成立初期就确立了在巴西实现社会主义的目标,并且注重对于社会主义相关理论的探索与建设,但是当时对于建立什么样的社会主义并不十分明确。卢拉曾言,"劳工党的方向是社会主义,但究竟是什么样的社会主义,说实话,我不清楚"。① 巴西劳工党第七次全国代表大会于 1990 年 5 月 31 日至 6 月 3 日在里约热内卢召开,会议代表一致通过了"劳工社会主义"的政治决议,首次以党内文件的形式正式、明确

---

① Pedro Petit,"Primer Congreso del PT. Alianzas,hegemonías y divergercias",en Nueva Sociedad,No.121,septiembre-octubre,1992,pp.68 - 77,www.nuso.org.

地确立了劳工社会主义思想的指导地位,明晰了什么是巴西的劳工社会主义,正式提出"劳工社会主义"的政党指导思想与目标追求。劳工党源于 20 世纪 70 年代圣保罗的工会运动,在 1980 年 2 月 10 日正式建党,致力于改善工人的劳动和生活条件以及争取言论和政治自由。劳工党在其党章中明确提出,"劳工党是巴西男女公民自愿结合的组织,为争取民主、多元化和团结,为进行旨在消灭剥削、统治、压迫、不平等、不公正、贫困的政治、社会、制度、经济、司法和文化改革而斗争,目的是为了建设民主的社会主义"。1999 年 11 月 24—28 日,劳工党重申党的指导思想是"劳工社会主义"。①

劳工党创始人与首任主席路易斯·伊纳西奥·卢拉·达·席尔瓦(Luiz Inacio Lula da Silva)(简称"卢拉")三次参加巴西总统选举。2002年 10 月,卢拉代表巴西劳工党第四次参加总统选举并获得成功,成为巴西历史上第一位工人出身的总统,并且在 2006 年 10 月竞选连任成功。卢拉对于劳工党、对劳工社会主义的影响是不可估量的。他不仅是劳工党的创始者,而且还经历了劳工党由弱到强的过程。在卢拉的领导下,劳工党逐渐成为巴西国内主要的政治力量。

在巴西的工业体系之中,冶金产业在国内举足轻重,拥有 14 万工会会员,而卢拉在 1975 年当选为巴西冶金工会主席。在卢拉和多位工会领袖的领导下,冶金工会多次组织大规模的罢工与反对军人独裁统治的政治游行。1980 年 2 月,巴西劳工党正式创立,卢拉在当年 9 月当选为该党主席。在他的领导之下,劳工党逐渐发展为巴西最大的反对党。1983年,卢拉参与组建"劳工统一中心",他领导的工会运动对结束巴西军人独裁统治作出了重要贡献。

卢拉执政期间提出在巴西努力践行"劳工社会主义",并取得显著成就。劳工党政府努力调整国家实施的新自由主义经济与社会政策,加强国家的宏观调控,推动税制改革,鼓励出口创汇,加大基础设施投资,促进巴西经济稳步增长。同时,劳工党政府致力于推进社会发展与社会公平,

---

① 徐世澄:《巴西劳工党及其"劳工社会主义"》,《当代世界社会主义问题》,2008 年第 4 期。

努力解决教育、卫生和贫富悬殊等社会问题,缩小社会差距。在对外政策上,劳工党政府提出在加强南方共同市场建立的同时,推动创设南美国家联盟,加强同中国、俄罗斯、印度和南非等新兴经济体的经济与贸易关系,增强新兴经济体国家的国际话语权。

(二)"劳工社会主义"的内涵与目标

2007年8月31日至9月2日,劳工党在圣保罗市召开第三次全国代表大会,这次党代会是劳工党作为执政党召开的第一次党的代表大会,1 000多名代表出席本次会议。在大会通过的"劳工社会主义"的决议中,劳工党明确指出,"重塑社会主义的选择"是新的历史条件下的主要任务和挑战,强调要在劳工社会主义思想理论的指导下,在巴西重建社会主义,并指出劳工社会主义在替代西方主推的新自由主义政策方面的重要性,提出构建巴西劳工社会主义是党的历史使命。本次代表大会通过的"劳工社会主义"决议主要内容如下:

① 劳工党是巴西城市和农业工人为争取改善劳动生活条件以及组织自由而斗争的产物。在同军事独裁斗争的困难条件下,劳工党从一开始就得到知识分子、自由职业者、人权捍卫者、基层教会组织、青年、学生以及由妇女、环保者、黑人、同性恋者等社会运动组织的支持,而且左派组织的党员在这场争取自由民主的政治斗争中发挥了巨大作用。

② 巴西劳工党反独裁和争取政治民主的斗争源于反对资本主义的信念,民主与不公正、社会排斥、饥饿、暴力、战争和环境破坏是不相容的;对民主的承诺使他们都成为反资本主义者,把他们的民主斗争看成是反资本主义的选择。

③ 苏联解体和东欧剧变没有带来社会主义的全面革新,而是给野蛮的资本主义的建立打下了基础;欧洲的民主社会主义则逐渐放弃了过去的改革思想,并开始逐渐放弃第二次世界大战后建立福利国家的政策方针。

④ 新自由主义并没能掩盖其保守主义和倒退的本质,全球化的概念被用来否认民族国家。它们以激进的个人主义名义取代公民运动,否认阶级斗争,宣布"历史的终结",取消任何资本主义的替代计划,攻击民主,

否认国家主权。

⑤ 柏林墙倒塌后，在"华盛顿共识"的影响下，新的国际秩序推动了外围国家经济战略部门的私有化。

⑥ 在资本主义外围国家，特别在拉美国家，这一共识的影响是强烈的，新自由主义意味着金融资本把持生产活动。新自由主义想克服拉美国家通胀加剧、外债增加的财政危机，但经济的调整没有达到其主要目标。解决宏观经济的失衡，反而使宏观经济形势恶化，造成非工业化和土改的倒退，使贫困和社会差异加剧。

⑦ 新自由主义在巴西的影响比较晚，在拉美大多数国家是从 20 世纪 80 年代开始的，而在巴西，由于工人和中产阶级的抵制而推迟了十年。20 世纪 90 年代，新自由主义对巴西的影响要小于拉美其他国家，而以劳工党为中坚力量的巴西左派和中左政党在抵制新自由主义方面功不可没。

⑧ 自 2002 年起，形势发生了变化。2002 年劳工党候选人卢拉在大选中获胜，使劳工党在一个资本主义国家和阶级社会中成为执政党。在巴西，权力不仅是政治权力，还包括经济、媒体和军事权力。建立一个超越资本主义秩序的新社会的理想，使我们的党员和领导人认识到建立一个主权和民主的国家，是为在巴西建立社会主义而斗争的组成部分。

⑨ 尽管近年来巴西和拉美其他国家都发生了变革，但是，无论在巴西还是在拉美，新自由主义思想仍占主导地位。今天，我们生活在一个过渡时期，我们的任务是提出一个新自由主义的替代方案。克服新自由主义的影响，要通过具体的替代方案，这具有十分重要的意义。我们在 21 世纪面临的挑战是重建社会主义的选择。

⑩ 世界金融危机表明了资本主义的脆弱性，但危机本身不一定会引发革命和社会进步的变革，而常常会兴起反动与反革命的运动。

⑪ 卢拉首任期间和第二任期以来，在完成民主任务、捍卫国家主权方面的成就，是力量积累的重要一步，他不仅使巴西走向社会公正，而且使巴西走向独立民主。巴西在世界贸易组织中保持坚定的立场，反对保护主义，结束同国际货币基金组织的协议，建立南美洲共同体，都证明了

卢拉联合政府捍卫国家主权的坚定意识与决心。

⑫ 同社会民主党和共产党进行批判性对话。从建党时起,"劳工社会主义"便开始其理论和政治建设的进程。在 1990 年劳工党的第七次全国会议上通过的《劳工社会主义》的文件,对资本主义进行了批判,也对 20 世纪社会主义的进步和倒退进行了反思。我们的这一反思,在同全世界几十个政党和组织特别是拉美的政党和组织的接触中得到了丰富,我们将重新思考资本主义的替代方案。

⑬ 与 20 世纪许多占优势地位的思潮不同,"劳工社会主义"没有一个单一的政治和哲学模式,它包括左翼阵营广泛的多元思想;它反对资本主义社会以及所谓"社会主义社会"里的经济剥削和一切压迫形式,反对一切形式的种族歧视、性别歧视、宗教歧视和意识形态等方面的歧视。

⑭ 民主不仅是实现人民主权意愿的工具、目的和目标,更是我们政治行动的固有价值。劳工社会主义是彻底的民主主义,因为它要求政策社会化,它意味着将民主扩大到所有人,将政治、个人、集体自由和经济、社会权利相结合。

⑮ 劳工社会主义捍卫发言权和表达权,使民众拥有物质财富和象征财富,具备文化和知识生产条件;捍卫和扩大人权;主张尊重法制民主国家,将代议制民主与建立保证公民参与方式的公共空间相结合,使社会能控制国家。劳工社会主义意味着与民主不可分的共和国实践。

⑯ 劳工社会主义主张建立一种新的经济模式,使经济增长与收入分配相协调,发挥国家在民主计划经济中的作用,使国有制、非国家公有制、私有制和集体私有制共同存在。在巴西,要特别重视土地改革的深化,重视家庭农业与农业企业的关系。

⑰ 劳工社会主义应关注劳动关系。尽管由于科技的巨大变化,生产率发生了巨大变化,但几十年来工作时间仍没有变化。应当减少日工作时间,实现充分就业。

⑱ 劳工社会主义主张自然资源集体民主所有,不能私有化;要保护生态,为后代着想。

⑲ 劳工社会主义将本国建设与国际主义的前景相结合。国际关系

应进行彻底改革，我们需要一个多边的和多极的世界，减少经济和社会发展的不平衡，不应屈从于大国的霸权主义。我们需要一个民主的世界，各国都应保障和平，建立一个没有饥饿、疾病、弃儿，男女平等，充满前景和希望的世界。我们为美洲大陆团结，尤其是南美洲团结而斗争。

⑳ 劳工社会主义以劳工为本，不断取得经济、社会、政治和文化的新成果，为新成果开辟道路，在不忽略现在的前提下，将目光投向未来。①

根据劳工党党章，劳工党最重要的任务就是要塑造一个符合巴西国情的社会主义模式。劳工党认为，工人阶级解放的前提条件是建立与现行资产阶级民主制完全不同的民主机制。只有社会主义才能实现真正的民主，而巴西的社会主义者应该团结反对资本主义的各种社会力量，因为资产阶级对这些社会力量的利用使他们失去了批判的特质。

从劳工党的党章中强调劳工党的特性，主要归结为两点：一点是实践性。从这个维度上讲，劳工社会主义应该注重实践而不是本本主义或者教条主义，劳工社会主义不是一个封闭且固定的教条。劳工社会主义既指导实践又源于实践，并在实践中不断完善。劳工党建党早期就指明劳工党是一个开放和民主的政党。卢拉也强调，"劳工党不是任何理论的产物，而是每时每刻实践的产物"。因此，"劳工社会主义"就在实践性的基础上富含时代性，不仅强调对于本国国情与实际情况的注重，而且强调与时俱进。在 2002 年的大选中，劳工党改变以往的不结盟政策，在"现实主义"方针的指导下，联合左翼，向中右开放，策略的转换使得劳工党获得了大选的胜利。

另外一点便是民主性。在 1987 年劳工党第五次全国代表会议上指出，党的最终目的是建立一个"民主"的社会主义。劳工党强烈反对资本剥削，强调保障劳工的权益，承认并且尊重不同阶级的诉求。正如在其三大决议中的第 14 条中所指出的那样，民主不仅是实现人民主权意愿的工具、目的和目标，更是我们政治行动的固有价值。劳工社会主义是彻底的民主主义，因为它要求政策社会化，意味着将民主扩大到所有人，将政治、

---

① 转引自徐世澄：《巴西劳工党及其"劳工社会主义"》，《当代世界社会主义问题》，2008 年第 4 期。

个人、集体自由和经济、社会权利相结合。由此可知,劳工党所言的"民主"不仅仅体现在民选程序中的"一人一票"上,不仅是一种程序民主,更加强调的是"实质民主"。这种实质民主包括国家独立、社会公平正义、无阶级差别等,是一种包括政治、经济、社会等全方位的民主。除了党外民主之外,劳工党的民主性还体现在党内民主上。如允许并鼓励内部的讨论,有严明的组织纪律,有党员参与等。

劳工社会主义对于劳工党而言,并不是封闭僵化的,而是基于巴西本土情况的,是在结合巴西实际基础上的理论建设过程,本质上具有稳定性、实践性、包容性与时代性。

首先,稳定性体现在对于劳工社会主义作为指导思想的坚守上。劳工党主张坚定地维护劳工社会主义的指导思想地位,坚定地在劳工社会主义的指引下重塑具有巴西特色的社会主义。其次,实践性在于劳工社会主义强调立足巴西本土情况。也就是说巴西的劳工社会主义与国际上其他国家的社会主义具有本质的不同,是具有巴西特色的社会主义,是对于社会主义的巴西模式的探索与坚持。强调劳工社会主义的本土性,表明了劳工党不愿成为任何"实际存在的社会主义"国家附庸的态度和立场,增加了劳工社会主义及其指导的劳工党获得巴西民众认可的可能性,有利于提高其吸引力与号召力。[①] 再次,巴西劳工社会主义不是自我封闭、自我局限的,而是具有相当的开放性与包容性。本质上可能与劳工党本身作为一个开放型政党的特质相关。基于此,劳工党认为劳工社会主义不应是局限在单一的限度之内,而应该开放边界,不断吸纳有用的思想理论,应该涵盖广泛的左翼思想。只有如此,巴西劳工党才能摆脱故步自封、"自说自话"的窘境。通过其包容性与开放性,增加与其他左翼思想对话的可能性,并于对话中汲取和借鉴其他思想的精华,增强彼此之间的交流与合作,从而达成统一思想、凝聚力量的目的,扩大巴西劳工党的社会影响力。最后,时代化体现在有关劳工社会主义理论的建设进程是紧跟时代发展与变化的,根据时代的变化,根据客观环境

---

① 靳呈伟:《巴西劳工党执政经验及面临的挑战》,《当代世界与社会主义》,2012年第2期。

与条件的变化,不断调整充实自身,从而能够增强劳工社会主义指导思想的解释力与说服力。

(三)"劳工社会主义"指导下的经济与社会成就

巴西在20世纪60年代曾一度崛起为拉美经济最繁荣的国家,但过度依赖外资与巨大的社会差距致使巴西的经济与社会发展停滞不前,深陷"拉美陷阱"。劳工党自2003年上台执政以来,以"劳工社会主义"作为指导思想,改变之前的新自由主义政策,将市场与社会计划相结合,致力于追求社会公平与社会正义,实现了巴西经济稳步增长,贫困人口显著降低。

1. 稳健务实的经济改革

新自由主义改革使巴西在20世纪90年代初保持了宏观经济稳定,公共财政保持盈余。然而,20世纪90年代后期的巴西多次出现金融动荡,社会和阶层对立严重。在严峻的经济与社会对立状态之下,劳工党政府全力追求社会公正和经济发展,实施全面的政治、经济与社会发展计划,政府的目标是建立一个为所有巴西人的"全民政府",倡导政党的政治和解,在国内进行温和却全面的政治、经济与社会改革。

卢拉执政之后,坚持劳工社会主义思想,在实践中采取市场与社会计划相结合的方式。例如,通过改革税制、降低利率、增加出口等方式实现经济的增长。种种措施使得巴西在各方面取得了不俗的成绩,巴西通过经济腾飞成为经济强国,成为新兴经济体的代表。

在卢拉执政期间,劳工党政府理性审视卡多佐政府的新自由主义政策,延续部分务实的经济发展政策,大力发展国有和外向经济,扩大投资基础设施建设,强化国家的宏观调控,加快实施市场化改革,赢得了投资者和国际金融机构的信任与支持,国民经济稳步增长。2003—2009年,巴西国内生产总值和人均GDP年均增长率为3.6%和2.3%,2010年更是实现了7.5%的高速增长。

2. 政府主导的惠民工程

劳工党政府重视民生与社会公平,致力于解决社会矛盾和缩小社会差距,而改善民生也被作为一项基本国策和长期目标,并推出多项扶持弱势群体的措施和计划。"零饥饿计划"是劳工党政府为改善民生而实施的重要社会政策,主要是为生活在贫困线之下的 4 000 多万贫困人口提供粮食与社会救助。此外,2004 年 1 月,卢拉政府成立了社会发展和反饥饿部,统一管理和负责"家庭津贴计划"社会救助工程。根据"家庭津贴计划",月收入不足 50 雷亚尔的家庭每月可以另外得到 50 雷亚尔的生活补贴;家庭月收入在 50—120 雷亚尔的家庭每月则可得到 45 雷亚尔。至 2006 年 10 月,这一社会工程覆盖了全国每个城市,使 1 100 万家庭的 4 704 万人受益,约占巴西总人口的 25%。

卢拉政府同时积极推动社会福利制度的改革,提高社会保障覆盖率。2002—2010 年,巴西社会保障覆盖率从 45% 提高到 51%。为了提高低收入群体的生活水平,2003—2010 年间卢拉政府 8 次提高最低工资标准,总计提高了 67%。

罗塞夫担任总统之后,劳工党政府继续将改善民生作为重要社会目标,计划每年投入 200 亿雷亚尔扶贫资金,使 1 620 万人从赤贫中脱离。2011 年 6 月,在政府推行的"无赤贫的巴西计划"和"绿色救助计划"中,罗塞夫继续实施"家庭津贴计划"和"粮食购买计划",并为参与环境保护行动的每个贫困家庭提供每季度 300 雷亚尔的额外津贴。据统计,2003—2010 年,巴西家庭年均收入的增长高于国内生产总值的增长,半数贫困人口的收入增长达 68% 之多,约有 4 870 万人脱贫,数千万人加入中产阶级行列,月收入在 750 至 3 233 美元的群体成为巴西人数最多的群体,占总人口的 55%。[1]

在劳工党政府的不懈努力之下,巴西的贫富差距明显缩小,贫困人口的比例大幅减少。贫困率和极端贫困率分别从 2001 年的 37.5% 和 13.2% 降至 2011 年的 20.9% 和 6.1%。收入分配两极分化的状况也有所改善,20% 收入最低家庭的收入占总收入的比例从 2002 年的 3.4% 提升至 2012 年的 4.5%,而 20% 收入最高家庭的收入占总收入的比例则从 62.3% 降至 55.1%。[2]

---

[1]　靳呈伟:《巴西劳工党执政经验及面临的挑战》,《当代世界与社会主义》,2012 年第 2 期。

[2]　方旭飞:《巴西劳工党的执政经验与教训》,《拉丁美洲研究》,2014 年第 5 期。

劳工党政府的社会政策与扶贫项目极大缓解了巴西的社会矛盾与阶层对立,因而获得了中下阶层选民的大力支持。2006 年卢拉蝉联总统以及 2014 年罗塞夫的成功连任,都与劳工党政府富有成效的社会救助计划有着密切的关联。

二、玻利维亚"社群社会主义"的理论与探索

2003 年,玻利维亚发生了"天然气管道风波",并在随后两年经历了连续的政治动荡和社会的不稳定。在这持续性的不稳定中,民众逐渐意识到新自由主义政策的弊端,进而寻求玻利维亚发展模式与策略的转变。在 2006 年 1 月 18 日玻利维亚的总统选举中,"争取社会主义运动"政党领导人埃沃•莫拉莱斯赢得选举的胜利,成为该国历史上首位印第安人总统。执政后的莫拉莱斯进行了一系列的政治改革并采取了一系列措施,赋予印第安人更多的政治权利,探索并逐步形成了一种与新自由主义模式相异的新发展模式,致力于在玻利维亚实现社群社会主义(也称"印第安社会主义")。在社群社会主义的指导之下,玻利维亚的经济实现复苏,呈现逐步增长之态势,并且在 2008 年有效地抵御了金融危机的影响,人民的社会生活明显改善。由此,玻利维亚的社群社会主义不仅赢得了国内民众的支持,而且在国际社会也获得了广泛的关注。

莫拉莱斯领导的"争取社会主义运动"以社群社会主义作为党的主要指导思想,进行了一系列具有社会主义性质的改革与探索。

(一)"社群社会主义"的价值与追求

"社群社会主义"的思想渊源在于"宇宙与地球是一体的,人类是大自然不可分割的一部分。古时候的玻利维亚社会是建立在平等和民主基础上的。那时候人类与大自然和谐共存,男女和谐共存;社会生产服务于共同利益;经济上的互惠互利原则有利于自然环境的保护和社会财富的创造;合理分配食物,老人和孤儿衣食无忧;个人利益服从于社群利益"。[1]

在玻利瓦尔思想的指导之下,社群社会主义根植于印第安文明和价

---

[1] "Movimientoal Socialismo Nuestros Principios Ideológicos ", http://www. masbolivia. org/mas/programa/principios.htm.

值理念,倡导以人为本与实现社会正义,最终实现建立"拉美大祖国"的宏伟目标。莫拉莱斯政府推动议会通过新宪法,维护印第安人的尊严和基本权利。莫拉莱斯多次在演讲中指出,社群社会主义应以互惠与团结为基础,要让包括印第安人在内的所有人民生活在平等与尊严之中。莫拉莱斯强调,"我们的模式是一种建立在团结、互惠、社群与共识基础上的经济模式,因为对我们来说,民主就是共识,在社群中,我们协商一致"。"我们正在探索建立在社群基础之上的社群社会主义,我们认为,这就是建立在互惠与团结至上的社会主义。"[①]资本主义只会给拉丁美洲带来灾难,而社群社会主义追求公平与正义,但玻利维亚的社会主义建设任重而道远,其思想理念主要表现在:

(1)以玻利瓦尔的思想为指导方针,追求以人为本的价值理念,致力于在玻利维亚实现社会公平与社会正义。

(2)推动制定新宪法,并在宪法中明确规定玻利维亚为多民族与多元文化的国家。同时,以真正的民主方式选举新议员,切实代表国内各民族的利益与诉求。

(3)以印第安文明为基础,以玻利瓦尔的思想为指导,促进拉美人民的团结与一体化。

(4)在对外政策上,发展中国家和人民应团结协作,推动第三世界人民的自由和正义的政治运动,反对霸权主义和帝国主义的新殖民政策,捍卫国家主权以及人民的生存权和发展权。

(5)在社会政策方面,政府应积极采取有效措施,让全体国民能够拥有充足的食品和完善的社会保障,人人都能受到良好的教育和医疗服务。同时,政府的社会政策应向贫困人群和少数族裔倾斜,加大扶持落后地区的开发与发展。

在此内涵基础之上,社群社会主义致力于实现十项主要目标:

(1)让农民重新得到土地。原住民(印第安人)有权支配其居住的领地。农业是玻利维亚重要的经济支柱,印第安人居住和耕种的土地有利

---

① ［德］海因兹·迪特里齐:《莫拉莱斯与社群社会主义》,颜剑英译,《国外理论动态》,2006年第4期。

于环境保护。土地应属于为其劳作的人民,要保证小生产者获得基本生活资料。

（2）收复国家资源。玻利维亚丰富的天然气资源为跨国公司控制,这些公司很快就会加快其占有的脚步。因此,应终止所有既往政府对外签订的协议,全部收复天然气资源,取消一切有关林木采伐合同,水资源不得用于出口。

（3）建设一个蓬勃发展的国家。新自由主义使玻利维亚成为跨国资本的受害者。摆脱贫困的唯一途径就是发展可再生自然资源,古柯就是其中最重要的一种资源。古柯不仅仅是一种药用和食用植物,保护古柯种植等同于捍卫我们的历史和文化。打击以操纵权力和钱财进行犯罪活动的贩毒分子,保护那些穷苦的、受欺压的古柯种植者。

（4）建立有社会调控的国家。新自由主义彻底暴露了国家的种种丑恶以及对民众要求置若罔闻的立法机构,服务于跨国资本利益的行政机构,盲从政府命令、无法维护广大群众利益的司法机构。应彻底改造官僚机构,使其成为服务于人民的权力机构,并将其置于社会监督之下,彻底清除腐败和徇私行为。

（5）武装力量要服务于人民。在新自由主义时期,无论军队还是警察部队都充斥着腐败。必须本着武器装备属于人民、服务于人民的原则,彻底改革这些机构。

（6）促进教育事业的发展。政府曾因大量偿付外债而忽略教育投资,造成严重的负面影响。要重视原住民在土著语言教育中的作用,保证真正意义上的义务小学教育,实现中学教育切实地为未来的工作服务,重视大学教育。

（7）实现良好的医疗卫生服务。合理利用医疗卫生预算,建立能使所有人普遍受惠的医疗卫生体系,确保人民健康生活。

（8）人民成为国家建设的主人公。每个青年人都有完全公民权,即从18岁起享有选举和被选举权,废止强制兵役,男女平等,妇女有参与决策的权利,老年人应受到尊重并得到救助。

（9）反对以全球化为工具实现个人目的。玻利维亚并不是孤立的,而是拉丁美洲整体的一分子。国家的任何国际行为都应该符合拉美一体化的大方向。这是一种尊重各国权利，以实现人人权利平等的未来为目标的一体化。反对以全球化为工具实现个人目的的一体化。

（10）制定符合本国国情的宪法。召开由各社会组织组成的制宪大会，制定人民的且为人民服务的宪法。拒绝符合国际货币基金组织和世界银行的要求及其利益的宪法。[①]

（二）根植于印第安民族的社会主义理论

莫拉莱斯在 2006 年的就职演说中庄严宣誓，致力于在玻利维亚建设社群社会主义，而新自由主义只是帝国主义强加的模式，无法真正解决拉美的经济和社会问题，新政府将探索适合本国国情的经济与社会发展战略。莫拉莱斯指出，"新自由主义法规政策出卖国家，必须召集立宪大会终结这些法规政策，重建玻利维亚"。[②] 因此，玻利维亚必须探索基于本土情况的新发展模式。

社群社会主义以印第安文明和价值为根基，强调本土意识，具有显著的印第安土著文化色彩。印第安人是玻利维亚的原住民族，印第安民族传统贯穿玻利维亚的整个历史，这就决定了社群社会主义与印第安民族传统之间存在千丝万缕的联系。

欧洲殖民统治后的印第安文化历尽浩劫，印第安人也始终处于美洲主流社会的边缘，被完全剥夺政治和社会权益，灿烂的印第安民族文化被视为异端，世代的家园与自然资源也遭殖民者长期侵占。玻利维亚的印第安人占全国总人口的 60% 左右，但贫困率却达到 90%，近一半的印第安人生活在赤贫之中，而白人或印欧混血种人却掌握国家几乎全部的土地和矿产资源。在全球化和新自由主义发展模式下，贫困群体成为最大的受害者，而印第安人就在贫困群体之中。印第安人边缘化问题是导致玻利维亚贫困、社会不平等和边缘化、地区发展不平衡等社会问题的"病根"之一。[③]

---

① 范蕾：《玻利维亚的"社群社会主义"》，《拉丁美洲研究》，2009 年第 4 期。
② Bolivia，"Morales Promete el fin dei Neoliberalismo en su Mayor Mintin"，16 de diciembre de 2005，http://firgoa.usc.es/drupal/node/24299.
③ 范蕾：《玻利维亚的"社群社会主义"》，《拉丁美洲研究》，2009 年第 4 期。

　　进入 21 世纪，新自由主义改革陷入困境，玻利维亚国内社会矛盾日益尖锐，新左翼运动应运而生，印第安人的政治与民族意识逐渐增强，积极参与左翼的政治和社会运动，并以此提高印第安人的政治与社会地位。莫拉莱斯领导的"实现社会主义运动"便是以印第安人为主体的新社会主义运动，强调尊严、平等、互助、团结、社会责任，尊重文化的多样性和差异性。"实现社会主义运动"从玻利维亚的基本国情出发，致力于为包括印第安人在内的绝大多数人民争取更多的政治和社会权益，尊重印第安人的优秀历史和文化。

　　2007 年 12 月 9 日，玻利维亚的新宪法由国内各界代表组成的立宪大会正式通过。2009 年 1 月 25 日，玻利维亚举行全民公决，由人民决定是否实施新的宪法，61.8% 的选民投票支持通过这部保障印第安人政治经济权利的新宪法。① 2009 年 3 月，玻利维亚议会通过表决，一致同意将该国国名由"玻利维亚共和国"更改为"多民族玻利维亚国"，目的在于强调玻利维亚多民族的国家性质。

　　在执政理念上，社群社会主义提出，印第安文明和价值体系属于构建玻利维亚这个多民族国家的重要精神来源，国家应当在宪法中明确承认玻利维亚民族文化的多元性，36 个印第安民族及其语言是国家宝贵的历史和文化遗产，印第安人享有与其他民族同样的政治和社会权利，能够平等参与国家全部的政治选举与基层自治。

　　在国家政体上，增加多民族选举机构作为第四种国家权力机构，形成四权分立的政治体制，印第安人在这一机构中拥有一定的代表。印第安人在议会中应占有一定的名额，国家政府应支持成立多民族宪法法庭。同时，印第安民族可以根据传统习俗决定自己独特的经济社会模式，对于国家的土地和水资源印第安人也同样有权拥有和使用。

　　玻利维亚的新宪法的一个目标就是旨在保护印第安原住民，并对印第安人应当拥有的各种的权利进行了明确规定。印第安的民族文化、传统习俗和宗教信仰是国家的重要历史遗产，印第安人有权参与国家的政

---

① 徐世澄：《玻利维亚的民族关系与民族政策》，《世界民族》，2012 年第 6 期。

治和经济活动,接受国家主流文化教育,享受社会保障和免费的医疗服务。此外,印第安人有权开发和分享国家的自然资源,印第安民族享有与其他民族平等的政治、经济和文化的权利,处在灭亡边缘的印第安人应得到玻利维亚政府和宪法的充分保护与尊重。

玻利维亚的"多民族立法大会"通过的新宪法明确写入印第安人将拥有更多的参与政治和经济生活的权利,能够平等地在国家与地方的各级政府机构中任职。2009 年的新宪法使玻利维亚人民,尤其是印第安土著居民和农民的政治与社会地位得到显著提高。在行政、法律、经济、宗教和文化领域,印第安人被赋予更多的自决权。

(三)"社群社会主义"的实践路径

社群社会主义是玻利维亚左翼政党对本国发展道路的新思考与新探索。美国主导的新自由主义经济和社会改革陷入困境之后,莫拉莱斯谋求政治、经济与社会的变革,走本国特色的发展道路,逐步实现以印第安文明为基础的社群社会主义。莫拉莱斯就任玻利维亚总统后,在政治体制、经济结构以及社会机制方面努力进行新型社会主义的探索与实践。

1. 革新政治体制

近年来,尤其是受新自由主义发展模式的影响,玻利维亚的社会问题愈加严重,为有效解决政治不稳和社会动荡的问题,制定新宪法的呼声日益高涨。2006 年莫拉莱斯上台后就格外重视对于新宪法的制定和颁布,并积极筹备召开制宪大会,但是会议的开展并不顺利,主要原因在于其触及了反对派的利益。因此,原定于一年之内完成召开制宪大会的计划遭遇重重阻碍,一拖再拖,长期处于搁置状态。2007 年 12 月,制宪大会终于在经过长时间的辩论后,以 164 票获多数赞成通过新宪法草案。新宪法草案经过重重阻碍之后终于通过。但是在草案提交全民公投后,又遭受了反对派的坚决抵制,为了有效解决双方的争执与冲突,执政党和三大反对党主张组成国会协调委员会,以期实现双方的对话与协商,但是结果不尽如人意。双方的分歧太大、矛盾过深,导致对话多次中断。终于在2008 年,双方都各退一步,作出了必要的妥协。2009 年 1 月 25 日,公民投票如期举行,以 61.43% 的赞成票通过了新宪法,这是玻利维亚独立

183 年以来的第 17 部宪法。①

　　莫拉莱斯领导的"实现社会主义运动"执政之后,积极推动政治体制与制度的革新与改革,其主要措施就是成立制宪大会,制定一部旨在保护全体人民的新宪法,改革国家发展的体制与机制以及经济社会的发展模式,在土地所有权、资源国有化和区域自治方面着力推进。成立并召开制宪大会是"社群社会主义"思想得以贯彻的关键性举措,主要目的是制定来自人民、服务人民的新宪法。并明确了新宪法需要保障的几个关键性要素:重建平等公正的国家,保证每个民族和社会群体都能积极参与建设新的祖国;根除新自由主义,建设有尊严、主权独立和生机勃勃的新玻利维亚,保障公民的美好生活;重建掌握国家的自然资源,使其为全体人民的福祉服务。②

　　新宪法的宗旨是大力推进和最终实现"国家结构的民主化"。在国家的立法权方面,参议院和众议院组成的多民族立法大会是国家的立法机构,而参议院和众议院必须为印第安原住民预留宪法规定数额的席位。在司法改革方面,新宪法提出国家的选举法院应有两名或以上印第安族裔的法官,而且玻利维亚不仅拥有常规的司法体系,也应当拥有适用于农民和印第安人群体的社群司法体系,可以依据民族传统和习俗管理部族和群体事务。

　　新宪法的另一重要修订就是更加注重保护所有公民的合法权益。为了保护印第安人的生存权和发展权,宪法明确规定印第安原住民拥有更多的政治、经济和文化的自决权,从而在国家的制度和法律层面消除了阻碍印第安人生存和发展的各种不利因素。

　　此外,莫拉莱斯政府提出了通过对最近 20 年包括总统在内的政治领导人及其家族财产进行全面核查的反腐败法(马尔塞罗·基洛加·圣克鲁兹法),以根除行政和司法腐败,一切腐败所得全部上缴国库,并实施对危害国家和人民的政客审判等措施。争取社会主义运动提出,要建立对最近 20 年历任总统、副总统、部长和政客财产的调查法;根据反腐败法没

---

① 范蕾:《玻利维亚的"社群社会主义"》,《拉丁美洲研究》,2009 年第 4 期。
② "Programa de Gobierno", http://www.masbolivia.org/mas/gobierno/programa.htm.

收最近 20 年内一切腐败所得,对腐败分子处以 20 年监禁;完善对危害国家和人民的政客的审判等措施。该法现已在众议院获得通过,最终将交公民投票决定。①

2. 调整经济结构

玻利维亚虽是南美洲贫穷的国家,但拥有丰富的能源资源。因此,"社群社会主义"将包括石油、天然气在内的自然资源国有化视为关键性的经济措施。社群社会主义认为,只有实现自然资源国有化才能使这些资源真正为国家、为人民服务,而不是满足资本家的私利。而且对于自然资源的掌握也即意味着对于国家权力的把控,国家有了对资源调动和分配的权力,才能够运用这些资源更好地为国家建设与人民幸福服务。而且,玻利维亚在实行新自由主义发展模式之后,经济发展并不稳定,为了重新激活经济发展的动力,激发制造业、工农业等的发展活力,进而创造更多就业、维护社会稳定,争取社会主义运动认为,只有实现油气等资源国有化,才能更好地使其为经济发展服务,玻利维亚也才能逐渐发展为活力与潜力兼具的国家。

20 世纪 90 年代,美国政府和财团通过各种方式干预南美的能源产业,世界银行和国际货币基金组织也对贷款提出种种条件,玻利维亚政府国家能源工业私有化的过程中,跨国资本集团几乎垄断全部石油和天然气产业。为了兑现竞选承诺,莫拉莱斯执政后重新实施能源国有化的政策,在执政初期就签署了最高法令,宣布对玻利维亚的油气资源国有化,并明确要求在 2006 年 10 月 28 日前,所有涉及的外国公司与玻利维亚国营石油矿业公司签合同。不仅油气收归国有,其他关系国计民生的重要产业也逐步开始国有化的进程。

玻利维亚在实行新自由主义政策的时期,也是实行自由化的国家,对民航、铁路、电力等国有资源实行自由化。并且为了刺激经济发展,对各种私有企业、跨国公司等提供各种优惠条件,但最终的结果却是政治的动荡和社会的不稳定。莫拉莱斯在汲取前人经验教训的基础上,在上任初

---

① "Programa de Gobierno", http://www.masbolivia.org/mas/gobierno/programa.htm.

期就承诺通过国有化的方式收回国家资源的主权。

玻利维亚的新宪法明确规定,包括自然资源在内的战略物资不可归属某个企业或个人,国家对这些物质享有占有权和主导权,石油和天然气等矿产资源的开采必须获得许可,开采方可以是国有企业或与外国企业合作开采。2006 年 5 月 2 日,莫拉莱斯签署天然气和石油资源国有化的第 28701 号法令,明确规定在玻利维亚的所有外资与合资企业必须交出开采和经营权,国家恢复对包括能源在内的战略资源的所有权,并要求这些跨国企业必须在 180 天内与政府相关部门重新签署合资开采合同。石油和天然气等战略物资的生产、加工与交易必须全部纳入国家统一的计划和管理之中。在国家新成立的能源合资企业中,国家实行控股政策,国有股份不得少于 51%。① 在国有化的方式上,莫拉莱斯采取的是较温和的方式,在国有化的过程中并没有完全排斥外资,而是转而寻求与外国公司之间建立一种新的经济合作模式。国有化法令颁布 180 天内,包括受影响最大的巴西石油公司和西班牙雷普索尔石油公司在内的所有外国公司均如期与玻利维亚国营油气公司签订了新合同,玻利维亚油气国有化改革顺利完成,且未引发外资和外国企业大规模逃离。② 执政之后的莫拉莱斯大刀阔斧地推进国家重点产业的国有化,先后对森林、通信和铁路等领域都实施了全面的国有化改革。

推动生产力的发展与建立富有生机的经济秩序是社群社会主义的另一项重要经济政策。莫拉莱斯领导的实现社会主义运动提出修改国内投资法,国家应向手工业者、中小生产者和小型企业提供贷款和补贴,开办城镇发展银行,从而保证民众的充分就业和营造良好的生产秩序。

莫拉莱斯政府认为,只有国家完全掌控本国的自然资源,这些资源才能为国家发展和人民利益服务,玻利维亚也才是一个有尊严的主权国家。同时,促进工农业的蓬勃发展,恢复生产的积极性与活力,为国民创造更多的就业岗位,玻利维亚才能称得上是一个充满活力与潜质的国家。

---

① 沈跃萍:《莫拉莱斯"社群社会主义"评析》,《马克思主义研究》,2011 年第 10 期。
② 姜涵:《玻利维亚社群社会主义发展模式评析》,《拉丁美洲研究》,2015 年第 5 期。

3. 缓解社会矛盾

新自由主义之所以导致玻利维亚的政治不稳和社会动荡，主要原因之一在于一味追求经济发展而忽视社会发展和分配公正，由此导致玻利维亚的贫困加剧、贫富差异扩大。2006 年，莫拉莱斯执政之后开始注重社会的发展，注重缓解社会矛盾，不仅加大对贫困群体的救助，而且着手调整社会发展的战略，调整相关的分配制度。

土地所有制是长期困扰玻利维亚的突出社会问题，推行土地改革势在必行。莫拉莱斯政府适时提出深受下层民众欢迎的土地政策。政府收回资本家占有的土地以及庄园主的闲置土地，无偿地分配给无地农民或印第安原住民。此外，政府有计划地向符合条件的农民出让土地产权，并在法律上予以承认，从而为所有耕种者永远拥有土地所有权提供司法和制度保障。

1953 年，玻利维亚的土地改革法案提出消灭造成社会极端对立的大庄园制，积极推进农业合作社的新型农村经济模式，但当年的土改法案阻力重重，国家绝大多数土地仍为极少数白人庄园主所占有。玻利维亚的大地产者只占人口的 5%，却占有 89% 的土地；中产者占人口的 15%，占有 8% 的土地；然而，占人口 80% 的小生产者只拥有 3% 的土地。[①]

2006 年 6 月 3 日，莫拉莱斯在圣克鲁斯市宣布将第一批土地分给无地农民，不久又将 200 万公顷的国家土地分配给印第安原住民，努力在玻利维亚开展一场真正的土地改革。11 月 28 日，玻利维亚的参众两院通过的新土改法明确规定，国家将废除不公平的土地庄园制，每个家庭最多土地拥有量不能超过 5 000 公顷，杜绝少数白人庄园主垄断多数土地的状况，并且庄园主土地的闲置部分可被政府征收和分配给原住民和无地农民。同时，政府将严格审查不合法的土地分配方式，并将这些土地收归国有，进行重新分配。新的土改法案使得一些无地原住民和雇农得到了赖以生存的土地资源，成为左翼政府最强有力的支持者。

社群社会主义致力于保障公民权利、改善医疗卫生服务和发展教育。

---

① 管彦忠：《玻利维亚庄园主控制 90% 耕地　农民要求土改》，来源：搜狐网，2006 年 11 月 20 日。

政府建立了家庭、社区和医院三级医疗卫生体系,颁布实施教育改革和文化改革的法案,逐步增加教育经费的投入,实施无性别和年龄歧视的国民教育,最终建立多种文化相互融合的社群教育体制。除此之外还发放了如"小胡安·平托助学金"在内的社会津贴;为贫困群体,特别是老弱妇孺等特殊群体提供相应的救助;设立创业基金,发放小额贷款;根据社会发展及时调整工资;完善社会保障制度,等等。以上政策措施,使得玻利维亚在促进经济增长的同时,能够有效维护社会的稳定。

三、古巴社会主义的革新与发展

东欧剧变之后,世界形势发生急剧变化,尤其是苏联社会主义模式的失败,迫使大部分社会主义国家最终走上了改革之路。古巴在外援锐减和美国的封锁包围中努力寻求适合本国国情的社会主义建设与发展道路,坚持"不放弃革命原则、不放弃人民政权、不放弃为人民造福"的"三项原则",[①]同时采取灵活政策,使古巴的制度"适应当今世界的现实"。自2006年劳尔·卡斯特罗实际执掌国家政权以来,古巴改革的步伐逐渐加快。2011年4月,古巴共产党召开第六次全国代表大会出台了《党和革命的经济社会政策纲要》(以下简称《纲要》),提出要在古巴"更新"社会主义发展模式的主要任务。六大总结了过去几年的社会主义建设经验,提出并通过系统的社会主义建设纲领,古巴的社会主义改革因此进入系统化、全面化和制度化时期。《纲要》是社会主义模式"更新"的纲领性文件,它着重指出在古巴社会主义是不可逆转的。在现在的基础之上"更新"的主要目标是根据古巴本土实际的发展变化不断完善和巩固社会主义制度,在坚持社会主义的基础上,实现国家的发展兴旺与人民的幸福生活。

（一）苏联解体后的困局与调整

20世纪80年代末至90年代初,东欧剧变与苏联解体,社会主义国家间的经济合作组织——经济互助委员会解散,古巴因而失去了重要的原材料出口市场和机电产品的进口来源。苏联解体后的俄罗斯停止援助

---

① 姜述贤:《古巴对社会主义道路的不断探索》,《当代世界与社会主义》,2007年第1期。

古巴,古俄贸易量急剧下降,致使古巴能源和外汇严重短缺。1992 年,美国通过《托里切利法案》,[①]加紧了对古巴的禁运和封锁,古巴遭受了巨大的经济损失。

1. 经济与社会的艰难困局

1989—1993 年期间,古巴进口总额下降了 75%,GDP 下降了近35%。以年度数据分析,古巴 GDP 增长率 1990 年为−2.9%,1991 年为−10.7%,1992 年为−11.6%,1993 年更跌至−14.9%,[②]为古巴建国以来最困难的时期。为了应对国家的严峻经济形势和外部环境,1990 年9 月古巴宣布进入"和平时期的特殊阶段",在此期间古巴调整了经济计划和经济工作的重点。

古巴共产党第四次全国代表大会于 1991 年 10 月召开,古共领导人在这次会议上提出若要"拯救祖国、拯救革命、拯救社会主义",就必须坚持"三项原则"——"不放弃革命原则、不放弃人民政权、不放弃为人民造福"。此外,为了使古巴的制度"适应当今世界的现实",还必须采取灵活政策。[③] 古共在这次会议上明确提出了一项新的政策——对外开放政策,其主要措施为:① 确定合资企业是一种经济所有制形式,由此放宽对外资的限制,进而宣布向外资开放所有生产部门、个体和合资企业在 135个行业中被允许建立。② 将私人持有美元合法化,并予以保护。③ 允许国营农场或企业拥有生产、经营和核算的自主权,将其转变为一种具有合作社性质的"基层组织"。④ 国家的外贸垄断权被取消,企业自主权和个体经济开始扩大。这些措施于 1992 年开始推广,并于 1996 年 6 月开始筹建自由贸易区,给予企业免税投资 12 年等优惠条件。[④]

2. 应对困局的政策调整

1996 年 5 月,美国出台了更为保守和极端的《赫尔姆斯—伯顿法》以

---

① 布什政府于 1992 年通过了《古巴民主法》(*Cuban Democracy Act*,即《托里切利法案》),主要内容有:禁止美国公司及海外子公司同古巴进行贸易;终止美国对任何援助古巴的国家的经济援助;凡去过古巴的外国船只 6 个月内不能进入美国港口。

② EIU, *Country Profile: Cuba, 1995 - 1996*, p.12.

③ 姜述贤:《古巴对社会主义道路的不断探索》,《当代世界与社会主义》,2007 年第 1 期。

④ Clifford L. Staten, *The History of Cuba*. New York: Palgrave Macmillan, 2005, p.128.

实施对古巴的制裁。为了更好地总结经验教训和指导改革进程,1997 年 10 月,古共第五次全国代表大会在哈瓦那召开,此次会议针对当前的形势提出了新的指导方针。其要点是毫不动摇地坚持党的领导和社会主义,改善国有企业管理,发展集体经济、个体经济和合资企业;与美国在经济领域和意识形态领域继续进行毫不妥协的斗争;将建成以计划经济为主,同时辅以市场机制的国家经济体制,继续稳步进行经济改革,并尽可能减少由此带来的社会代价;改变单一经济结构,加强科技研发能力;在医疗和教育领域继续实施全民公费制度,加强社会保障制度的公平性。

经过一系列的政策调整,古巴的经济状况从 1994 年开始恢复,古巴国内生产总值增长率在 1994 年为 0.7%,1995 年为 2.5%,1996 年为 7.8%,1997 年为 2.5%,1998 年为 1.2%,1999 年为 6.2%。① 菲德尔·卡斯特罗多次在公开的演讲中提及古巴要敢于冒风险进行全方位变革,抛弃陈旧迂腐的思想和观念,采取一切必要的措施促进经济社会的快速发展。"作为真正的马列主义者,我们应该这样做,形势也要求我们以现实主义态度勇敢地这样做。"②

在新的经济建设思想指导下,古巴经济表现出更大活力,经济保持快速增长,经济结构有所优化,财政状况得到改善。2005 年,古巴 GDP 增长率达到 11.8%,其中增幅最大的是食品和燃料,达到 36.4%,同时国际收支也有了 8 亿美元的盈余。2006 年 GDP 增长达到 12% 以上,是古巴革命胜利以来增幅最大的一年。2007 年经济增长率保持 7.5%,比同年拉美其他国家的平均速度高出两个百分点。仅 2005—2007 年 3 年时间,古巴经济总量累计增长了 42.5%,2007 年古巴的实际 GDP 比 1990 年高约四分之一。③

3. 改革的成效与不足

古巴几乎是完全凭借自己的力量使经济免于崩溃并逐步恢复,保住了来之不易的社会主义革命成果。当时的古巴不是世界银行和国际货币

---

① 詹武:《古巴社会主义经济新发展》,《中华魂》,2007 年第 2 期。
② 姜述贤:《古巴对社会主义道路的不断探索》,《当代世界与社会主义》,2007 年第 1 期。
③ 刘维广:《古巴社会主义经济建设与发展》,《拉丁美洲研究》,2009 年第 1 期。

基金组织的成员国,无法获得这些国际组织的贷款。鉴于在 20 世纪 90 年代初面临的国内外艰难形势,古巴经济调整的结果无疑"大大超过预期"。古巴人民信任、支持古巴党和政府,在党和政府的领导下通过自力更生极大地提高了经济和社会发展水平。

古巴共产党已认识到改革对发展社会主义的重要意义,在 20 世纪 90 年代开始走上改革开放的道路,但总体而言,其改革仍处于较低的层次,并存在许多问题。最根本的问题是,经过多次改革和调整,古巴的经济体制仍然是计划经济占主导地位,部分物资的产量还不能满足工农业发展和人民群众生活的需要,国家经济状况长时间没有摆脱"短缺经济"的困境,政府的财政收入偏低,不少人民群众还在贫困线上挣扎。

由于对市场的认识和定位不清以及对贫富差距失控的担忧,私人企业的规模和经营活动仍然受到多方面的限制,个体经济也被视为一种应急措施。中国和越南都已经明确提出社会主义市场经济的概念并日益成熟,而古巴仍然认为市场是"一个无人驾驭的疯狂野兽",①政府主导的改革一直是在计划指令经济大环境下对现有体制进行的微调,这也是古巴经济改革进程多次反复的深层动因。

（二）劳尔·卡斯特罗执政后的探索与革新

2006 年 7 月底,由于菲德尔·卡斯特罗的健康因素,劳尔·卡斯特罗开始代行古巴最高领导职位与权力。2008 年 2 月 24 日,在古巴第七届全国人民代表大会上,劳尔当选为国务委员会主席和部长会议主席,兼任革命武装力量总司令,正式接任菲德尔·卡斯特罗的政治与军事的最高领导职务。在 2011 年 4 月 16—19 日召开的古共第六次全国代表大会上,劳尔·卡斯特罗就任古共中央第一书记,以劳尔为首的新的领导班子也同时组成。在劳尔的领导下,古巴逐步推进政治、经济和社会领域的改革,探索建设符合国家与民族特色的社会主义。

1. 社会主义革新的必要性与紧迫性

古巴社会主义模式遭遇严重危机,政治、经济与社会的改革迫在眉

---

① 菲德尔·卡斯特罗:"在古巴共青团第五次全国代表大会上的讲话",http://en. cubadebate.cu/reflections-fidel/2007/07/30。

睫,社会主义的革新因而显得尤为必要和紧迫。

（1）国际环境日趋复杂

古巴与美国相距不远,两国意识形态的冲突一直没有缓和,成为社会主义国家后更是由于美国的封锁禁运政策蒙受了巨额损失。此外,国际贸易中的部分商品价格大幅波动,特别是经济危机导致全球矿产交易量下滑,镍的价格大幅下跌,而现在每年仍需大量进口的粮食价格大幅上涨,外汇总量迅速减少,古巴获取外国融资的难度加大,极大影响了古巴的国际支付能力。因进出口产品价格的变化,若按 1997 年的标准计算,古巴在 1997—2009 年间损失约 101.49 亿比索,出口物品的购买力下降了 15%。[1]

（2）国内经济发展的困境

从国内经济角度看,古巴的经济发展水平偏低、结构不合理的状况在长时间内没有得到改变,严重影响古巴的经济恢复和发展。

东欧剧变之后,尽管古巴采取了多项措施恢复经济,但是也只是停留在恢复的层面,经济状况在很长的时间内没有得到较大的提高。高度集中的计划经济体制没有从根本上进行改变,国内部分物资紧缺,每人每月定量的配给制仍然存在。古巴经济主要依赖旅游部门、劳务出口以及镍、酸性水果等的出口,而此类产品受国际市场价格波动影响很大。2005 年古巴进口额是出口额的 3.7 倍,而粮食进口额为 16.2 亿美元,占进口总额的 21.2%。[2] 同时,古巴与国际金融机构的合作非常有限,所吸收的贷款大多数是高利率的短期贷款。2006 年来,古巴的第一和第二产业发展相对落后,第三产业在国家经济中占据主导地位。

从宏观层面分析,古巴经济没有摆脱苏联解体前依赖外资和举债度日的发展模式。2005 年古巴欠西方国家的债务 145 亿美元,是东欧剧变

---

[1] 刘彤:《古巴今年经济增长大大低于预期》,来源:新华网,2009 年 12 月 21 日。

[2] Al Campbell, *The Cuban Economy: Data on Today's Performance and Information on Tomorrow's Projected Changes*,见"社会主义、新自由主义与金融危机国际学术讨论会"资料,山东大学 2009 年。

前的 1989 年(67 亿美元)的 2.2 倍。① 同时,古巴过度依赖制糖工业的不合理经济结构和出口蔗糖、镍等初级产品的出口结构没有根本性变化,都使得古巴的经济基础仍然脆弱,抵御风险的能力不强,在国际经济形势产生变动时自身受到较大的损失。

此外,社会保障负担愈加沉重。古巴的社会保障费用全部由国家财政支持,2004 年,国家预算总额 206.61 亿比索,而用于教育、公共医疗、社会保障、社会救助、文化、住宅、科技、社区服务和体育方面的费用为 121.55 亿比索,占预算支出的 59%,为当年 GDP 的 37%,比拉美国家的平均水平高 3 倍。②

长期以来,古巴的出生率一直较低,2006 年的出生人口达到了 60 年来的最低,下降的趋势还在继续。同时,老年人口数量仍在提高,2007 年 60 岁以上的老年人占全国居民总数的 16.6%,老龄人口比例仍在继续增长。长期低迷的出生率、人口增长停滞以及社会老龄化,使古巴劳动力数量逐年递减,经济增长动力不足,经济运行效率低下,但国家社会保障的负担却日益加重。③

(3) 社会不稳定因素的持续增长

长期以来,古巴在分配领域实行平均主义政策,没有造成首都与地方、沿海与内地、城市与农村的明显贫富差距。然而,为了应对苏联解体后的"特殊时期",古巴政府允许美元自由流通。一些在国外工作的人通过侨汇使自己在古巴国内的家庭富裕起来,这样就逐渐与无侨汇的家庭收入拉开差距。在古巴国内,旅游业和涉外服务业等方便赚取外汇的行业工人和一般国营工厂工人的收入差距也在扩大,这就不可避免地影响了普通工人的工作积极性,对国家经济健康运行造成一定压力。古巴普通职工的月工资较低,大部分生活必需品通过配给制获取,非生活必需品的购买需用外汇,而一半以上的古巴人没有外汇来源,生活日渐捉襟见

---

① Economic Commission for Latin America and the Caribbean (ECLAC), *Preliminary Overview of the Economies of Latin America and the Caribbean 2007*, December 2007.
② Oficina Nacional de Estadísticas, *Estadísticas de Cuba*, http://www.one.cu.
③ Daniel Schweimler: *Cuba's Anti-corruption Ministry*, http://news.bbc.co.uk/1/hi/world/americas/1311962.stm.

肘。因此,有无外汇收入的居民间生活上出现了较大差距,导致一部分人心理失去平衡,社会不稳定因素有所增长,潜藏着社会动荡的风险。

（4）党的建设面临挑战

古巴的社会主义模式照抄照搬苏联经验,没有建立起健全的现代政治制度。菲德尔·卡斯特罗掌握党政军领导大权 40 多年,苏联模式的"老人政治"的弊病开始显露。随着时间的推移,政府机关内的冗员也逐渐增多,一些政府部门和国有企业机构臃肿,办事效率低下,人浮于事。据官方公布,古巴全国劳动力 500 多万,在政府机关和国有企业等部门的有 400 多万,其中有 100 万冗员,但全国耕地的二分之一闲置,每年需花费大量资金进口粮食。东欧剧变后的 20 世纪 90 年代初期,古巴鼓励个体经济发展,从事个体劳动的人数多达 20 万。然而,在政策推行不满十年之际,政府对个体经济重新加以限制,个体企业的从业者人数减至不足 10 万,失业状况比较严重。

官僚主义与腐败现象的产生也对党的事业和形象造成严重的负面影响。2004 年,前旅游部长易卜拉欣·费拉达斯涉嫌贪污被逮捕。2006 年,古巴当局以贪污罪起诉了古共中央政治局原委员胡安·卡洛斯·阿格拉蒙特。2007 年,原司法部长罗伯托·索托隆戈因涉嫌贪污、携款 2.5 万美元企图非法离境等罪名被捕。另据古巴官方媒体报道,2011 年 7 月 29 日,古巴哈瓦那法院对犯有贪污罪的古巴民航货运公司经理何塞·埃利贝托·普里埃托(José Heriberto Prieto)判处有期徒刑 13 年。

2011 年 2 月初,古巴国务委员会主席劳尔·卡斯特罗在部长会议扩大会议上提出"腐败的滋生和蔓延,比美国的大炮还要危险",以警告古巴政府官员当前腐败形势的严重性。①

2. 体制与机制改革的新思维

2011 年 5 月 9 日,古巴政府正式公布古共六大通过的《经济社会政策纲要》,明确指出古巴将坚持社会主义计划经济,同时也考虑市场的取向;在坚持以公有制为主的前提下,允许发展其他所有制形式,促进国家

① 张守平:《腐败比美国大炮还要危险》,《青年参考》,2011 年 2 月 15 日。

的所有制形式多样化;实现党政分开、政企分开,完善和巩固社会主义体制,发展经济,改善人民生活水平。《纲要》共 313 条,内容涵盖了经济社会的各个方面。

(1)改革的原则与指导思想

古巴共产党坚持党的领导,坚持社会主义道路,坚持计划经济占主导地位。《纲要》认为,古巴是继续实施计划经济而不是市场经济的社会主义国家;只有社会主义才能克服现有的困难并保存革命的成果;在经济模式的革新中,计划体制至上,而非市场,但是计划经济体制的方法和组织方面必须根据国家经济的管理方式与方针做出调整。《纲要》中明确要建立以公有制为主导、多种所有制为补充的所有制结构。所有制的结构决定国家的性质,尤其是占主导地位的所有制形式,其会对生产关系、所有权、财富分配等起决定性作用。古巴在社会主义模式"更新"中最大的亮点就在于不仅以社会主义全民所有制为主导,而且在此基础上承认混合所有制和私人所有制的补充作用。公有制和集体所有制构成国民经济的主要载体和形式,但国家承认并鼓励合资企业、合作社、土地承包、商店承包、个体劳动者等有益于提高社会劳动效率的其他形式。在坚持计划经济的同时,在生产领域放开私营经济。

古巴社会主义模式最主要的原则是"社会主义原则",这是古巴社会主义得以建立、发展与繁荣的强有力的支撑。古巴的社会主义原则包括:人是主要目标和核心主题。第一,古巴共产党处于领导地位。第二,国家权力的来源是人民主权基础上的社会主义民主。第三,社会主义国家保障自由、独立和主权,保障人民的参与和监督,维护国家认同、人民财产、文化自强、国家发展和其他成就,并保障人民按照宪法和法律行使和保护公民的政治、经济、社会、文化等方面的权利与义务。第四,社会主义基本生产材料全民所有制是国民经济和社会经济制度的主要形式,也是劳动者权力的基础。第五,社会主义计划是指导经济、推动社会主义发展的主要方式。第六,社会主义计划是指导经济、推动社会主义发展的主要方式。第七,作为根本目标,国防和国家安全是维护古巴政治经济社会制度的保证。在存在帝国主义的时候,决不能忽视革命自卫。第八,在道德和法律上承认公民平等地享有权利和履行义务,实现机会平等,反对肤色、性别、性别认同、性取向、残疾、籍贯、国籍、宗教信仰、年龄等各种形式的歧视,反对任何有损人类尊严的区别化对待,以公平、融入和社会正义的方式确保权利和义务落到实处。①

古巴政府将继续减少政府的比重和取消补贴,逐步取消低价供应日用品和食品的购货本,最终达到废除"凭本供应配给制"的目标。国家在一定范围内允许企业对产品进行定价,但仍要确保关系国计民生的商品价格制定权掌握在国家手中,全力保障社会弱势群体的基本生活必需品的供给。在分配领域,《纲要》认为劳动是每一位公民的权利同时也是义务,公民应该以其完成劳动的数量和质量获得相应的报酬,这是打破平均主义的开端。古巴正在研讨对高收入人群征税的相关政策法规,以尽量减少人民内部的贫富差距。

（2）经济发展的新举措

古巴政府全力进行国家经济的体制与机制改革,调整宏观经济政策与导向,出台一系列推进产业发展的新举措,促进国家经济快速转型和发展。

在农业方面,政府赋予农业更大的自主权,鼓励开垦荒地以及更多人从事农牧业,扩大耕地面积,提高粮食产量。同时,政府致力于开发绿色农业以及农业的可持续发展,提高城镇周边土地的利用率,增加城镇食品的自给率,充分使用畜力减少对化石燃料的需求;提高动植物资源的利用效率,增强农业生产过程中的科技投入,恢复柑橘类食品工业,增加甘蔗种植和蔗糖生产。在土地方面,古巴政府实行"将空闲土地承包给集体或个人"的政策,这一政策以 2008 年 7 月政府颁布第 259 号法令为开端,法令指出要将闲置的土地承包给个人或集体,并规定个人可承包 13.42—40.26 公顷的土地及承包期为 10 年。到 2018 年,古巴政府颁布法令规定将土地承包期延长至 20 年,同时承包量增加为 26.84—40.26 公顷。将闲置土地承包出去这一政策有利于农业的发展。

---

① 王承就:《古巴特色社会主义模式探析》,《马克思主义研究》,2019 年第 2 期。

在工业方面,重视工业制造流程中的标准化管理,重视技术人员和管理人才的培养。古巴的医药和生物技术处在世界前沿,政府集中力量提高这些前沿领域的科技含量与自主权,重点研发医学通信、纳米技术、医用机器人技术和远程医疗技术,并作为国家重要出口支柱产业。同时,政府扩大投资提高镍的产量,增加对电子和通信等高新技术产业的投资和融资。高度重视并发展多种高附加值产品的工业生产综合体。改革地方工业的管理模式,增强其灵活性,为非国有经济的发展提供便利条件。

在能源产业方面,政府一方面采取措施提高国内原油和天然气的产量,减少进口石油产品,提高能源利用率。另一方面,古巴政府筹集资金建设新型热电厂和热电机组,加速完成燃油发电机组的并网发电。此外,政府也鼓励开发新能源,提高生物能源、风能和水能在国家能源使用的比例。

在旅游业方面,古巴政府提出开发更多自然景观和人文景观的旅游景点,重点加强南部海岸旅游景点的开发。旅游部门应通过提高服务质量,充分发挥古巴旅游性价比的突出优势,增强旅游业的竞争力。此外,政府不断投资建设新的旅游基础设施,充分利用互联网技术扩大古巴著名旅游景点的知名度,鼓励私营部门积极参与提供旅游的住宿、交通和餐饮服务。

（3）区域协作的新拓展

古巴政府积极推进国内改革的同时,不断拓展国际生存环境和发展空间,重塑良好的国际形象。在继续保持与域内传统左翼国家友好关系的基础上,古巴以美古关系正常化为契机,奉行多元合作为导向的灵活务实外交。

古巴加强了对国家利益有益的国际协作,并确保这些活动均在国家经济计划的框架中进行,以保证它们的协调性,发展国际团结。古巴将积极参与美洲玻利瓦尔联盟（ALBA）,加速融入地区经济一体化进程,为实现经济、社会和政治目标提供有力支持和保障。继续积极参与拉美整个地区的经济一体化,并将之作为战略性的目标,尤其是拉丁美洲一体化协会(ALADI)、加勒比共同体(CARICOM)、加勒比国家联盟(ACS)、加勒比石油计划等一体化组织,不断增加与这些组织和成员国的经济、金融与技术交流。在国际经济合作方面,政府要优化对多种可再生能源的物质与技术支持,推动可以为古巴带来资金和技术的多边合作(尤其通过联合国的机构),以与国家发展优先相匹配。

古巴将继续吸引外资,寻找资金来源以遏制生产部门的资金流失。政府要善于利用外资,让外资成为国家经济发展的积极"补充",国家将严格履行偿债义务以及在规定期限内还清贷款,提高古巴在国际金融领域中的诚信度。各级政府要继续吸引各种领域的外国资金,也包括先进科学技术与管理方法,拓宽出口市场,增加进口替代品,促进生产性的中长期外部资金的有效利用。政府将革新外资投资政策和手续,以利于外国投资的发展、支持以及运用。对合资企业或者外国直接投资项目设置建设期限,避免无限制拖延影响相关产业的发展规划。研究那些不进行出口品生产,但却与其他生产性活动或者进口替代品生产息息相关的合资企业,政府要制定政策保护这些企业的发展。

（4）对外贸易的新导向

古巴将创建一个较以往而言更完善的金融制度,政府将争取在最短的时间内实现全面运用商业、财政、贷款、劳动和其他政策以保证对外贸易在促进出口和争取替代进口品方面能达到既定目标。在推动古巴的国际经济利益、企业决定的去中央化和促进不同谈判团队的经济、财政、技术和法律准备这些方面,要尤其注重干部的道德素质的考察。新的金融制度的目的是协调国家经济计划的目标和货币财政政策规划,努力实现贸易顺差,弥补国内财政收支不平衡。保持并提高古巴传统优势产品的出口收入,努力拓展高附加值产品的出口,优先发展技术项目的出口。着力促进计算机研发和运用领域对外商业项目。制定开发医疗服务和医药产品出口新市场的战略。在此基础上要鼓励古巴机械工业企业与相关的外国制造业企业就共同利益签订合同,通过技术转让、技术援助及其他形式来逐渐替代产品的进口。要重组外贸企业,并要制定更合理的产品分类分配,以使古巴获得更大的购买力,并使得进口贸易活动的管理更合理。推动建立国家级的经济特区和国际贸易联合会,促进国内产品的出口增长和服务贸易,为国家创造更多的外汇收入。

在适当的情况下,政府优先使用关税优惠手段,但必须以出口融资和进口替代品获益为前提。古巴政府将通过严格履行契约承诺来最大限度地提高其在国际经贸关系中的信用等级。另外,政府要重组外贸企业,并要制定更合理的产品分类分配,以便获得更大的购买力,并使得进口贸易活动的管理更合理。同时要在外贸企业中根除由于对合同价格以及国际市场价格的无知而导致的错误决策、不合适地对合同条款及其重要内容的设计与谈判,以及不充分地履行合同中保护古巴利益的内容。

（5）社会保障政策的新取向

社会保障是古巴社会主义制度的重要组成部分,具有维护政治和社会稳定的作用。在新的历史条件下,古巴社保制度面临许多困难,国家已经没有能力继续大包大揽,社会保障政策的改革迫在眉睫,古巴开始了新社保政策的探索。

2008年12月27日,古巴全国人大通过了新的《社会保障法》,即"第105号法",自2009年1月22日起实施。作为《经济社会政策纲要》的重要组成部分,目的在于让需要的人获得医疗、教育、文化、运动、娱乐、退休金和社会保障等服务;使劳动重新成为社会发展、满足个人以及家庭需求的基本手段;依照经济能力,保证公共服务和新政策的系统的可持续的增长;继续推动教育、医疗、文化以及体育事业的发展,减少乃至消除额外的社会支出。

古共六大之后,政府进一步明确了古巴未来的发展之路。总体来看,古巴现在进行的改革不仅是已有改革进程的逻辑延续,而且改革的广度与深度都已深化。

（三）社会主义新探索的特征分析

虽然古巴的变革与中国、越南的改革似乎有某些相似,但无论在改革的指导思想还是具体的改革政策上,古巴的改革都表现出明显的独特性。古巴共产党第六次代表大会上劳尔·卡斯特罗的报告以及大会通过的纲领性文件都强调古巴继续坚持社会主义计划经济而非市场经济,因此古巴的社会主义探索之路具有显著而独特的国家与民族特征。

1. 立足本国国情

古巴政府十分重视中国和越南改革开放的经验,但是又始终强调走自己的发展之路,从本国的国情出发,绝不照搬别国的经验。在经济方面,古巴对于自身特殊性的认识十分清楚,坚持不搞市场经济,对于这一点卡斯特罗曾经明确表示:古巴不能盲从于市场规律。因此,古巴要在社会主义范围内进行改革开放,以利于国家经济发展。在思想方面,古巴对自身的特殊性有着清醒认识,注重彰显古巴革命的特殊性和民族性。1991 年 10 月,古巴共产党把民族解放运动领袖何塞·马蒂的思想与马克思列宁主义一起作为党的指导思想,突破多年以来关于国际共产主义运动的僵化思维。在爱国主义和革命传统教育中,古巴大力宣传民族解放运动的英雄以及社会主义革命运动的先驱与英烈的事迹,使人民群众产生了强大的国家与民族的凝聚力和向心力。

古巴政府清醒地指出,世界上每一个国家都有其独特的国情,盲目学习别国的经验和做法在古巴未必能够获得成功,古巴应当坚持走适合自身的国家发展之路。菲德尔本人在谈到中国经验时就曾说,"必须清醒地认识到,即使是别国最成功的经验,如果脱离本国实际,也会无所适从"。古巴领导人曾多次指出,"必须寻找我们自己的道路和运用我们自己的经验"。[①] 古巴党和政府的领导人不希望看到由于大量引入市场经济成分而在短时间内导致社会分化、贫富差距扩大等不稳定因素,对国家和社会造成冲击。

2. 谨慎推动改革

古巴党和政府的领导阶层深刻反省了革命之初的急躁冒进心理给社会主义建设事业带来的危害,同时美国的封锁与敌视也使得古巴党和政府对任何改变现状的变革手段都小心翼翼,一旦走错一步就有可能给古巴社会主义事业带来不可预料的损失。因此古巴领导人强调,国家一定要处理好改革、发展与稳定之间的关系。国家的稳定是改革开放的前提

---

① 《古巴经济改革措施公布 不会照搬中国模式》,来源:新华网,2011 年 4 月 22 日。

条件,古巴的改革开放只能在政治和社会的稳定中稳步向前推进。

3. 坚持公平优先

古巴在拟定改革措施时一直把社会公平原则放在首位,每出台一项重大改革措施,都首先发动群众进行广泛讨论,保证该措施不会超出广大人民群众的承受力,以此来突出社会主义制度的优越性。虽然古巴物质条件差,但在改革开放过程中一直保持着教育、医疗和社会保险全民免费服务,目的在于保证社会公平原则。在古巴的财政预算支出中,近40%用于教育和医疗。① 即使在最困难的时期,古巴不仅没有关闭任何一所医院、学校或体育场馆,医生的数量还增长了一倍,教育水平进一步提高。古巴在本国实施全面义务教育,在城市和农村都消除了文盲现象。在拉美的区域合作中,古巴主动派出扫盲工作组,在安第斯和加勒比地区帮助一些欠发达国家普及基础教育。古巴在卫生和体育的一些领域的技术与成就蜚声世界,多次受到联合国教科文组织和其他国际组织的高度赞扬。

随着卫生网络的建立和全民免费医疗保障制度的不断完善,古巴人的平均预期寿命延长至76岁,达到了发达国家水平。② 除免费的教育、医疗和社会保险之外,为了维护国内的稳定环境,古巴逐步取消配给制,但仍向每个家庭提供最基本的配给,保证所有古巴人能够享有最起码的食品供应。通过以上各项措施,古巴政府用最公平的方式分配着仅有的物质财富,使得古巴人几乎没有一个因为失去工作和社会保障而流离失所,也使本国经济顺利渡过了难关。由于古巴在改革中一直把社会公平原则放在首位,劳动者收入差距小,虽然物质生活条件差,但是社会稳定,依靠国民精神状态和爱国热忱维护了古巴的社会主义制度。

4. 重视思想作风建设

古巴政府多次明确表示,改革开放的前提条件必须在政治上坚持古巴共产党的领导,在国家体制上不搞多党制和议会制,坚决反对资产阶级的所谓民主和自由,以爱国主义、民族传统和社会主义教育为基础,不断

---

① 中华人民共和国民政部:"古巴社会保障和社会福利制度的情况简介",http://www.mca.gov.cn/article/1206_18/。

② 中华人民共和国外交部:"古巴国家概况",http://www.mfa.gov.cn/chn/pds/gjhdq/gj/bmz/1206_13/。

强化思想政治工作,使人民坚持革命理想,坚决捍卫社会主义的事业与成果。卡斯特罗强调,坚持社会主义和共产党的领导,是维护国家独立、主权以及抵抗美国封锁、获得生存的保障;以马列主义、马蒂思想为指导的古共是国家可靠的捍卫者和中流砥柱,社会主义和共产党的领导是古巴的唯一选择。[①]

随着对外开放程度的不断扩大,外国游客数量与日俱增,一些社会丑恶现象引起了古巴领导人的高度重视。由于卡斯特罗很快发动了打击犯罪的社会运动,这股社会歪风很快得到了纠正。像这样的纠偏行为,自从古巴改革以来,已进行过三次,这些纠偏行为及时修正了社会问题,净化了社会风气,保证了社会主义制度的稳固。

5. 以人为本

古巴社会主义"更新"的出发点与最终目的是"人",其成功"更新"也依靠和仰仗古巴人民。卡斯特罗曾强调"把最高权力还给人民",并计划着力解决有关土地、住房、教育、社会保障等人民关心的问题。古共五大强调:古巴政治制度的基础是人的尊严、平等和真正的人权,是人们广泛参与的真正的社会主义民主制度。[②] 卡斯特罗说:"政府应该为了保卫大多数人的利益而存在。""政府不是人民的就不是民主的,政府不是来自人民的就不是民主的,政府不是为了人民的就不是民主的。""作为一种制度,社会主义是为了保护人,支持人,帮助人和使人不断参与创造一个最公正、最人道和最团结的社会的事业。""社会主义就是为每个公民提供福利、幸福。"社会主义要发展,首要的是要解决发展为谁、依靠谁等重大理论和实践问题,才能在发展道路、理论等方面做出符合本国国情的创新。卡斯特罗坚持:"发展主要在于关心人,人是所有发展的主角和努力发展的目的。"经济社会发展"起决定作用的不是武器,而是人;不是武器,而是人民"。[③]

---

① 徐世澄:《卡斯特罗评传——从马蒂主义者到马克思主义者》,《拉丁美洲研究》,2008年第4期。
② 王承就:《古巴特色社会主义模式探析》,《马克思主义研究》,2019年第2期。
③ 〔古〕萨洛蒙·苏希·萨尔法蒂编:《卡斯特罗语录》,宋晓平等译,北京:社会科学文献出版社,2010年,第93、261—264页。

古共七大通过的《概念化》中阐释的社会主义原则第一点即为"人是主要目标和核心主题"。正是因为始终坚定不移地坚持"以人为本"，古巴社会主义才能在国外的封锁、孤立中，在国内的动荡、不稳中，能够顽强生存并不断发展进步，走出一条有古巴特色的社会主义道路。

（四）古巴社会主义新探索的成就与挑战

劳尔·卡斯特罗在古巴共产党六大接替最高领导职务后，不断推进经济与社会改革与国家政策的调整。古巴共产党的这些改革措施受到古巴民众的欢迎与支持，希望在劳尔的领导下古巴能够实现政治理念和经济政策的彻底变革。古巴的社会主义新探索取得了一定的成就，也面临艰巨挑战，古巴政治、经济与社会革新的未来前景备受国内外广泛关注。

1. 新探索的新成就

（1）经济持续增长，对外依赖减弱

在金融危机影响之下，古巴 2008 年的 GDP 增长了 4.3％，2009 年的增长率也达到 1.4％，[1]远超人们的预期。通过政策扶持和资金倾斜等手段，高新技术和高附加值产品在古巴经济增长与国际贸易中比重不断增加。2006 年，基因和生物技术产品等商品出口名列第二，仅次于镍矿。古巴不断增强独立自主的工业生产能力，国产石油占全年发电用油的比重由 1993 年的 34％上升到 2008 年的 73％，[2]极大地减少了对进口石油的依赖度。

（2）人民生活改善，社会保障提高

随着古巴国内生产情况的好转以及进出口贸易的恢复，古巴人民的生活水平有了较大提高。国内石油产量的大幅提高，能源供给变得充足，同时全国电网改造工程几乎将存在多年的停电问题全部解决。由于公共汽车的进口，城市公共交通有了很大改观，电脑和手机等电子产品也进入了百姓家庭。

国民经济与工业生产不断改善，古巴有了充足的经济基础。20 世纪 90 年代，教育、医疗等领域所占的 GDP 份额增长了 34％，医疗卫生

① 刘彤：《古巴今年经济增长大大低于预期》，来源：新华网，2009 年 12 月 21 日。
② 陈久长：《"硬汉"卡斯特罗》，北京：中国文史出版社，2009 年，第 218 页。

和教育事业发展迅猛。1997 年古巴婴儿死亡率为 7.2‰,是全球婴儿死亡率最低的 25 个国家之一,而且这一比率一直在下降,到了 2006年,该比率降为 5.3‰,在美洲,古巴的比率名列第二,仅次于加拿大。同时,古巴小学入学率为 100%,中学入学率为 98%,居发展中国家乃至世界前列。[①]

（3）政府威信提高,社会基本稳定

古巴物质并不富裕,人均月收入多年没有提高,美国对古巴的敌意并未完全放弃,但是古巴的社会主义政权依然受到人民拥护。就目前而言,民众对国家前途十分乐观,政治和社会形势良好,古巴在国际上的形象也大为改善。更重要的是,古巴国内存在着强烈的民族情感和社会凝聚力,国内的犯罪率远远低于拉美诸国和美国,为国家克服危机与争取更美好未来提供了坚强的保障。

2. 改革面临的困难与挑战

虽然古巴的经济改革取得了初步的成效,经济状况有所恢复,国家财政实力增强,进出口贸易也大有改观,但是古巴的社会主义之路依然存在很多挑战与问题,深刻影响古巴社会主义的未来发展道路与方向。

（1）古巴领导层对改革仍存分歧

对于国家改革的指导方针和国家发展战略,古巴领导层一直没有形成统一的意见。在古巴政府公开宣布的政策中,一直强调坚持计划经济体制不动摇,正如经济和计划部长穆里略所宣称的那样,古巴"将保持政府控制 90% 的中央计划经济模式","不会用市场经济改革应对经济问题"。[②] 因此,古巴领导人在公开场合与正式文件中通常将目前的政策变动称为"调整"或"更新",拒绝使用"改革"或"革新"。经济与社会的改革已在进行,但部分古巴官员支持劳尔政府的举措仅为解决眼前的国家财政困难,内心恐惧改革的持续推进可能会触动一些既得利益者的利益,改革的提案则可能在领导层内遭遇阻力。

---

① Al Campbell, *The Cuban Economy: Data on Today's Performance and Information on Tomorrow's Projected Changes*,见"社会主义、新自由主义与金融危机国际学术讨论会"资料,山东大学,2009 年,第 7 页。

② 徐世澄:《劳尔·卡斯特罗执政后古巴的经济变革》,《探索与争鸣》,2011 年第 4 期。

（2）理论创新有所欠缺

进入21世纪后，古巴领导人对社会主义改革的认识不断深化，认为坚持马列主义与实行改革开放并行不悖。社会主义国家改革的目的应当是社会主义制度调整与完善，而不应当抛弃这一制度，转而实行资产阶级的议会民主制。

古巴共产党指出，苏联与东欧国家的社会主义改革在很大程度上背离了马克思列宁主义，而戈尔巴乔夫的社会主义"新思维"的改革不仅没有解决困扰苏联多年的政治、经济、文化和社会问题，反而使苏联解体，共产党丧失政权。古共明确表示，苏联和东欧国家的政治上放弃共产党执政地位、经济上全盘私有化的"改革"会葬送古巴来之不易的社会主义革命成果，古巴不能选择它们的模式。古巴共产党认为，改革一定要吸取历史经验教训，从古巴国内外的客观实际出发，努力建设适合古巴国情的社会主义制度。

古巴领导人过分强调坚持计划经济体制，誓言绝不用市场经济改革应对经济问题，但古巴的如此理论与客观现实完全脱节。计划经济无法有效推动国民经济健康发展，民众对这一理论缺乏认同，甚至称之为"新自由主义的社会主义"。[①] 因此，古巴的社会主义理论应与时俱进，指导国家的社会主义建设。

（3）变革缺乏明确的长期目标

古巴的经济与社会变革通常只是危机来临时的应急措施，在危机消除后又回归原点，缺乏清晰的国家中长期发展规划。古巴革命胜利后，国家的经济发展战略变化过于频繁，尤其是当国内经济形势紧张、资金短缺时就大力吸引外资，开放、扶持个体经济的发展，活跃市场。当国内经济有所好转，领导层就担心继续发展会产生不可控的贫富分化，这些政策就会被终止，重新回到改革前的老路，利用外资与对待个体经济的政策忽紧忽松，反复变化。

（4）不合理的产业结构没有得到根本改观

国家的第三产业在GDP中所占比重过高，而工业和农业所占比重过

---

① 于海洋：《古巴：突然改革之后》，《中国经济周刊》，2010年9月27日。

低。这种经济结构带来的后果是实体经济规模较小,市场中泡沫成分增加。目前,古巴第三产业的就业人数明显多于第一和第二产业,这一结构对于中小发展中国家的经济发展非常不利,古巴的工业制造业也因此基础薄弱。这样的经济结构遇到全球性金融危机时很容易使发挥重要作用的进出口贸易受到重大打击,经济体系抗风险能力相对偏弱。

(5)再就业问题冲击社会稳定

古巴政府不断削减食物补贴,逐步废止推行多年的"供应本"制度,并以此减少政府公共开支与社会支出。这一计划给工薪阶层带来不小的冲击,政府应当有计划分步实施,而政府裁减25万公务人员的政策也会影响到古巴数百万家庭的生计。如此众多民众从衣食无忧的国有体系中分离,走向社会自食其力,对古巴社会也是很大的压力。根据规定,一般下岗工人下岗后会得到政府补偿的一个月的工资,工龄满30年的下岗职工最多可领到政府五个月的工资补偿。一些民众被政府辞退后开始个体工商业的经营,而根据古巴新的纳税条例,个体工商业者须缴纳个人所得税、销售税、公共服务税等多项税赋。[1] 因此,对于被政府部门和国营企业辞退的这些人而言,再就业和提供基本生活必需品成为政府面临的最为棘手的问题,一些受到冲击的下岗职工可能会产生对政府的不满情绪,从而对古巴的社会稳定和改革进程造成消极影响。

(6)古美关系前景尚不明朗

早在1975年12月,菲德尔·卡斯特罗就提出,古巴与美国的谈判要在平等的条件下进行,古巴与美国谈判的大门随时都可以开启。然而,古巴的善意换回的却是美国不断升级的敌视与封锁。美国单方面的制裁与封锁对古巴经济造成了严重伤害,截至2013年4月,对古巴造成的直接经济损失超过1.1万亿美元,堪称人类历史上时间最长、最残酷的封锁纪录。[2]

50多年的封锁没有催生一个美国乐见的古巴,古巴人最终坚持下来并通过更新发展模式保持了社会经济的稳定发展。古巴持之以恒的斗

---

① 曹廷:《古巴推出重大经济改革举措》,《国际资料信息》,2011年1月30日。
② 《古美关系正常化需要时间和耐心》,来源:新华网,2015年4月12日。

争、美国国内政治环境变化以及拉美政治格局的调整终于使古美关系出现重要转机。2015年4月11日,美国总统奥巴马与古巴领导人劳尔·卡斯特罗在第七届美洲国家首脑会议上举行了两国断交半个多世纪以来的首次会晤。2015年7月20日,美国与古巴重开大使馆,正式恢复了中断54年的外交关系。在1928年库利奇(Calvin Coolidge)总统访问古巴之后的88年,奥巴马于2016年3月20—22日对古巴进行友好访问。虽然古美已经正式建交,但是截至目前美国仍然没有放松对古巴的经贸、金融封锁,特朗普上台后,美国又进一步加紧对古巴的封锁。2017年,美国公布古巴受制裁的实体名单。2019年,美政府宣布对古巴的新一轮制裁措施。美国国务卿蓬佩奥指出美国将从5月2日开始重新实施之前《赫尔姆斯—伯顿法》中暂停了22年的第三条的全部内容,由此美国公民将可以根据此法第三条——采取行动向古巴政府索取"补偿"。时任总统国家安全事务助理约翰·博尔顿宣布,美国将重启其公民向古巴签署汇款的限制令,并且限制美国公民以探亲为目的前往古巴。

然而,作为古巴革命的亲历者和美国对古巴封锁的受害者,劳尔对美国全面取消对古封锁以及古美关系完全正常化的难度有着清楚的认识,提醒人们切勿抱有太多幻想,古巴和美国的双边关系非常复杂。

由于美国国内民主党和共和党斗争激烈,共和党总是利用在两院中的优势地位不断杯葛奥巴马总统的古巴外交新政。另外,两国在民主和人权方面的长期分歧、美国反古势力的阻挠以及对古巴关塔那摩的占领,依然会让美古关系正常化道路充满变数。古美历史积怨由来已久,短期内难以平复,实现真正的睦邻关系仍需足够的时间和耐心。

(五)古共七大召开与未来的不确定性

2016年4月16—19日,古巴共产党第七次全国代表大会在首都哈瓦那召开,古共中央第一书记、国务委员会主席劳尔·卡斯特罗在会上发表讲话。古共七大后出台了《古巴社会主义发展的经济和社会概念化草案》(以下简称《概念化》)对古巴社会主义"更新"的目标模式进行了再次明确,标志着古巴特色社会主义模式基本形成。2016年6月,古巴全国人民政权代表大会批准了《理论化文件》。除了《概念化》之外,还出台了

《到 2030 年全国经济社会发展计划：国家的建议、轴心和战略部门》（以下简称《发展计划》）和《党和革命的经济和社会政策纲要的更新（2016—2021 年）》（以下简称《纲要更新》）两个重要文件。其中，《概念化》系统阐释了古巴的社会主义模式，主要包括社会主义的原则、变革方式、经济制度、社会政策等方面。《发展计划》制定了古巴到 2030 年的经济社会发展计划。《纲要更新》是对六大《纲要》的补充与完善。古巴共产党将从理论层面讨论和完善古巴社会主义模式，坚定不移地在社会主义旗帜下深化"经济模式更新"，制定新的"五年计划纲要"并草拟 2030 年远景规划。

　　《概念化》指出"更新"仍要坚持社会主义的原则，其主要内容包括：在政治上坚持共产党的领导，强调古巴共产党是古巴社会和国家的最高领导力量；在经济上坚持生产资料的社会主义全民所有制的主导地位，强化社会主义计划的决定性作用；在分配上，主张机会的平等，反对平均主义和财富集中两种极端模式。劳尔强调，"这是我们第一次在党的代表大会提出'概念化'的议题，所谓'概念化'是对经济社会模式更新基本理论和主要特点加以总结和提炼……目的在于清晰阐述经济社会模式更新的特点，使之成为服务于符合古巴国情的社会主义建设的理论纲领"。[①]

　　六大以来，劳尔领导下的古巴共产党将党的工作重心转移至经济建设，"松绑"私营经济，建立经济特区以及大力引进外资。劳尔指出，"发展经济、维护和平稳定，坚定意识形态，是我们党的主要使命。发展经济是当前主要工作任务，政治思想工作和经济战斗紧密相连，让广大民众积极主动地投入到社会经济模式的更新进程里来"。[②] 根据古巴外贸外资部 2015 年底发布的数据，近 10 年来，古巴国内生产总值平均增幅为 4.8％，2014 年达到 806.56 亿美元。[③] 同时，古巴以改革为契机，不断在政治、思想、组织等各领域加强党的建设，提高了党的战斗力和凝聚力，也使古共在自我"更新"中成长壮大。

　　无论从改革的深度和广度，还是从经济社会效应入手，劳尔倡导的改

① 　张慧玲：《从古共"七大"看古巴社会主义发展新动向》，《当代世界与社会主义》，2016 年第 4 期。
② 　《劳尔·卡斯特罗在古共七大上的讲话》，来源：中国政府网，2016 年 8 月。
③ 　《古巴共产党"七大"挑战改革深水区》，来源：搜狐网，2016 年 4 月 18 日。

革在古共执政后都堪称前所未有,国际舆论普遍视之具有"划时代的意义"。然而,由于改革必然触及国家的政治、经济与社会体制,古巴共产党不断遇到新问题、新矛盾和新挑战,许多改革举措无法继续实施。古共机关报《格拉玛报》指出,六大设立的 313 项改革目标仅完成 21%,多达77%的任务正在艰难推进。① 国企裁员阻力重重,农业改革未及预期,货币并轨难以兑现,外资限制依旧不少,贫富分化、思想混乱与贪污腐化等现象日渐严重。

从改革进程分析,确定系统与科学的改革指导理论和思想,奠定积极稳健的改革基础,确保古巴的经济社会改革沿着社会主义道路不断推进是古巴共产党最为核心的重要任务。从权力交接的视角,能否成功布局"后卡斯特罗时代"权力架构、加快干部队伍年轻化、实现权力平稳交接则是古巴改革的最大不确定性因素。

---

① 《古共七大"以老带新"平稳交班》,来源:新华网,2016 年 4 月 20 日。

第四章

金融危机后"21世纪社会主义"的新探索

第一节　拉美"21世纪社会主义"的
内涵与比较

20世纪与21世纪之交,拉美相对落后的安第斯地区的政治演变引人注目。左翼和社会主义政党不断在各国大选中获胜,提出建设具有拉美和本国特色的社会主义,并开始为其执政寻求新的政治理论。以玛尔塔·哈内克为代表的左翼理论家为拉美左翼实施的政治经济新模式提出一种全新的理论——"21世纪社会主义"。这种新型社会主义理论既有别于苏联模式的社会主义,又迥异于美国主导的新自由主义。

一、21世纪社会主义的理论与实践之源

作为一种新型的政治理论,21世纪社会主义的倡导者需要对先前的相关理论阐述自己的观点与看法。因此,拉美21世纪社会主义者不仅评述20世纪以苏联为代表的社会主义,而且也要对美国主导的新自由主义进行批评,目的主要在于阐明这种21世纪的社会主义新理论超越了传统社会主义和新自由主义,是一种具有拉美地区特色并与时代相适应的新型社会主义。这种新型社会主义是一场混杂了地区历史传统与现实时代多重因素的新型政治运动,是随着时代发展变化的拉美新社会主义流派,其更加注重和强调拉美本土特色、替代元素和地区合作的社会主义。拉美"21世纪社会主义"的出现是基于20世纪社会主义的发展缺陷，有其历史必然性，同时也含有一定的历史局限性，所以有人称拉美的"21世纪社会主义"是一次未曾真正革命的"革命"。

（一）社会主义在20世纪的实践与缺陷

拉丁美洲属于欠发达的资本主义国家中相对较早开展社会主义发展模式的地区之一。从19世纪中叶，社会主义开始在拉美地区广泛传播，到20世纪已经逐渐成为该地区重要的政治运动之一，各国都在探索和实践社会主义模式。由于拉美不同国家具有不同的殖民文化、土著文化等方面的多元历史背景。基于此，不同国家所实践和探索的社会主义模式也应有自己独特的发展路径。但是社会主义在拉美20世纪的实践中，受苏联社会主义模式的影响，拉美社会主义没有真正发展出具有各自特色的社会主义发展模式，因此在实际运行过程中存在诸多的缺陷。

1917年俄国十月革命之后，马克思列宁主义在拉美得到了一定程度的传播，拉美各国纷纷成立了一些新型的无产阶级政党，拉美的社会主义运动也逐渐加强了与俄国、共产国际之间的联系。1918年，阿根廷国际社会党成立，成为拉美历史上第一个无产阶级政党，直到1943年共产国际解散之后，拉美国家建立了20多个无产阶级政党。因此，20世纪拉美的社会主义运动深受苏联社会主义的影响。

20世纪拉美的社会主义运动始终都在边缘徘徊，并没有占据历史发展的中心，除了古巴革命之外，其他国家的社会主义运动都以失败告终。基于此，21世纪社会主义经过分析后提出，原有的社会主义体制国家强调统一模式，没有考虑每一国家的具体实际，而21世纪社会主义则强调民族、文化与历史传统的差异。

基于对20世纪社会主义的反思与扬弃，21世纪社会主义把民主视为一种制度，社会主义政党可以通过选举上台执政或实现政权更迭，但国家与社会的体制不能照搬旧有或现今社会主义国家模式，政治体制的创新应当是政权合法性的重要依据。奉行21世纪社会主义的拉美政权都在宣称，国家的政治体制与共产主义不存在丝毫联系。玻利维亚和厄瓜多尔更是公开拒绝把马克思主义作为指导思想或政治理论的主要来源，而查韦斯的社会主义理论也只是马克思主义与玻利瓦尔思想的简单融合。厄瓜多尔的科雷亚与玻利维亚的莫拉莱斯则对阶级对立和阶级分歧避而不谈，只是誓言以"公民革命"对抗腐败的寡头政治，以受压迫的印第安社会对抗美国和欧洲的霸权主义。①

同时，21世纪拉美左翼力量经历了重新恢复、重组、执政等，为拉美的新型社会主义运动提供了诸多的可能性。

（二）华盛顿共识导致的巨大灾难

奉行21世纪社会主义的左翼政权勃兴主要源于新自由主义与华盛顿共识给拉美带来的灾难与危机，而风起云涌的拉美公民和社会运动也加速了新自由主义的消亡与左翼和社会主义政党上台执政。尽管拉美各国的左翼政府在对待新自由主义的具体政策层面观点相左，但是在对新自由主义的批评和批判方面还是存在许多共通之处。整体而言，拉美在新自由主义改革中遭受重创，导致政治、经济与社会等诸多方面的动荡与不稳定。新自由主义的市场化、私有化、自由化等原则与措施并不能够完全照搬照抄到拉美国家中，其与拉美本土情况存在严重的不适配，由此导致拉美经济体系愈益脆弱和失衡，导致金融危机、社会危机接踵而至。

受新自由主义发展模式的影响，少数在金融集团掌控下的垄断资本在拉美大肆扩张，一些关键领域（如国防与安全）的私有化，使得跨国垄断资本在拉美地区"猖獗"，同时拉美各国本土的民族资产阶级和官僚等都成了这些跨国公司的附庸。私有化不仅没有激活拉美经济，反倒使拉美原有的经济体系摇摇欲坠。1994年、1999年、2001年，墨西哥、巴西、阿根廷相继爆发经济危机，在这一场"得不偿失"的新自由经济改革之下，市场的自发性、盲目性、滞后性等缺陷暴露无遗。资本一味追逐经济效率与利润，在导致拉美经济失衡的同时也滋生了诸多的社会问题，如失业、贫困、贫富两极分化等。在经济失衡、社会冲突愈演愈烈的情况下，各种反新自由主义的运动此起彼伏。

---

① ［美］詹姆斯·彼得拉斯：《历史视角下的拉美21世纪社会主义》，官进胜译，《国外理论动态》，2010年第1期。

　　拉美的社会主义者激烈抨击新自由主义体制下的金融资本缺乏完善的监管体系,对生产资本和实体经济不断投机。在新自由主义畅行时期,20世纪30年代大萧条之后政府宏观调控和金融监管的法律法规被废除殆尽,国家的监管政策让位于金融专业人员的自我约束和自我监管,也即实质上的监管缺失,金融欺诈与疯狂的资本投机在所难免。

　　金融资本对实体经济和生产的控制构成21世纪社会主义追随者反对资本主义的核心内容。21世纪社会主义者据此提出应当把不提供产品而获取财富的"邪恶"资本与产生社会实用生产价值的"良善"资本区分开来。在新自由主义实施的过程中,以市场为导向的资本主义导致银行和公司倒闭,大量产业工人失业,人们对新自由主义"理性市场"的说教不再相信。因此,21世纪社会主义理论提出,国家应当摈弃市场的优先权与统治地位,拉美的新自由主义政府屈服于国外银行和私人资本,信奉21世纪社会主义的左翼政权一定要与新自由主义模式的资本主义彻底决裂。

　　二、21世纪社会主义的发展历程与类比

　　委内瑞拉、玻利维亚与厄瓜多尔等国正在进行21世纪社会主义实践与探索。若要真正理解21世纪社会主义的实质以及对政治的影响力,必须把这一理论放在更广泛的历史背景之中进行历时与共时的比较分析。拉美地区早期的民族主义运动总是极力推动巨大的政治和社会变革,而当代的21世纪社会主义运动则主要依赖民粹性质的政治操作。对于玻利维亚与厄瓜多尔左翼政府而言,所谓的社会主义政策也就是把一些濒临破产的私有或合资企业国有化以及提高能源和矿物产品的税收比例,只是委内瑞拉政府的政策取向略显不同。因此,21世纪社会主义的政治理念与欧洲实施多年的民主社会主义并无本质区别,其显著特征表现在混合型经济政策以及与自由资本主义国家相同的政治操控。

　　(一)左右翼政党的角力与转换
　　第二次世界大战之后,拉美地区政治民主化、摆脱殖民统治与社会主义革命风起云涌,但多国政权却经历了左翼与右翼多次的循环与更替。

拉美的政治运动和发展进程表明,拉美各国政府总是体现为左翼和右翼政党轮流执政。凭借广泛的政治和社会运动上台执政的中左政权与美国通过政治和军事干预扶植的右翼代理政府不断斗争,左翼唱罢右翼粉墨登场,左右翼政府循环往复。

第二次世界大战结束后不久,拉美的左翼、民粹主义与社会主义政党组成联合政府先后在智利、阿根廷和玻利维亚成功实现执政。智利的社会主义政党与左翼激进组织结成竞选同盟赢得了 1947 年总统选举,承诺效仿欧洲社会民主党的政策和策略,进行广泛的政治和社会变革。阿根廷的胡安·庇隆和爱娃·庇隆夫妇上台执政后,积极推进铁路国有化,实施多项旨在缓解国内矛盾的社会福利政策,外交上则竭力仿效欧洲民主社会主义的"第三条道路"。在玻利维亚的社会主义革命运动中,工人和农民的武装组织得到组建,大力推动矿产国有化与农业的土地改革。

20 世纪 50 年代初期,东西方冷战正式拉开帷幕,以美国为首的资本主义阵营与以苏联为首的社会主义阵营由此走向全面对抗。在华盛顿的默许之下,美国开始干涉拉美左翼和社会主义政党执政的国家,帮助右翼亲美政权上台或支持这些国家军人实施军事独裁。拉美的工商界巨头与美国的财团在 20 世纪 50 年代联手支持多次军事政变,军事独裁政权在一些国家开始执政。1955 年,阿根廷发生军事政变,民选总统庇隆被迫下台。智利的阿连德总统与政变军队直接交火,在总统府殉职,左翼联盟因此解散,社会主义政党也被宣布违法。在此阶段,秘鲁的奥德利亚将军(General Odria)、委内瑞拉的佩雷斯·吉梅内斯(Perez Jimenez)以及危地马拉的卡斯蒂罗·阿莫斯将军(General Castillo Armas)都在本国推翻了民选政权,军事强人掌握国家大权。军人的独裁统治、亲美政权的建立以及左翼与社会主义运动受到血腥镇压,美国在拉美地区维护自己的霸权,也为跨国资本进入拉丁美洲提供了重要的前提和保障。

20 世纪 50 年代末,美国在拉美的霸权引起人民的广泛抗争,社会民主运动和左翼政治运动又趋于兴盛。古巴社会主义革命在 1959 年取得胜利,极大鼓舞了拉美左翼和社会主义力量,左翼政党又开始挑战右翼势力,试图依靠公民运动的力量上台执政。智利的阿连德(1970—1973 年在位)与阿根廷的庇隆(1973—1975年在位)等左翼政党重新执掌政权。在民族运动力量的支持之下,这些政权纷纷誓言要进行激进的社会经济改革与实行大规模的国有化,并在某些领域挑战美国的经济和金融霸权。

然而,拉美的这些左翼政权的生命极其短暂,美国与拉美的军事代理人依旧联手强力干涉,绝不允许社会主义运动在此地区发展壮大。巴西的古拉特政权、智利的阿连德政权和阿根廷的庇隆政权都被美国支持的军事政变推翻,或被中央情报局与所在国军队联手赶下台,左翼和社会主义运动也因此在拉美逐渐淡出政治舞台。

自20世纪70年代中期至90年代,多数拉美国家政府由右翼势力掌控,左翼力量和进步思想遭受禁锢与遏制。在经济和金融政策上,这些军事政权和亲美的民选政府基本上都以新自由主义为政府的指导性原则,取消国家绝大部分关税和金融监管,全面转向自由市场与依赖美国的经济社会政策,多数国有企业被私有化并由美国的跨国集团收购和管理。20世纪90年代对于美国而言属于金融资本的黄金发展期,但对于拉美多数国家来说却是经济停滞、贫富差距急剧加大和社会危机频发的时期,从而为这一地区令世界侧目的21世纪初左翼和社会主义运动提供了政治土壤以及奠定了坚实的民众基础。

(二)21世纪社会主义与科学社会主义的类比分析

拉美21世纪社会主义基于地区与国家的基本状况和现实,在社会主义理论、政治、经济、社会以及外交建设等领域进行了艰辛探索。

在社会主义理论建设中,21世纪社会主义抨击以新自由主义模式为代表的资本主义的种种弊端,重新审视代议制民主以及自由市场经济在拉美地区的践行效能,积极倡导社会公平与正义,对拉美地区如何建设社会主义进行了理论阐述和理论构想。在构建21世纪社会主义的进程中,左翼执政党大力推行意识形态教育,努力提高全体国民的社会主义觉悟与意识,注重培养团结、合作、平等的社会主义核心价值。

在政治建设中,21世纪社会主义尝试探索新自由主义的可替代模式,建立符合本国国情的发展模式。在传统立法、司法、行政三权分立基础上增加选举权和公民权,推进参与式民主的政治实践,以广泛的参与式民主取代职业政客操纵的代议制民主，在旧制度框架内建立具有原创性的新体制和新机构。① 此外，21世纪社会主义注重在思想领域开展斗争，进行社会主义教育，让公民能够真正了解社会主义理念，在此基础上有助于培养社会主义新人。

在经济建设中，加强政府对国民经济的调控，加强对能源等战略部门与支柱产业的支配与控制，使资本与市场能够服务于社会，建立多种所有制经济共同发展的、具有可持续性的经济模式。政府控制石油和其他重要战略资源产业，限制和取缔经济运行中的各种行业垄断，政府有权为公共利益和社会利益征用闲置土地分配给穷人。国家经济可以表现为公有、混合以及社区和家庭经济等形式。为实现社会财富的均衡分配，国内的市场经济也要逐渐发展成为有助于实现社会公平与和谐的经济体制。

在社会建设上，左翼政府强调经济增长与社会的公平正义相结合，重视发挥社会政策的积极作用，让全体国民能合理分享经济增长的利益，政府施政的重点应集中在促进社会发展与改善民生。

在对外政策中，21世纪社会主义倡导建设没有霸权主导的多极世界，强调独立自主和对外关系多元化，致力于弘扬21世纪社会主义的团结、合作与国际主义精神，支持拉美广泛合作与地区一体化进程，进而提出拉美国家联合起来对抗美国的政治、经济与军事的霸权主义。② 通过"美洲玻利瓦尔联盟""加勒比石油计划"等机制推行革命外交，并以此来推动拉美左翼政府间合作。

总而言之，拉美"21世纪社会主义"具有浓厚的民众主义和民族主义色彩的，其与科学社会主义有一定的区别。虽然"21世纪社会主义"在拉美没有正统的历史渊源，没有进行真正的革命，没有系统完善的理论体系等，但是它是根植于拉美本土的，是基于拉美传统历史文化、试图维护人民利益、立足于拉美现实实际与需求的具有本土特色的拉美"21世纪社会主义"。

---

① 王鹏：《委内瑞拉的"21世纪社会主义"：理论内涵、实践与现实意义》，《拉丁美洲研究》，2016年第5期。
② 贺钦：《试析拉美"21世纪社会主义"的历史源流及其本质》，《当代世界与社会主义》，2015年第3期。

　　然而,正如厄瓜多尔总统科雷亚所言,21 世纪社会主义是一种原则和方法论,没有任何预设模式或目标,也无法从中找到永久的真理和能够解决一切问题的方法。[①] 21 世纪社会主义的宗旨是社会主义的更加民主以及人民更广泛的政治参与。在构建 21 世纪社会主义进程中,人民广泛参与国家政治和经济活动的管理构成 21 世纪社会主义的最为重要坚实基础,人民也是社会主义建设的主体力量,而市场只是为人民服务的手段和工具。21 世纪社会主义致力于推进国家的民主进程,促进社会的公平与正义,各民族能够平等相待与和谐相处。

　　以更为宏观的视野分析,21 世纪社会主义来源于社会主义的原则与理念,也是在对 20 世纪各种社会主义理论的经验教训分析之后提出的具有拉美特色的社会主义新思想,必然与科学社会主义存在诸多共性与差异。

　　21 世纪社会主义与科学社会主义都认为使用价值比交换价值重要以及劳动比资本重要。资本主义过分强调商品的交换价值,而价格高昂的商品意味着社会产品只能被少数人购买和使用,只是满足了那些有支付能力的富人需求,最终导致商品严重过剩与巨大的社会差距。人类劳动的重要性要给予充分重视,劳动自身不应仅是一种生产手段,而资本积累应服务于人类。因此,拉美国家应按劳动力而非资本确定商品价格,因为按照资本定价已经造成拉美多数民众的贫困以及社会的两极分化。

　　中国在社会主义市场经济的建设过程中充分发挥国家的调控功能,21 世纪社会主义也认为在利用市场发展经济的同时应加强国家的宏观调控,强化国家在建设"21 世纪社会主义"过程中的作用。为摆脱拉美地区巨大的贫富差距,21 世纪社会主义因此应当继承科学社会主义的合理成分,在发展进程中充分重视社会的公平与公正,促进国家经济社会均衡、有序地发展。

　　人类社会已经进入 21 世纪,人们认识世界和改造世界的世界观和方

---

① 2007 年 11 月 21 日,科雷亚到访中国社会科学院,发表题为"21 世纪社会主义"的演讲,详细阐述 21 世纪社会主义的内容、特征以及与科学社会主义的异同。详见[厄]科雷亚:《厄瓜多尔的"21 世纪社会主义"》,《拉丁美洲研究》,2008 年第 1 期。

法论也产生了巨大的变化,21 世纪社会主义与科学社会主义因此必然存在区别和差异。在指导思想上,21 世纪社会主义吸收了科学社会主义某些合理成分,但也批判性借鉴了民主社会主义和基督教等寻求社会公正的思想理论,具有指导思想的多元性而非唯一性。同时,21 世纪社会主义认为,人类社会的发展进程复杂多变,生产力的变革也不可能按照一种既定模式演进,所以 21 世纪社会主义反对以暴力革命的方式改变原有的政治体制,而应当以和平、民主的方式实现社会的变革。

（三）21 世纪社会主义与 20 世纪左翼运动的比较

无论从广度还是深度考量,倡导 21 世纪社会主义的拉美国家推行的经济社会变革都无法与第二次世界大战之后的左翼与社会主义运动相提并论。1962—1964 年间执政的巴西古拉特政府（Goulart）以及 1970—1973 年间执政的智利阿连德政府大刀阔斧推进本国的政治、经济和社会改革,增强了国家控制经济和社会政策的力度。在一系列改革措施中,尤其是在外资企业国有化方面,当时的规模和程度远超目前奉行 21 世纪社会主义的国家,并在农业调整过程中当时的政府强力推行土地所有制改革,分得土地和受益农民人数也非当前 21 世纪社会主义国家能够达到的水平。

在 20 世纪的社会民主运动中,当时的左翼政权没收了更多的外资企业,如智利的阿连德政府没收阿那康德铜业（Anaconda Copper）的资产,但如今的玻利维亚和厄瓜多尔左翼政权却鼓励外资到本国开采矿产。与 20 世纪的左翼民主政府更为不同的是,拉美 21 世纪社会主义的实践者却与跨国集团和国内的工商业精英达成协议,是其国家政策的坚定拥护者。这些工商巨贾对国家政策的影响力远超社会弱势群体的印第安人与农民,也反映出当今所谓的民主政府所依赖的究竟是哪一个阶级与社会群体。

自 20 世纪 90 年代末以来,以委内瑞拉查韦斯为代表的左翼领导人通过合法斗争与选举上台执政,成为新一波拉美探索新自由主义替代道路的重要左翼力量。进入 21 世纪以来,委内瑞拉的查韦斯政府、厄瓜多尔的科雷亚政府、玻利维亚的莫拉莱斯政府、尼加拉瓜的奥尔特加政府等均是左翼政党执政，并且纷纷举起了反自由主义发展道路的旗帜，强调要走适合本国国情与现实的独特替代性道路，并且强调要推动地区团结合作、加强左翼政权的联合。其中，委内瑞拉、厄瓜多尔、玻利维亚三国左翼领导人纷纷强调要建设拉美"21世纪社会主义"。其中委内瑞拉强调本国的社会主义以实现"玻利瓦尔社会主义革命"为目标，甚至还改名为"委内瑞拉玻利瓦尔共和国"。厄瓜多尔的社会主义道路宣扬公民革命和美好生活。玻利维亚的21世纪社会主义道路倡导建设"社群社会主义"。三个国家的"21世纪社会主义"采取了不同的道路，是基于各自的国情与实际的，虽然模式不同、方法各异，但是都一致主张建立符合拉美本土价值观的发展模式，主张实现有利于拉美人民的团结与一体化。

就外部政治和经济环境而言，美国现今的干预能力与经济实力日渐式微。美国已经不再是第二次世界大战后颐指气使的债权国，也不是巴西、智利和阿根廷等拉美大国的最大贸易伙伴。在委内瑞拉与拉美一些国家签署石油补贴协议之时，美国为弥补经济在这一地区的颓势，增强了第四舰队的军事力量部署，并在哥伦比亚新建了七个军事基地。然而，拉美的现实却表现为，尽管美国强化了这一地区的军事部署和军事实力，但美国在中东数十年的反恐战争以及与伊朗的长期对抗，再加上美国经济实力的相对衰落，都严重影响了美国在拉美的干预能力。

由于美国的制造业多数已转向成本低廉的发展中国家，美国本土更多发展的是以金融为代表的第三产业，对拉美的矿物原材料和农产品的需求十分有限。因此，随着中国和印度等新兴经济体的崛起，亚太市场的规模不断扩大，拉美可以实现市场与投资伙伴的多元化，更多依赖这些新兴经济大国。此外，拉美各国更是在金融危机之后对美国金融机构在拉美的投资和商业行为施加了更加严格的管理和限制。作为新自由主义理论的倡导者和政策的践行者，美国在拉美的政治和经济的影响力急剧下降。

尽管当今美国的实力大不如前，但美国仍与拉美的右翼政治和经济精英联系紧密，仍能左右拉美左翼运动的沉浮，影响拉美政治发展的走向。同时，拉美左翼政权未能掌控本国战略经济部门，也没有能够实现其竞选诺言,消除巨大的社会贫富差距,国家政治体制与国内阶级结构与右翼执政时期基本相同。那么,当前拉美左翼推行的21世纪社会主义是迈向真正社会主义的基石和必由之路,还是右翼重新执政前的过渡阶段?

三、21世纪社会主义的丰富蕴涵与实施路径[①]

1998年12月6日,乌戈·查韦斯当选委内瑞拉总统。执政伊始,他便提出进行"玻利瓦尔革命",开始酝酿21世纪社会主义的政策主张,向资本的权力与特权发起挑战,团结建设21世纪社会主义。2006年,拉斐尔·科雷亚·德尔加多代表"主权祖国联盟"赢得总统选举的胜利。执政后的科雷亚勇于探索和锐意改革,促进国家政治进步与经济发展,也提出在厄瓜多尔建设21世纪社会主义。

(一)21世纪社会主义概念的提出

关于拉美"21世纪社会主义"是如何提出与发展的并没有明确的历史节点可以探寻,只是在对后新自由主义的争论中,涌现出了一批代表人物与实践领袖,他们所提出的理论与具体的运动实践支撑了"21世纪社会主义"这一新鲜但又模糊的概念。其中提出相关理论的学者有海因茨·迪特里希·斯特凡、玛尔塔·哈内克等左翼学者,实践领袖有委内瑞拉总统查韦斯、厄瓜多尔总统科雷亚、玻利维亚总统莫拉莱斯。

早在20世纪90年代中期,墨西哥学者海因茨·迪特里希·斯特凡提出了关于构建"21世纪社会主义"的政治构想,在他的理论构想中主张绝大多数民众应该并且能够在经济、政治、文化、社会等诸多方面进行广泛的参与,并具有一定的决策权,从而实现拉美国家真正的独立自主。这一政治构想被当时的委内瑞拉总统查韦斯付诸实践。在查韦斯上任初期,他并没有立即实行"21世纪社会主义"的发展道路,而是在最开始的时候企图探寻第三条道路的社会改良方案,但是这一策略与相关措施遭受到国内外敌对势力的阻碍。在重重障碍中,查韦斯认清了当时委内瑞拉国内外的具体形势,开始转变策略,提出要进行"玻利瓦尔革命",开始

---

① 部分观点参见[美]彼得·鲍默:《委内瑞拉的21世纪社会主义》,官进胜译,《国外理论动态》,2009年第11期。

主张"21世纪社会主义",并且强调21世纪社会主义"不仅仅是基督教和社会主义的结合,还包括了委内瑞拉的民族英雄玻利瓦尔的思想以及土著部落的意识特征"。① 虽然是迪特里希教授首先提出了"21世纪社会主义"这一概念,并且建构了相关的理论框架,但是查韦斯在"21世纪社会主义"的具体实践中发挥了至关重要的作用,因此被视为"21世纪社会主义"运动的开创者。

2005年1月30日,查韦斯对巴西进行友好访问。在出席阿雷格里港举行的"世界社会论坛"时,查韦斯发表主旨演讲,明确表示自己对社会主义的向往,"我越来越坚信,我们需要越来越少的资本主义,越来越多的社会主义。我毫不怀疑超越资本主义的必要性,但我必须补充一点,即资本主义不会从内部超越自己,资本主义需要通过社会主义道路来实现超越。超越资本主义强权的道路在于真正的社会主义、平等和正义"。②

同年5月1日,委内瑞拉政府在首都加拉加斯组织了规模宏大的庆祝"五一"国际劳动节的集会,查韦斯总统在这次集会上讲话时指出:"要在资本主义范围内达到我们的目标是不可能的,要找到一条中间道路也是不可能的。我现在请求全体委内瑞拉人民在新世纪走社会主义道路。我们必须为21世纪建立新的社会主义。"③这是查韦斯首次公开使用"21世纪社会主义"这一新名词。

2006年12月3日,委内瑞拉举行总统选举,查韦斯以62.8%的得票率成功连任。12月15日,为庆祝总统选举胜利,委内瑞拉政府举行一次大规模的群众集会上。查韦斯在发表演说中宣称,在社会主义建设的新形势下委内瑞拉十分需要一个能为革命和社会主义服务的政治工具。因此,委内瑞拉国内所有支持21世纪社会主义的政党将联合成立一个全新的政党——"委内瑞拉统一社会主义党"。统一社会主义党将集中领导委内瑞拉人民继续进行"玻利瓦尔革命",积极探索与推进21世纪社会主义建设。2007年,查韦斯在总统就职宣誓中强调其任期内的中心任务是在

---

① 《查韦斯的社会主义试验》,来源:新华网,2013年3月7日。
② 江时学:《论查韦斯的"21世纪社会主义"》,《拉丁美洲研究》,2008年第1期。
③ 官进胜:《空洞的"21世纪社会主义":查韦斯无法实现的承诺》,《科学社会主义》,2009年第3期。

委内瑞拉建设具有自身特色的社会主义。

何为 21 世纪社会主义？概而言之，查韦斯 21 世纪社会主义的政策主张主要包括：以"玻利瓦尔和平民主革命"替代"新自由主义改革"；以国家控制逐步取代自由市场体制；以"美洲玻利瓦尔替代方案"替代美国倡导的"美洲自由贸易区计划"；以 21 世纪社会主义替代"资本主义"；以成立"委内瑞拉统一社会主义党"来统一革命力量。① 除了自己阐述 21世纪社会主义的内涵外，查韦斯还邀请所有委内瑞拉人民一起讨论如何在委内瑞拉建设社会主义。在他的号召之下，全国上下展开了激烈的讨论。经过讨论，他所创建的"第五共和国运动"对"21 世纪社会主义"的核心任务、主体和敌人达成了一致共识：核心任务是实现社会正义、公平、互助；主体是包括农民、工人、家庭妇女、中小生产者和中产阶级等未能从国家石油中受益的所有"被排挤者"；敌人是贫困和帝国主义，解决贫困的主要手段是实现财富再分配，在城市鼓励和发展社会生产企业，在农村通过调整土地使用权，有效利用大庄园主的闲置土地以实现粮食的自给自主，摆脱对外依赖。基于以上认识，查韦斯表示，"资本主义无法实现我们的目标，我们也无法寻求一条中间道路，我邀请所有委内瑞拉人共同走上这条新世纪的社会主义道路"。②

从提出 21 世纪社会主义这一概念到相关理论的建构，从对于社会主义的政治信仰到具体政策纲领的切实执行，从不成体系的零星倡议到整体系统地推动，拉美"21 世纪社会主义"经历了多重维度的发展完善。目前，它不仅是查韦斯所阐述的一个概念框架，不仅是拉美学者关于 21 世纪社会主义的理论阐释，也包括厄瓜多尔总统科雷亚、玻利维亚总统莫拉莱斯等领导人的政治信仰，还体现在包括委内瑞拉、厄瓜多尔等国家在内的切实建设 21 世纪社会主义发展模式的实践活动。

查韦斯强调其所倡导的"21 世纪社会主义"不是苏联或者古巴模式的社会主义，而是独具委内瑞拉本国特色的社会主义，并且强调 21 世纪

---

① 官进胜：《空洞的"21 世纪社会主义"：查韦斯无法实现的承诺》，《科学社会主义》，2009 年第 3 期。
② 秦章：《国外媒体评述：查韦斯的"21 世纪社会主义"的构想及其实践》，《党的文献》，2006 年第 2 期。

社会主义不仅仅是口号宣称,而且是注重实践的。查韦斯说:"社会主义不会从天而降。我们要了解社会主义,致力于实现社会主义,使社会主义思想扎根并为之努力工作。社会主义建立在实践基础上。"另外,查韦斯受玻利瓦尔的影响很大,玻利瓦尔是委内瑞拉的国父并且是一位南美独立英雄,查韦斯认为他就是一个社会主义者。在谈论如何建设社会主义时,查韦斯指出建设社会主义就是为了实现玻利瓦尔的梦想。而且玻利瓦尔革命中也蕴含着基督教教义的精髓,如社会公正、平等自由等。查韦斯曾言其社会主义的理论其中就有一些内容是源自《圣经》,他认为耶稣是历史上最伟大的社会主义者,在 2007 年 1 月 8 日新内阁宣誓就职仪式上,查韦斯对基督的思想作了深入的阐述:"在公共财产方面,真正的基督比任何社会主义者都更加具有共产主义思想,他是一名真正的共产主义者、反帝国主义者。他反对专制统治、特权阶层和绝对权力。"在委内瑞拉政府为改善人民生活质量而实行的计划中,有一项就被称作"基督计划",该计划的目标是在 2021 年以前消除国内贫困。①

2009 年 2 月 15 日,委内瑞拉全国代表大会发起的关于取消选举产生的官员和议员连任次数限制的修宪案在全民公投中获得通过。全国选举委员会主席卢塞纳宣布,对 94.2% 选票的统计结果显示,支持修宪案的选票占 54.36%,而反对票占 45.63%。在得知公投结果后,查韦斯表示"玻利瓦尔革命"将进入新阶段,自己将全身心投入委内瑞拉人民的事业中,团结建设社会主义的国家。②

(二)社会主义民主与政治的革新

查韦斯上任之后,在 1999 年通过了宪法修改,将委内瑞拉的国名更改为"委内瑞拉玻利瓦尔共和国",同时还改了国旗,将马头方向向左,意味着委内瑞拉坚定地走左翼道路。同时,还变三权分立为五权分立,增加了选举权和道德权;变两院制为一院制;规定民间团体有对最高法院等候选人的提名权;进行部门精简,等等。

在构建 21 世纪社会主义的进程中,委内瑞拉的执政党大力推行意识

① 沈跃萍:《查韦斯"21 世纪社会主义"解读》,《当代世界与社会主义》,2008 年第 3 期。
② 《委内瑞拉修宪案在获得民众支持》,来源:新华网,2009 年 2 月 16 日。

形态教育,努力提高全体国民的社会主义觉悟与意识。委内瑞拉的各类学校和教育机构在政府的指导下注重培养学生的团结、合作、平等的社会主义核心价值,严厉抨击资本主义一直标榜的个人主义和利己主义思想。查韦斯总统也多次强调培养社会主义价值观的必要性,认为社会主义不仅要进行经济与政治革命,而且需要变革旧有的资本主义自私自利的观念,否则奉行平等和团结社会主义价值理念只会成为空洞的辞藻。

在积极培育社会主义价值体系的同时,委内瑞拉的文化机构鼓励创作积极向上的文化和艺术作品,资助和扶持具有多元民族特征的电影、戏剧和绘画的发展,通过各种方式宣传民族独立运动发展史与被压迫者的抗争,重新确立委内瑞拉民族文化的主导地位,抗衡美国的文化霸权。此外,政府规定公立与私立教育机构都要宣传维护国家主权和实现国家的可持续发展,委内瑞拉要团结拉美以及全世界受压迫人民,推动建立平等、民主的新世界。

委内瑞拉的民主并非仅限于在自由选举中选举自己支持的候选人,而公民权利更为重要的内涵应当是民众直接参与对自己密切相关的政策决策。查韦斯领导的委内瑞拉统一社会主义党执政后,广大民众纷纷通过社区委员会参与社区事务管理和决策。查韦斯认为社区委员会是新的社会主义国家的"细胞",能够通过社区委员会的方式建立新型的参与民主,从而提高公民的参与感和参与度,增强公民对公共事务的关心进而增加对公共事务的参与。与此同时,查韦斯还希望通过社区委员会来打碎资产阶级的国家机器,从而能够建立基于人民权力和工人阶级运动的新国家结构,创造行政、立法、司法、选举权、公民权之外的第六大权力,即人民权力。2001 年,查韦斯政府正式启动建立社区委员会的工作,并在2006 年颁布《社区委员会法》。社区委员会的规模因具体情况不同而同,如在城市,一般 200—400 个家庭可组成一个社区委员会,而在农村可能仅仅 20 个家庭就组成一个社区委员会。人民可以通过社区委员会的方式直接参与管理一些满足社区自身需求的政策等。由于社区委员会的成员都是来自同一个社区,因此可以提高社区人民的参与热情,并通过社区委员会这一组织帮助民众培养解决身边问题的能力,从而借助自下而上的方式塑造一个新的国家。查韦斯政府注重在组织和意识形态两方面加强社区委员会的建设，企图使之成为自下而上传播社会主义理念和价值观的场所。然而，由于社区委员会（communal council）的管理范围不能超过 400 户家庭，无法在更大地域规模与更多民众中行使决策权，一种新型的组织——公社（commune）便应运而生，社区委员会在公社中能够对更大范围的集体事务进行决策。

查韦斯领导的左翼政府 1999 年上台执政后，委内瑞拉致力于向社会主义民主的转型。国内民众参与民主决策的范围不断扩大，先前被剥夺民主权利的普通民众正在决定委内瑞拉的现在与未来。但是，在建设 21 世纪社会主义的进程中，资本家及其右翼势力将会使用一切必要手段极力保护自己的既得利益与特权，并且可能联合起来阻挠和破坏 21 世纪社会主义建设，委内瑞拉的社会主义之路必定充满艰辛与坎坷。

在另一个践行 21 世纪社会主义的国家厄瓜多尔，科雷亚在竞选总统之时就提出进行政治、经济与社会革命，彻底改变厄瓜多尔现有的政治、经济与社会结构，提出要在厄瓜多尔建设现代社会主义的政治主张。科雷亚上台执政后努力推动制定新宪法，赋予中央政府足够的权力，使国家可以通过宏观政策调控经济与社会发展，不遗余力地建设具有厄瓜多尔特色的"21 世纪社会主义"。

长期以来，厄瓜多尔政治与政府腐败盛行，国内民众对政治体制失去了信任。1996—2005 年，国内官商勾结异常突出，各级官员的贪腐行为严重影响了经济和社会发展，厄瓜多尔的 5 位总统在民众的抗议和反政府运动中被迫下台。因此，科雷亚积极推动议会改革，限制议会的权利范围与扩大总统的权限。根据新的改革法案，总统有权解散议会，确定国家的经济和金融政策，中央银行也应服从于政府的政令和金融政策。立法机构由众议院和参议院的两院制改为一院制的议会，但将增加议会的议员人数，使厄瓜多尔的公民更广泛地参与议政和国家政权的管理，而新的宪法法院将独立行使司法权力，不隶属于议会或行政部门。

厄瓜多尔的政治腐败与弊端造就了政府的合法性危机。只有使国家真正摆脱政治危机，革新政治体制，巩固和发展民主政治，才能真正促进国家的经济与社会发展。拉美人民努力创造自己的思想,作为全新国家发展理念的 21 世纪社会主义恰好符合这种政治诉求。

在积极推进国家政治体制改革的同时,科雷亚领导的左翼政府为打破国内高地与海岸的政治对立,提出重新划分国内省区。厄瓜多尔的国内政治力量主要来自亚马孙地区的帕查库蒂克多民族统一运动(MUPP)、高地丛林地区的人民民主党(DP)和民主左派党(ID)、海岸地区的厄瓜多尔罗尔多斯党(PRE)、基督教社会党(PSC)和国家行动制度革新党(PRIAN),四个地区的政党斗争不断,相互倾轧。[1] 同时,立法与行政长期对立,政府的权力受到议会的严重牵制,效率低下。进入 21 世纪,总统和议会的冲突依旧,引发多次国内政局的动荡和政治危机。

经过多轮磋商,执政的主权祖国联盟和反对派达成共识,重新划分国内的行政区划,对国家财富进行合理分配。基多、瓜亚基尔和昆卡等经济发达地区应带动其他区域共同发展。

(三)经济体制与结构亟待变革

委内瑞拉的经济结构主要包含私有、国有和互助企业三种不同类型,私有经济实力最为强大,约占全国经济总量的三分之二。私有经济的资本完全控制在家族或私有财团手中,并且通过产品和服务的进出口等方式与美欧的跨国企业联系紧密。在国内各类产业中,建筑、运输、通信和金融服务业近年增长最为迅速,但工业制造和农业生产增长缓慢,多数工业品需要进口,粮食也不能自给自足。

委内瑞拉的国有企业的比重约占全国的 30%,但查韦斯执政后国有化的步伐明显加快,国内最大的银行、私有石油天然气和钢铁公司等产业已经收归国有。委内瑞拉石油公司是其国内最大的国有企业,公司的多数收入都被政府使用在社会建设项目之上,为医疗保障、公共教育项目和基础建设提供大量资金。委内瑞拉农业集团在左翼政府的规划之下新近成立,把加工后的食品和农产品低价出售给市民。为减少流通费用,公司直接把食品运送到弱势群体聚居的社区,社会底层民众与消费者大为受益。

---

① 杨建民:《厄瓜多尔的"21 世纪社会主义"》,《拉丁美洲研究》,2009 年第 3 期。

第三种经济类型主要包括工人自治的农场和社区委员会组织的互助型企业,但在国家经济中的比重约为2%。在这类农场和企业中,工人在企业的经营管理上拥有较大的自主权,企业工人报酬基本相同,农场和企业的利润上交社区委员会,而不是归企业自己所有。因此,这类农场和企业的经济影响极其有限。

然而,委内瑞拉经济形式单一,主要依赖石油的生产与出口,石油贸易占国家外汇收入的90%以上,而其他工业产业和农业发展严重不足,多数工业产品和粮食无法满足国内需求,对日用品和食品的进口依赖严重。

因此,在经济结构调整的过程中,委内瑞拉不仅要致力于成为政治主权独立的国家,也要努力实现工业主权和农业主权的真正独立,使得委内瑞拉能够利用国内生产资料制造出更多民众所需的工业品以及粮食生产的自给自足。同时,委内瑞拉应持续发展国有和互助型经济,不断减少私有经济在国民经济中的比重,大力倡导社会生产应以满足人民需求而非利润最大化的政策理念,强调经济平等,建立公平合理的社会收入分配体系。

在经济领域,委内瑞拉主要采取以下几种措施:首先,大力推进国有化。查韦斯认为国有化是打破私有制垄断地位、加强国家计划对经济的干预的核心举措。为此,在推进国有化的进程中,委内瑞拉先后对石油、天然气、电力等部门实施国有化,建立国家控股的国有企业,并扩大政府控制的分成比例。2001年,委内瑞拉颁布了《新油气资源法》《石油法》,并在2008年全面完成油气资源的国有化,此后,查韦斯政府进一步在石化、钢铁、金融、食品等领域进行国有化运动。其次,发展人民经济。主要措施是建立合作社,促进集体经济和合作经济的发展。创建社会主义企业,并确定其目的是为了优先满足所有人民的基本需求,宗旨是"团结合作、互补互惠、平等公正、可持续发展",并且企业运行的主要目的不是为了追求利润最大化。查韦斯政府采取一系列措施企图使社会主义企业成为新型的经济生产单元。最后是开展土地革命,全面废除大庄园制,将土地分给贫困的农户,目的是实现"耕者有其田",在分配土地的基础上还加大对农业的优惠贷款以此来促进粮食的生产。

在厄瓜多尔的经济改革之中,科雷亚政府强化国家对于宏观经济的调控力度。政府将控制石油和其他重要战略资源产业,限制和取缔经济运行中的各种行业垄断,政府有权为公共利益和社会利益征用闲置土地分配给穷人。新宪法规定,国家经济可以表现为公有、私有、混合、协作、社区和家庭经济等形式。为实现社会财富的均衡分配,国内的市场经济也要逐渐发展成为有助于实现社会公平与和谐的经济体制。

科雷亚强调:"我们必须利用市场,而不是被市场利用。中国在这一方面做得很好,因为中国通过集体的行动和政府的决策进行正确的市场调控,而国家对市场的调控是国家的基本功能之一,对经济增长和社会发展都起着非常重要的作用。"①

(四) 弘扬国际主义与推进地区合作

查韦斯主张多元外交,反对美国的霸权主义,并认为美国是委内瑞拉建设社会主义的最大敌人。因此为了抵制美国的霸权主义和强权政治,查韦斯倡导国际主义和地区合作。

委内瑞拉的 21 世纪社会主义把与拉美的全面合作作为最重要的国家外交战略,联合其他拉美国家对抗美国在这一地区的经济、政治与军事霸权,着力探索替代现行全球化道路和自由贸易经济模式的方案。查韦斯认为,实现玻利瓦尔关于建立一个统一的拉美国家的梦想是可能的,他希望看到各国之间能够消除国界,建立一个新型的、统一的拉美和加勒比国家。2001 年委内瑞拉查韦斯政府首先倡导成立"美洲玻利瓦尔替代计划"(Bolivarian Alternative for the Americas),希望通过这一计划能够加强拉美和加勒比地区国家间的经贸合作,从而实现拉美地区的一体化,并企图通过这一计划的建立替代美国倡导的美洲自由贸易区。2004 年 12 月,委内瑞拉和古巴宣布成立美洲玻利瓦尔替代计划,玻利维亚、厄瓜多尔、多米尼加、尼加拉瓜、玻利瓦尔和洪都拉斯也都先后成为美洲玻利瓦尔替代计划的成员国,与美国主导的美洲自由贸易区(Free Trade Area of the Americas)分庭抗礼。"美洲玻利瓦尔替代计划"以合作、团结和共

---

① 　[厄]科雷亚:《厄瓜多尔的"21 世纪社会主义"》,《拉丁美洲研究》,2008 年第 1 期。

同意愿为基础,强调国家之间的互补而不是竞争,以团结来取代支配,以合作代替剥削,尊重各成员国的主权,相互协作共同向更高的发展水平前进。玻利瓦尔替代计划致力于追求经济的可持续发展,推进公平合理的贸易体系,共同保护知识产权,尊重各国独特的政治体制和多元文化。此外,查韦斯执政后的委内瑞拉长期低价向拉美和加勒比海国家出售石油,甚至美国的低收入群体也能在国内买到委内瑞拉的低价汽油。2005年4月28日,委内瑞拉和古巴签订了一体化的计划,计划内容主要包括贸易、能源、农业、通信等49项合作。2006年委内瑞拉和古巴在石油方面展开进一步合作,委内瑞拉国家石油公司和古巴石油公司协议两国合作在古巴勘探和生产石油。

　　同样,为了摆脱国际货币基金组织和世界银行对南美国家经济决策的影响,厄瓜多尔的科雷亚政府主张推进地区一体化以及创立南美的统一货币。2007年12月,科雷亚与巴西、阿根廷、委内瑞拉、玻利维亚和乌拉圭的领导人共同倡议建立南方银行,为南美各国融资提供便利,推动南美共同发展与进步。①

　　委内瑞拉和厄瓜多尔在拉美之外也在积极寻找盟友,与中国和俄罗斯发展全面的战略伙伴关系,倡导建设没有霸权主导的多极世界,致力于弘扬21世纪社会主义的团结、合作与国际主义精神。查韦斯在任期间多次访华,并与中国签订了多个合作协定,内容包括基础设施建设、矿产、农业等方面,两国还建立了"面向未来共同发展的战略伙伴关系",并发展进入一个新的阶段。

　　委内瑞拉和厄瓜多尔的21世纪社会主义不仅遭到美国和国内右翼人士的激烈反对,而且左翼联盟内部的少数成员也公开对这一思想提出异议。然而,随着致力于建设21世纪社会主义的民众人数不断增加,委内瑞拉人民能够有效抵制美国对21世纪社会主义的各种诽谤、干涉和颠覆活动,捍卫自己的社会主义建设事业。尽管21世纪社会主义建设的道路充满曲折,但这是拉美社会主义的正确前进方向。

---

① 杨建民:《厄瓜多尔的"21世纪社会主义"》,《拉丁美洲研究》,2009年第3期。

四、21 世纪社会主义的评判准则

苏联模式的社会主义在 20 世纪的社会主义发展史中占有绝对主导地位。然而,除了苏联模式外,20 世纪社会主义政权至少应当存在四类迥异的社会主义模式,并且这些政权都是具有各自国家或民族特色的政治结构。

(1) 以马克思科学社会主义为指导思想的社会主义国家,主要以中国、朝鲜、越南和古巴为代表的国家政权。尽管四个国家都参照或照搬苏联模式,但与苏联不同的是这四个国家在建立社会主义政权时都是注重把社会主义革命与各国民族解放运动相结合,都曾强烈反抗美国的侵略与干涉,并且在苏联解体后这些社会主义国家依然存在,正在探索符合各自国情的社会主义发展道路。

(2) 通过选举上台执政的具有社会主义性质的政权,但这些政权容易受到别国军事干预、本国的军事政变以及大国的经济制裁等影响,通常执政时间短暂。这类所谓的社会主义国家主要包括智利(1970—1973)、格林纳达(1981—1983)、圭亚那(20 世纪 50 年代)、玻利维亚(1970—1971)和尼加拉瓜(1979—1989)。

(3) 自治模式的社会主义出现在 20 世纪 40 年代末期,铁托领导的南斯拉夫摆脱苏联模式的教条,在国内的工矿企业全面实施工人自治管理模式的社会主义,但在 20 世纪 90 年代南斯拉夫解体前这一模式走到了尽头。

(4) 欧洲多数国家在 20 世纪都选择了民主社会主义的政治经济模式,以社会保障和社会福利为基础的民主社会主义制度在北欧和西欧一些国家得到全面实施,国家在发展市场经济的同时加强政府的宏观调控和管理。

在苏联的威权统治下,东欧国家的社会主义都属苏联模式,但政治变革与民主运动经常在这些国家发生。1968 年,捷克斯洛伐克的"布拉格之春"运动,其实质就是勇敢探索不同于苏联模式的社会主义。

因此,尽管委内瑞拉、玻利维亚和厄瓜多尔都在进行 21 世纪社会主义的探索与建设，但是这三个国家的政治模式和经济政策却不尽相同。委内瑞拉大力推进国有化改革，重点将石油、钢铁和电信等战略产业置于政府的完全管控下，推行全民免费医疗保险制度，每个国民都可接受免费的义务教育，积极推动建立覆盖城市与农村的社区委员会和自治组织。然而，同样实施21世纪社会主义的玻利维亚不仅没有在国内进行大规模的国有化运动，而且还鼓励公私合营以及与外国矿业集团建立合资企业，农业和土地改革的力度也远不及委内瑞拉。对于厄瓜多尔而言，21世纪社会主义的政治和经济改革的实践最为保守。政府不仅屈服于石油产业的垄断资本，而且将国家的电信产业私有化，甚至把印第安人世代赖以为生的土地转让给矿业寡头。厄瓜多尔能称得上社会主义的改革措施也许只有批评美国的霸权政策、取消几个美国在厄瓜多尔的军事基地以及增加社会保障项目的预算和开支。

那么，相较于20世纪社会主义，21世纪社会主义表现如何？问题的答案在于以何种政治准则进行相互的分析和比较。如果采用相对客观的政治学标准来评判20世纪社会主义与21世纪社会主义，或许我们就能在转变所有制、改善社会福利与推动经济改革等方面获取正确的认识。

在所有制改革和增加公有制比例方面，21世纪社会主义认为不能盲目实施完全的国有化，而是主张调整产权结构，实现所有制结构的合理化，因为过度的国有化使得企业丧失创新的动力与进取的活力。然而，事关国家经济与安全的关键产业和重要基础设施必须由国家控制，其他产业则应当追求产权的民主化而不是国有化的规模和比例。[①] 尽管委内瑞拉积极推动国有化运动，但是推行21世纪社会主义的委内瑞拉、玻利维亚和厄瓜多尔，公有制的规模和比例都远远落后于20世纪的社会主义国家，并且公有制企业对这些国家经济增长的贡献明显高于公私合营与私有制企业，因为合营和私有企业易受国际市场变化的影响，总是在国际市场的繁荣与萧条中徘徊。

---

① 　方旭飞：《厄瓜多尔总统科雷亚谈"21世纪的社会主义"》，《拉丁美洲研究》，2007年第6期。

在推行土地和农业改革的运动之中,20世纪社会主义国家没收地主全部土地并重新进行分配,但21世纪社会主义国家的土地和农业战略与此形成了鲜明对比,造成土地所有权更加集中与农村贫富差距进一步扩大。

在社会福利方面,20世纪社会主义国家能够在城市和农村提供基本医疗和社会保障制度,使全体国民受益,但是21世纪社会主义国家无力提供如此广泛的社会服务和福利保障,只能在一定程度上扩大社会支出与缓解社会矛盾。

21世纪社会主义与20世纪社会主义存在某些共性与差异,然而,无论如何,21世纪社会主义还是进行了难能可贵的社会主义新探索,积极组织和开展各种公民政治运动,关注社会弱势群体,追求社会公平正义,而这些都是值得期待的政治和社会进步。

第二节 委内瑞拉"21世纪社会主义"的 经济与社会成就[①]

1998年12月6日,查韦斯当选委内瑞拉总统,1999年2月正式执政,至2008年金融危机爆发之时,其执政恰好十年。然而,查韦斯十年总统任职的评论可谓两极分化,有人称之为委内瑞拉贫民的救世主,但也有人称之为扼杀民主的独裁者。因此,委内瑞拉在此十年间重要的经济与社会变化值得回顾与总结,以利于更加深入探讨委内瑞拉经济和社会建设的巨大成就与面临的严峻挑战。

一、经济增长与成就

委内瑞拉在经济方面的措施主要是依托国有化,国有化的进程也

---

① 由于部分内容和数据为编译,原文没有注释和来源,文章一些数据因而也无法注释出处,特此说明。详见官进胜:《查韦斯执政十年:经济社会成就与挑战》,《国外理论动态》,2009年第10期。

推动了委内瑞拉经济的发展。除了在 2002 年由于外国资本的干预导致罢工之外,查韦斯执政以来委内瑞拉国有石油公司的产量和经济效益逐年增长并连创新高。即使是在 2008 年金融危机的影响之下,虽然其他石油富足国家如迪拜等都面临着巨额亏损,但是委内瑞拉的国家石油公司在这一年向国家贡献了 531 亿美元,比上年增长了 22%。

　　查韦斯执政以来的经济发展状况可以几种不同方式进行分析。一种方式就是简单分析 1999 年 2 月查韦斯当选总统以来委内瑞拉 GDP 的增长数据。截至 2008 年第二季度,委内瑞拉的经济总计增长 47.4%,年均增长率为 4.3%;人均 GDP 总计增长约 18.2%,年均增长 1.9%。查韦斯执政前的 20 多年中,委内瑞拉的经济一直呈下滑趋势。相对于经济下滑,这种增长难能可贵,但这一发展速度与其他拉美国家同期的发展速度基本持平。

　　然而,查韦斯政府直到 2003 年初才得以掌握国有石油公司,所以把查韦斯执政的全部十年都进行统计便会产生误导作用。查韦斯执政的前四年中,国有石油公司的利润占国家财政收入的一半以上以及出口创汇的 80%。但这些公司都被反政府人士控制,他们依赖这一重要战略资源挑起社会动荡,甚至短暂推翻查韦斯政府。面对这种状况,政府无力推动经济发展。

　　因此,分析查韦斯政府的经济成就应当始于 2003 年初。自 2003 第一季度—2008 年第二季度,按可比价格计算,GDP 总量增长 94.7%,年均增长13.5%;人均 GDP 总量增长 78.8%,年均增长 11.7%。无论从历史角度还是在世界范围内进行比较,这种增长速度都是极其惊人。

　　此外,另一种对查韦斯政府经济发展状况的统计方式认为,应当从 2002—2003 年国有石油公司工人罢工结束后带来的经济反弹结束之后的时间计算,也即从 2004 年第三季度为起点。以此为基础,委内瑞拉的 GDP 总量增长 37.2%,年均增长 8.8%;人均 GDP 总计增长 28.2%,年均增长 6.9%。即使这样计算,这一增长速度同样非常迅速。

委内瑞拉 GDP 增长率

时　　　间	GDP		年数	增 长 率	
	开始	结束		总计	年均
GDP 总量(单位：10 亿美元)					
2003 年一季度至 2008 年二季度	7.50	14.60	5.25	94.7％	13.5％
2004 年三季度至 2008 年二季度	10.64	14.60	3.75	37.2％	8.8％
人均 GDP(单位：美元)					
2003 年一季度至 2008 年二季度	292.11	522.26	5.25	78.8％	11.7％
2004 年三季度至 2008 年二季度	407.34	522.26	3.75	28.2％	6.9％

来源：委内瑞拉中央银行(BCV)，2009 年。

无论怎样比较，查韦斯执政期间的经济表现都非常出色。若与查韦斯执政前的经济相比，情况更是如此。从 1978—1998 年，委内瑞拉的人均 GDP 下降 21.5％。

委内瑞拉的经济深受国内政治与社会动荡影响。1999 年 2 月，查韦斯就职时国际油价创 22 年新低，经济出现负增长。这种状况持续到 2000 年的第一季度，但在 2001 年第三季度之前经济都在持续增长。然而，2001 年 12 月，委内瑞拉商会(Venezuelan Chamber of Commerce)组织了反政府的总罢工，引起了国内的政治与社会动荡。2002 年 4 月，查韦斯政府被军事政变推翻。虽然政府在 48 小时内又恢复了权力，但社会动荡却在持续，反对派继续寻求法律外途径试图推翻政府。直到 2002 年夏秋季节，经济还在不断下滑。2002 年 12 月至 2003 年 2 月，经济又遭受反对派领导的石油罢工沉重打击，陷入严重的衰退，当年的 GDP 损失约 24％。2003 年第二季度，经济开始复苏并增长迅速，只是在 2008 年第一季度增长速度有所减缓。

在本轮经济增长中，非石油部门的增长占有总量的绝大部分。实际上，2002—2003 年的国有石油工人罢工结束，石油生产得以恢复，并在 2004 年产值猛增 13.7％。但 2005—2007 年，石油产业却都是出现的负增长。即使在 2004 年，非石油产业的增长速度也高于石油产业。此外，尽管查韦斯执政期间政府规模不断扩大,私有企业的发展还是快于公有企业。

增长最为迅速的产业是金融保险业,总计增长258.4%,年均增长26.1%;建筑业总计增长159.4%,年均增长18.9%;贸易与售后服务业总计增长152.8%,年均增长18.4%;运输与仓储业总计增长104.9%,年均增长13.9%;通信产业总计增长151.4%,年均增长18.3%;制造业总计增长98.1%,年均增长13.2%。

1998—2008 年委内瑞拉产业增长率(%)

年　份	1998	1999	2000	2001	2002	2003	2004	2005	2006	2007	2008
GDP 总量	0.3	−6.0	3.7	3.4	−8.9	−7.8	18.3	10.3	10.3	8.4	5.6
国营	−2.1	−5.2	3.0	−0.6	−11.1	−1.3	12.5	2.8	3.6	7.7	18.8
私营	1.1	−6.9	4.2	4.9	−5.8	−8.9	17.2	12.9	11.9	7.3	0.2
具体产业分布											
石油	0.3	−3.8	2.3	−0.9	−14.2	−1.9	13.7	−1.5	−2.0	−4.2	4.1
非石油	−0.1	−6.9	4.2	4.0	−6.0	−7.4	16.1	12.2	11.7	9.5	5.9
采矿	−7.5	−12.1	15.3	2.8	4.3	−4.4	14.2	3.0	2.0	2.0	0.4
制造	−1.4	−10.1	5.1	3.7	−13.1	−6.8	21.4	11.1	7.2	7.2	2.0
水电供应	0.5	−2.2	4.7	4.8	2.1	−0.5	8.5	11.2	2.4	2.4	3.6
建筑	1.4	−17.4	4.0	13.5	−8.4	−39.5	25.1	20.0	13.3	13.3	7.6
商业与维修	−1.5	−5.4	5.7	4.6	−13.6	−9.6	28.6	21.0	16.9	16.9	5.4
运输与仓储	−5.2	−15.3	12.5	−1.3	−10.4	−8.0	24.6	14.7	13.5	13.5	3.5
通信	8.2	3.6	2.1	8.1	2.5	−5.0	12.9	22.4	20.0	20.0	21.3
金融与保险	0.2	−15.2	−0.7	2.8	−14.5	11.9	37.9	36.4	17.0	17.0	−5.2
房地产	0.7	−4.7	0.8	3.5	−0.7	−6.0	11.1	7.9	6.6	6.6	3.2
社区、个人服务与非营利	0.3	−1.7	0.9	2.1	0.1	−0.3	9.4	8.2	10.9	10.9	9.1
政府服务	−0.6	−4.8	2.8	2.5	−0.4	4.9	11.1	8.0	5.0	5.0	4.4
其他	3.0	0.5	5.2	1.8	−1.0	−2.9	7.2	12.6	5.1	5.1	5.4

续　表

年　份	1998	1999	2000	2001	2002	2003	2004	2005	2006	2007	2008
支出拉动											
政府消费	−3.1	−7.5	4.2	6.9	−2.5	5.7	14.2	10.7	6.7	5.1	5.6
私人消费	1.8	−1.7	4.7	6.0	−7.1	−4.3	15.4	15.7	17.9	18.7	8.3
资本总成	4.4	−10.6	6.7	13.6	−34.0	−35.5	91.3	30.5	31.6	26.6	−1.5
商品与服务出口	3.5	−11.0	5.8	−3.5	−4.0	−10.4	13.7	3.8	−4.5	−5.6	0.4
商品与服务进口	11.3	−9.3	12.4	14.1	−25.2	−20.9	57.7	35.2	31.1	33.6	3.8

来源：委内瑞拉中央银行。
注释：2008 年只统计至第三季度；"其他"包括私营农业、饭店、私营旅馆以及各种公有部门。

　　2009 年 2 月，委内瑞拉政府向世界公布查韦斯执政十年来取得的十项成就：一是极端贫困人口从 42％减少到 9.5％，提前实现联合国千年发展目标；二是普及教育，96％的居民学会读和写，扫除了文盲；三是国内生产总值的 4.2％投入卫生部门，居民得到免费医疗保障；四是就业与社会保险，失业率从 50％下降到 12％，2009 年初下降到 6.1％；五是经济的发展，委内瑞拉已经连续 20 个季度实现经济增长；六是粮食主权，为了保障国家的粮食安全和主权，向居民提供低成本和没有中间商的基础消费型的产品；七是公共债务下降，从 1998 年相当于国内生产总值的 73.5％下降到 2008 年的 14.4％，成为世界上债务水平最低的国家之一；八是国际储备增加，从 1999 年初的 143.34 亿美元增加到 2009 年 1 月的 418.62 亿美元；九是技术主权，2009 年对科学技术的投资占国内生产总值的 2.69％；十是提高妇女地位，妇女在社区委员会的参与达到 60％，五大公共权力机构中有四个是由妇女领导的。①

---

① James Suggett，Venezuelan Government Displays Decade of Achievements on Anniversary of Chávez Presidency，http://www.venezuelanalysis.com/news/4163.

二、贫困与社会差距

查韦斯执政之后一直注重缩小贫富差距,保护低收入群体和处在边缘的弱势群体,以此来维护和促进社会公平。查韦斯认为,委内瑞拉所推行的21世纪社会主义,其主要的敌人是以美国为代表的帝国主义和贫困,因此针对贫困问题的解决颁布了诸多措施,将丰富的石油出口带来的利润与财富通过国家计划重新分配给穷人等,主要的目标是缩小贫富差距,实现社会公正与互助。

查韦斯政府颁布并实施了新的保障制度,为所有公民提供终身保障,尤其是为贫困群体提供诸多福利与补助。主要包括以下几个方面:一是建立食品商店网,称为"梅卡尔"项目,并对其提供30%的补贴,有些商品还以低于市场价格40%的价格出售。此外还专门向单身母亲提供食物和津贴,贫困群体还可以获得免费食物。二是建立国家公共卫生系统,让所有的公民都能够享受到免费的医疗救助。从"走近邻居"开始,这一项目把医疗送到了委内瑞拉最穷的地方。后来建立的城镇医疗救助团向全国5 000万病人提供了免费的医疗服务。三是实行"萨莫拉计划",将146公顷土地分配给10万户的贫困农民,并为他们提供资金、住房等。

查韦斯政府执政10年之后,委内瑞拉的贫困和赤贫人口显著降低。1999—2008年,贫困家庭从42.8%降至26%,赤贫家庭则从16.6%降至7%。在查韦斯第二任期内,贫困家庭的比例从2004年上半年的53.1%下降到26%,赤贫家庭则从23.46%降至只有7%。这一成就非常显著,国家几乎消除了赤贫人口,而"联合国千年发展目标"提出1990—2015年间力争使赤贫人口减少一半。

社会差距显著缩小。1999—2008年,基尼系数从46.93%下降至40.99%,降低了近6%。如果从2003年的此轮经济增长算起,基尼系数则从48.11%下降至40.99%。①

---

① 来源:委内瑞拉国家统计局(Institute of National Statistics),2009年。

1999—2008 年贫困与社会差距统计系数

时间	上下半年	贫困家庭		贫困人口		社会差距基尼系数
		贫困	赤贫	贫困	赤贫	
1999	上半年	42.80	16.60	50.00	19.86	46.93
	下半年	42.00	16.89	48.70	20.15	48.51
2000	上半年	41.60	16.65	48.30	19.49	47.72
	下半年	40.40	14.89	46.30	18.02	45.07
2001	上半年	39.10	14.17	45.50	17.36	45.73
	下半年	39.00	14.04	45.40	16.94	47.72
2002	上半年	41.50	16.58	48.10	20.13	49.44
	下半年	48.60	21.04	55.40	25.03	47.98
2003	上半年	54.00	25.09	61.00	30.22	48.11
	下半年	55.10	25.03	62.10	29.75	46.47
2004	上半年	53.10	23.46	60.20	28.10	45.50
	下半年	47.00	18.60	53.90	22.50	45.40
2005	上半年	42.40	17.00	48.80	20.30	47.48
	下半年	37.90	15.30	43.70	17.80	47.71
2006	上半年	33.90	10.60	39.70	12.90	44.22
	下半年	30.60	9.10	36.30	11.10	43.70
2007	上半年	27.46	7.63	33.07	9.41	42.37
	下半年	28.50	7.90	33.60	9.60	42.11
2008		26.00	7.00	31.50	9.50	40.99

来源：委内瑞拉国家统计局（INE），2009 年。

三、健康与教育

查韦斯执政十年，委内瑞拉人，特别是儿童，从政府的健康计划中广为受益。婴儿死亡率从 21.4‰下降到 14.2‰,儿童死亡率从 26.5‰下降到 17‰,新生期后婴儿死亡率从 9‰下降到 4.2‰。①

委内瑞拉的食品供给与安全大为改善。人均卡路里的摄入量在 1998 年只能达到国际推荐标准的 91%,而 2007 年达到推荐标准的 101.6%。1998 年,死于营养不良相关疾病的人口比例为 10 万分之 4.9,2006 年下降为 10 万分之 2.3。在此期间,两大食品补贴计划起到重要作用。一是始于 1999 年的学校助餐计划,为 25 万学生免费提供早餐、午餐和点心,2008 年受惠学生人数达到 400 多万。二是政府从 2003 年开设连锁粮店,向市民出售政府补贴的粮食 4.566 2 万吨,并在 2008 年上升为 125 万吨。

此外,能够获得清洁饮用水以及医疗服务的人数大为上升。1998 年,只有 80%的委内瑞拉人能够享有饮用水,62%的人享受医疗服务。2007 年,享有清洁饮用水的人数比例上升到 92%,享受医疗服务的人数达到 82%。与 1998 年相比,享用清洁饮用水的人数增加 400 多万,享受医疗服务的人数增加 500 多万。

这一成就的取得来自政府着力推进医疗改革与扩大医疗服务。在 1999—2007 年间,公立医院的内科医生人数增长 12 倍,从 1 628 人上升为 19 571 人。1998 年,全国只有 417 个急救站、74 个康复中心、1 628 个普通医疗中心。2007 年 2 月,全国拥有 721 个急救站、445 个康复中心以及 8 621 个普通医疗中心(其中包括穷人聚居区的 6 500 个诊所)。这些社区医疗中心提供诊疗服务 2.5 亿次,每个医疗中心平均 3.7 万次。2004 年以来,39.966 2 万人接受恢复视力的眼部手术。1999 年,只有 335 名艾滋病患者接受政府的抗逆转录病毒的治疗。2006 年,接受治疗的人数上升为 1.853 8 万人。②

在有关教育方面,查韦斯主张开展社会主义教育运动,从而通过教育推动人民价值观的转变。2007 年 1 月,负责教育改革的总统委员会正式

---

① 委内瑞拉社会指标体系(SISOV),2009 年。其中婴儿指 1 岁以下;新生期后婴儿指 1—11 个月之间;儿童指 5 岁以下。

② Ministerio del Poder Popular para la Salud, 2007. "Logros de la Misión Barrio Adentro I al 16 de febrero de 2007" (As of February 16, 2007).

成立,查韦斯担当总负责人,其他成员涵盖教育、文化、宣传等机构的代表以及多位政府部长。总统委员会成立之后,即开展教育改革运动,启动"道德与启蒙"计划,培训人员,使其能够在全国传播和推广 21 世纪社会主义的理念和价值观。

为降低文盲率,在委内瑞拉开展扫盲运动,在基本扫除文盲的基础上,进一步执行小学的罗宾逊 2 号计划、中学的里瓦斯计划以及大学的苏克雷计划,把之前被排斥在教育体系之外的人重新容纳进来。这些计划皆取得了显著的成就。查韦斯强调:"无论祖父母辈、儿女辈还是孙子辈。没有完成小学教育的正在完成小学教育,没有完成中学教育的正在完成中学教育,无论男男女女,也不论他/她是 50 岁、40 岁、20 岁,还是 80 岁、90 岁甚至更老,他们都在学习。"①并且建立"玻利瓦尔大众教育"机制,向公民传递新的价值观。

教育方面,学校教育和成人培训都成绩卓著。学龄青少年的入学率大为提高,基础阶段(一至九年级)的入学率从 85% 上升到 93.6%,5—14 岁的儿童和青少年接受基础教育新增人数约 50 万。接受中等教育的人数比率则从 21.2% 上升到 35.9%,14—19 岁的青少年接受高中教育新增人数近 40 万。高等教育发展最为迅速,从 1999—2000 学年至 2006—2007 学年,高校录取率增长了 86%。数据表明,2007—2008 学年的录取率比 1999—2000 学年增长了 138%。

查韦斯政府还实施了"李伯斯计划"(Ribas Mission),为成年人提供教育。这一计划在 2003 年开始实施,2005 年第一批学生毕业,50 多万成人接受教育,约占全国总人口的 3%。

此外,委内瑞拉政府曾发起罗宾逊扫盲运动(Robinson Literacy Program),教会了 150 万人读书与写字。查韦斯于 2005 年 10 月 28 日宣布委内瑞拉为无文盲国家,国家文盲比例不到人口的 0.1%。这一成就得到国际社会的广泛赞许,联合国教科文组织总干事考奇罗·麦苏拉

---

① 查韦斯:"查韦斯在世界社会论坛上的演讲",http://www.zmag.org,2005 年 4 月 2 日。

(Koichiro Matsuura)和西班牙国王甚至给委内瑞拉政府发了贺信。①

四、劳动力市场与社会保障

委内瑞拉在 2008 年的就业形势比 10 年前大为改善,与 1998 年相比增加了 290 万个就业岗位,增长了 1/3。失业率从 11.3% 下降到 7.8%。2003 年失业率一度攀升到 19.2%,但此后下降一半以上。同时,就业质量也大为提升,51.8% 的劳动力受雇于正规单位,而 1998 年受雇于正规单位的只有 45.4%。就业机会多数源于私营企业,但公、私部门提供的就业岗位都有显著增加。1998—2008 年,公共部门的就业岗位增长了 47.2%,私营部门的就业岗位增长了 30.6%。

与此同时,劳动力的就业率在当前一轮的经济增长中也明显提高,从 80.8% 上升至 92.2%。如果从 1999 年计算,就业人数有所降低,但也非常可观,从 88.7% 上升至 92.2%。无论怎样比较,各种劳动力市场指标在查韦斯任内都显著提高。

1998—2008 年就业与失业统计(占总劳动力的百分比)

年　份	1998	1999	2000	2001	2002	2003	2004	2005	2006	2007	2008
总劳动力	100	100	100	100	100	100	100	100	100	100	100
总就业率	88.7	84.7	85.7	86.3	84.5	80.8	83.4	86.7	89.4	90.8	92.2
部门											
公共	14.5	13.1	13.3	13.0	12.0	11.6	12.4	13.7	15.0	15.8	16.6
私营	74.3	71.6	72.1	73.2	72.5	69.1	71.0	73.0	74.5	75.0	75.6
方式											
正规	45.4	41.5	40.4	42.5	41.8	38.4	40.9	45.1	48.6	51.0	51.8
非正规	42.8	43.2	44.9	43.8	42.7	42.3	42.4	41.3	40.9	39.9	40.4
失业率	11.3	15.3	14.6	13.7	15.5	19.2	16.6	13.3	10.6	9.2	7.8

来源:委内瑞拉国家统计局(INE),2009 年。

---

① 委内瑞拉国家统计局(Institute of National Statistics),2009 年;委内瑞拉社会指标体系(SISOV),2009 年。

对于那些超过就业年龄、丧偶以及残疾的公民,查韦斯政府的救助比例大为提高。自 1998 年,受到政府救助的人数翻了一番,从占总人口的 1.7％上升至 4.4％。[①] 其他的社会保障统计数字表明,在查韦斯任期之初社会保障进展缓慢,甚至在 2003 年的石油罢工中出现下降,但罢工之后进展迅速。

五、政府财政与当前账户

1998—2008 年间,国际油价不断攀升,委内瑞拉政府的财政收入也随之大幅增加。值得关注的是,10 年间非石油部门的财政收入显著提高,从 1998 年占 GDP 总量的 11.7％上升到 2007 年的 14.2％。在总的财政收入与支出之中,财政收入从 1998 年占 GDP 的 17.4％上升至 2007 年的 28.7％,财政支出从占 GDP 的 21.4％上升至 25.7％,2007 年度的财政盈余占 GDP 的 3％。

此外,中央财政的统计数据中并没包括所有的政府支出。近年来,许多政府支出直接来自国有石油公司。2008 年前 3 季度,国有石油公司的公共支出就达 139 亿美元,占 2007 年 GDP 总量的 6.1％。人均社会支出在 1998—2006 年间翻了三番。10 年间,政府的公共债务从占 GDP 的 30.7％下降到 14.3％,政府的外债则从占 GDP 的 25.6％下降到 9.8％。[②]

中央政府财政统计(占 GDP 的百分比)

年　份	1998	1999	2000	2001	2002	2003	2004	2005	2006	2007
总收入	17.4	18.0	20.2	20.8	22.2	23.4	24.0	27.7	30.0	28.7
总支出	21.4	19.8	21.8	25.1	26.1	27.8	25.9	26.0	30.0	25.7
经常支出	16.7	16.4	17.5	19.3	19.1	20.8	19.6	19.1	22.2	19.5
资本支出	4.0	3.0	3.3	4.4	5.1	5.5	5.0	5.8	6.7	5.8

---

① 委内瑞拉社会指标体系(SISOV),2009 年。
② Ministerio del Poder Popular para las Finanzas(MF),2007,Republica Boliviariana de Venezuela;Bnnco Central de Venezuela,2007.

续　表

年　份	1998	1999	2000	2001	2002	2003	2004	2005	2006	2007
非预算支出	0.7	0.4	1.0	1.5	2.0	1.5	1.3	1.1	1.1	0.4
融资	4.0	1.7	1.7	4.4	4.0	4.4	1.9	−1.6	0.0	−3.0
国内融资	2.8	2.8	4.0	4.0	3.1	3.3	−0.7	−2.5	−1.3	−1.4
国外融资	1.2	−1.1	−2.3	0.3	0.9	1.1	2.6	0.9	1.3	−1.6

来源：委内瑞拉财政部（Ministerio del Poder Popular para las Finanzas），2007 年。

1998 年，查韦斯就任总统之初，委内瑞拉的通货膨胀为 29.5％，3 年之后下降到 12.3％，但由于石油产业罢工的影响，2003 年 2 月的通货膨胀猛升至 38.7％。罢工结束后，经济快速发展，2006 年 5 月通货膨胀降至 10.4％的低位。此后，除了 2007 年 2—12 月有所降低，通胀在 2008 年 9 月达到 36％的新高，随后逐渐降至 32％。

然而，如若进一步了解委内瑞拉的通货膨胀，还需要区分核心通胀（去除食品和能源）与总量通胀。2007 年 8 月—2008 年 7 月，总量通胀平均达到 33.7％，核心通胀达到 28.7％，大大高于前两年的总量通胀 17.2％与核心通胀 16.5％。但是，2008 上半年通胀急剧上升，下半年又急剧下降。季度平均总量通胀在 2008 年 1 月达到 54.3％，同年 12 月的季度平均总量只有 31.4％。季度平均核心通胀 1 月为 43.8％，目前为 24.7％。[①]

与前几年相比，如此的通货膨胀仍然太高，2008 年通胀的急剧降低并非物价的循环往复，而是源自物价的短暂波动。基于地区与世界经济的发展态势考量，只要没有突发事件与严重短缺，通货膨胀还会持续降低。委内瑞拉政府正努力降低通胀，但通胀本身似乎不会对委内瑞拉国家经济增长构成威胁。

委内瑞拉出现严重通货膨胀的主要原因之一是实行固定汇率制，并且对本国货币定价过高。如果不是高估或低估，合理的比率应该为约

---

① 委内瑞拉中央银行（Banco Central de Venezuela），2009 年。

4 200∶1。①

　　高估的汇率与目前的高通胀将会对委内瑞拉的中长期发展带来危害。即使通胀维持目前水平或开始下降，只要名义汇率保持不变，委内瑞拉的货币实质上还是被高估了。这将会对除石油产业外的国内其他产业带来巨大压力，发展不可持续。2008年，制造业的增长大为降低，高估的汇率极有可能是限制制造业及相关产业发展的主要因素。20世纪90年代，阿根廷、墨西哥、巴西和俄罗斯高估汇率都会让货币突然被迫贬值。然而，委内瑞拉高估汇率不会立即对本国货币产生威胁，政府仍然拥有多种方式使本国货币具有竞争力，不会被迫或突然让本国货币大幅贬值。

　　六、经济社会的现状与前瞻

　　2008年，委内瑞拉的经济增速放缓，增长率只有4.9%，而2007年的增长率为8.4%。这种放缓部分源于政府在2007年为控制通胀而采取的措施。2007年2—9月，通胀率与前一年同期相比大为降低，从20.4%下降至15.3%。经济放缓的另一因素是公共部门的资本构成下降。2007年公共投资总额显著下降，2008年的公共与私人投资总额又下降了1.5%。这对经济的持续健康发展极为不利，但政府有能力通过增加公共投资等刺激方案来解决这一问题。

固定资本投资总额变化（百分比）

年份	1999	2000	2001	2002	2003	2004	2005	2005	2007	2008
公共	−29.0	3.8	3.6	25.1	−32.1	37.6	25.5	19.9	4.4	/
私人	−6.4	2.0	19.1	−38.1	−41.5	62.7	49.6	31.7	39.9	/
总额	−15.5	2.6	13.8	−18.3	−37.0	49.7	38.1	26.6	25.4	−1.5

来源：委内瑞拉中央银行，2008年。

---

① 此数据依据为2003年2月以来的累积消费价格通胀率，委内瑞拉为201.4%，美国为14.8%。

与其他发展中国家类似,委内瑞拉 2009 年面临一系列挑战。世界经济增长急剧下降,国际货币基金组织(IMF)预测 2009 年的经济增长率只有 0.4%,为第二次世界大战以来的新低。国际劳工组织(International Labor Organization)预测全球将有 3 000—5 000 万的新增失业人数。

由于金融危机及经济衰退的沉重打击,美国和其他国家的外资不会在委内瑞拉进行大规模投资。然而,对委内瑞拉最为重要且可能是唯一直接影响的是国际油价,石油出口占目前出口总量的 93%。关键的问题是,在委内瑞拉实施不可持续的当前财政赤字政策前,油价还要在低价徘徊多久?美国、欧洲与日本可以实施扩张性的货币与财政政策来应对当前的经济衰退,而发展中国家不可能这样做,原因在于这些国家的货币并非硬通货,无法根据 GDP 的规模长期奉行赤字政策。

2008 年,委内瑞拉当前账户盈余预计占 GDP 的 13.9%。然而,如果油价徘徊在每桶 45 美元,巨额盈余将化为乌有,因为委内瑞拉的石油成本是每桶 38 美元。委内瑞拉拥有 820 亿美元的外汇储备,占 GDP 的 25%。如果油价维持目前水平,当前财政赤字则维持在 GDP 的 2%—3%,2010 年底前平衡支付都不会产生任何问题。此外,委内瑞拉的外债只占 GDP 的约 9.8%,今后 4 年中每年的还款额约 15 亿美元。[①] 因此,假如需要,委内瑞拉还可以扩大国际贷款。

2009 年和 2010 年,委内瑞拉经济发展的主要问题是:财政刺激计划的规模、速度与效率。中央政府最近宣布了一项 120 亿美元的公共投资计划,占 GDP 的 3.6%。在世界经济严重萧条的压力之下,委内瑞拉的经济将会持续下降,政府对此不必过分担忧。真正需要关注的问题是如何弥补个人需求的下降,以避免经济的进一步衰退。

面对未来,委内瑞拉的主要挑战是如何有效实施刺激经济的一揽子计划,保持经济稳定发展。假如能像 10 年前亚洲金融危机之时的中国政府一样,大规模投资基础设施和公共项目,委内瑞拉的生产力几年之后则可能会大为提高。

---

① 委内瑞拉中央银行(Banco Central de Venezuela),2009 年。

第三节　空洞的"21世纪社会主义"：
异见者的观点

1998年12月6日,乌戈·查韦斯作为"第五共和国运动"和其他左翼政党组成的竞选联盟"爱国中心"推举的候选人,以56.5%的得票率当选委内瑞拉总统。上台后,他旋即提出进行"玻利瓦尔革命",开始酝酿他的21世纪社会主义的理论与政策。随后厄瓜多尔、玻利维亚也逐步探索本土特色的"21世纪社会主义"。这三个国家作为践行"21世纪社会主义"的主战场,都通过议会道路、民主参与、重组执政党等方式为进一步持续践行"21世纪社会主义"赢得了较长时间的执政期,极大增加了改革的可能性与持续性以及政策的合法性与延续性。与此同时,三国基于公平、正义与参与的理念,在教育、扶贫等领域取得了显著成就,改善了人民的福祉。再者,三国也通过加强该区域团结与一体化为"21世纪社会主义"的地区联合创造条件。然而,尽管委内瑞拉左翼政府高调宣扬21世纪社会主义,但这些口号缺乏扎实的理论基础和详尽的内容诠释。此外,近三分之一文盲或半文盲的国民根本不理解国家领导人如此的政治主张。查韦斯及其政府在委内瑞拉能够成功推行21世纪社会主义吗?

一、超越现实的政策主张

2007年1月10日,查韦斯在第三次就任总统时庄严宣誓:"祖国,我宣誓,要么社会主义,要么死亡!"他明确表示将努力把自己倡导的"玻利瓦尔革命"推向21世纪社会主义的新高度,正式宣布在委内瑞拉开始建设21世纪社会主义。

为使21世纪社会主义具有理论基础,2007年4月,查韦斯总统下令,政府部门的工作人员,在军队、学校、国有企业和私人企业中的雇员,都要学习马列主义理论,且每周的学习时间不得少于4小时。

为确保21世纪社会主义拥有强有力的政治基础,查韦斯提出建立委内瑞拉统一社会主义党。这个政党将团结一切可以团结的力量，与国内外的敌对势力作斗争，发挥 21 世纪社会主义领导者的作用。2007 年 4 月 29 日，委内瑞拉统一社会主义党开始在全国范围内进行党员登记，党员人数约 300 万。

　　为了动员民众参与 21 世纪社会主义的建设，查韦斯政府加大建立合作社的力度。查韦斯认为，合作社是一种有利于提高生产力的生产组织，也是动员劳动者参与国家政治民主生活的有效方式，并将合作社视为迈入更先进的经济社会模式的桥梁。1999 年宪法要求政府应该保护并促进合作社的发展，在 2001 年颁布的《合作社法》中亦规定政府主要通过提供信贷、优先购买合作社产品以及提供培训项目等方式积极支持在各个部门建立合作组织。查韦斯希望能够通过建立合作社达到"玻利瓦尔"革命的一系列目标，如通过建立合作社增加就业机会，创造工作岗位，从而有助于推动经济的可持续发展。在政府的扶持下，至 2006 年底，全国约有 18 万个合作社，其中 80％的合作社分布于服务业，其余的合作社分布于生产领域。150 多万委内瑞拉人加入合作社，占成年人总数的 10％。到 2007 年，合作社发展到 21.5 万个，创造的产值占全国 GDP 的 14％，合作社的职工占全国进行经济活动总人数的 18％。[1]

　　查韦斯经常阅读马列经典著作和有关社会主义的论著，但他远不是一位真正的马克思主义者。2004 年 8 月 18 日，他在接受美国 CNN 采访时说："我不是一个共产主义者。如果我是的话，我会毫不犹豫地说我是一个共产主义者。如果委内瑞拉有一个马克思主义计划的话，那么我从踏入政坛后的第一天就会这样说。我认为自己亲近社会主义者和进步思想，但我并不是一个马克思主义者。"[2]不仅如此，查维斯还是一位堂吉诃德式的理想主义者。他曾表示，"从某种角度而言，我是堂吉诃德的信徒"，号召民众学习堂吉诃德身上那种要铲除世界上不公正的斗士精神，并在国内发行 100 万册这一塞万提斯的名著。

---

[1]　徐世澄：《对查韦斯"21 世纪社会主义"的初步看法》，《国外理论动态》，2007 年第 10 期。

[2]　Mary Pili Hernandez, "Just what is 21st-Century Socialism?", http://www.venezuelanalysis.com/articles.php?.

尽管查韦斯高调宣扬 21 世纪社会主义,但这些口号缺乏扎实的理论基础,他的"思想库"也未能给出详尽而具体的诠释。查韦斯的拥护者绝大多数文化程度较低,他们对 21 世纪社会主义的含义不理解,甚至不支持。在 2006 年的大选中,查韦斯的得票率虽然达到了 62.8%,但是其他社会阶层对查韦斯的内政外交颇有微词,甚至强烈反对。委内瑞拉国内,一些人把查韦斯视为民族英雄,而另一些人则把他视为魔鬼。在一个社会分化十分严重的国家,在一个 1/3 国民不理解国家领导人政治主张的国家,查韦斯能成功推行 21 世纪社会主义吗?

二、难以兑现的政治诺言

查韦斯的成功并非源自他的社会改革或对财富的有效再分配,而是由于其幸运以及对国内政治制度的操控。2008 年前石油价格不断上涨,查韦斯政府却在发展经济方面措施不力,通货膨胀导致生活必需品短缺,长期无法提供基本公共服务,无法兑现自己的竞选诺言。目前,民众已开始审视查韦斯的经济政策,对目睹的一切感到不满。2007年 12 月 2 日,查韦斯 9 年来第一次在投票中败北。50.7%的选民反对他提出的旨在扩大行政权力、取消总统任期限制以及建设 21 世纪社会主义的宪政改革。

(一) 穷人并未从左翼政府中受益

尽管对查韦斯政权专制还是民主一直存在争议,几乎所有人认为查韦斯能把委内瑞拉穷人的利益放在首位。然而,无论官方的统计数据,还是独立的评估都无法证明查韦斯已重新调整国家发展战略,让穷人从中获益。事实上,多数人的健康和人类发展指标都没有显示出巨大的改善,有些指标甚至有所下降。官方的评估表明,收入差距还在继续扩大,"穷人获益"的查韦斯假说与事实不相吻合。为消除国内贫困,查韦斯主导成立了社会稳定基金会(The Consolidated Social Fund)以协调资源的分配。基金会的特别条款规定,石油收入增长部分应不断投入稳定基金之中。然而,石油收入不断增长,委内瑞拉财政部 2001 年给予社会稳定基金会的预算却只有 2.95 亿美元,比上一年度减少 15%,不到政府规定 11

亿美元的 1/3。①

　　查韦斯 1999 年上台伊始就提出左翼的经济与社会政策,抛弃先前政府奉行的华盛顿共识与新自由主义改革。改革措施初显温和,但在 2002—2003 年的国内未遂政变与历时 2 月的全国罢工之后,他的改革步伐显著加快,委内瑞拉的经济与社会经历了一次巨大的转型。

　　诸多改革的效果如何呢? 2006 年委内瑞拉总统大选前夕,西方名流杰西·杰克逊(Jesse Jackson)、康奈尔·维斯特(Cornel West)、多罗雷斯·胡尔塔(Dorores Huerta)以及汤姆·海登(Tom Hayden)在给美国总统布什的一封信中写道:"自 1999 年以来,委内瑞拉公民多次投票支持一个让百万穷人参与分享国家财富的政府。"诺贝尔经济学奖得主约瑟夫·斯迪格雷兹(Joseph Stiglitz)也认为,"查韦斯似乎已成功把教育与医疗服务带进了加拉加斯的各个行政区域,而在此之前,穷人几乎无法从这一国家的巨额石油财富中受益"。② 人们总会以为,如此广泛的共识一定会有大量的证据支撑。然而,把经济增长带来的财富让穷人获益这一方面,几乎没有任何数据表明查韦斯政府与以前的委内瑞拉政府有何不同,或者与其他拉美发展中国家有何不同。以下数据经常被引用:委内瑞拉贫困人口从 2003 年的 54％下降为 2007 年的 27.5％。如此的速度极为惊人,但是在此期间主要是由于油价翻三番,委内瑞拉人均 GDP 增长约 50％所导致的结果。直至 2012 年,委内瑞拉的贫困率仍然高于拉美的平均水平。

　　其实,真正的问题并不在于贫困人口数量的表面下降,而是在于查韦斯政府是否有效地把经济增长转化为贫困人口的绝对减少。经济学家经常运用人均收入每增长 1％来计算能减少多少贫困人口。据此计算,委内瑞拉的贫困人口只下降了约 2％,而不是 2007 年的 27.5％! 同时,贫困人口的减少通常与收入差距的显著降低密切相关。然而,委内瑞拉中央银行的数据显示,查韦斯执政期间的基尼系数从 2000 年的 0.44 上升

---

①　Francisco Rodriguez,"An Empty Revolution",*Foreign Affairs*,March/April,2008,p.51.
②　Francisco Rodriguez,"An Empty Revolution",*Foreign Affairs*,March/April,2008,p.52.

为 2005 年的 0.48。[①]

　　穷人生活的改善不仅表现在收入增加,也应体现在政府向穷人直接提供的医疗、教育与其他社会服务之中。查韦斯的支持者声称这是政府取得的最主要成就。然而,官方的统计却表明,普通委内瑞拉人的生活状况并无显著改善,而在很多方面有所恶化。1999—2006 年,没有达到正常体重标准的婴儿从 8.4% 上升至 9.1%;没有自来水的家庭从 7.2% 上升至 9.4%;简陋的泥土地面房屋数量几乎增长了 3 倍,占比从 2.5% 上升至 6.8%。[②]查韦斯执政的前 8 年,政府用于医疗、教育和住房的预算平均为 25.12%,与他前任政府先前 8 年的 25.08% 的预算基本相同,甚至低于 1992 年卡洛斯·佩雷斯(Carlos Perez)的"新自由主义"政府。查韦斯经常宣称,与古巴合作的巴里奥·埃登特洛医疗项目(Barrio Adentro Health Program)有效降低了婴儿死亡率。其实,委内瑞拉的婴儿与新生婴儿死亡率与查韦斯执政前并没有明显降低。1999 年以来,婴儿死亡率年均下降 3.4%,与 1990—1998 年的年均下降 3.3% 相比,并无实质进展。[③]

　　委内瑞拉政府曾发起罗宾逊扫盲运动(Robinson Literacy Program),声言教会了 150 万人读书与写字。查韦斯于 2005 年 10 月 28 日宣布委内瑞拉为无文盲国家,国家文盲比例不到人口的 0.1%。他的这一成就得到国际社会的广泛赞许,原联合国教科文组织总干事考奇罗·麦苏拉(Koichiro Matsuura)和西班牙国王甚至给委内瑞拉政府发了贺信。然而,调查结果恰好相反,2005 年底委内瑞拉的文盲人数仍然超过 100 万,与 2003 年上半年扫盲运动开始前的 110 万相比,并没有明显下降。即使文盲人数略微降低,也是人口发展的自然因素,根本不是扫盲运动所为。政府宣称曾经雇用了 21.041 万教员投入这一扫盲运动,约占全国劳动力的 2%,但没有任何政府资料显示这些人曾被政府雇用,政府预

---

① European Union, *Country Profile: Venezuela*, 2007, p.167.
② European Union, *Country Profile: Venezuela*, 2007, p.168.
③ European Union, *Country Profile: Venezuela*, 2007, p.172.

算中也没有提供给这些教员报酬的专门拨款。[1]

（二）欠妥与无效的经济政策

国际社会广泛认同查韦斯的经济政策，但是委内瑞拉国内民调显示，多数民众已经意识到查韦斯政府的社会与经济政策既欠妥当又毫无效果。民众欢迎政府对食品进行补贴，但这并不表明他们认为政府已经解决了国内的贫困问题。2008年9月，委内瑞拉民调机构（AKA，Alfredo Kellery Asociados）的调查表明，只有22%的民众认为查韦斯执政时期贫困问题得以改善，而50%的民众认为贫困问题更加恶化，27%的民众认为依然如故。[2]

2006年之前，由于油价飞涨，委内瑞拉的经济连续3年保持2位数增长。但是，2007年底和2008年，查韦斯的经济模式开始走下坡路。自2004年以来，民众第一次表示他们的个人状况与国家状况开始恶化。食品短缺，官方与黑市的外汇交易比价达到215%。2007年11月，中央银行收到的物价报告显示当月的通胀达到4.4%，等于年通胀为67.7%。

经济危机不断加剧是查韦斯经济政策的必然结果。5年以来，委内瑞拉政府一直实行扩张性的财政与经济政策，实际开支增长127%，实际流通增长218%。[3] 这种增长速度远超过石油收入的增长，查韦斯政府追求的是油价不断上涨背景下的预算赤字政策。在2002—2003年的政治与经济危机之后的萧条时期施行扩张性政策非常合适，但是萧条之后如此的政策只会产生通货膨胀。其实，政府可以通过控制支出与增加货币供应来解决扩张过度的问题，但是查韦斯对此不屑一顾，多次把减少开支的呼吁与新自由主义的教条相提并论，试图通过增加外汇供应和政府补贴以解决通胀。结果，国家经济被严重扭曲，政府对进口商品与富人出国旅游的补贴高达2/3，穷人却连基本的生活必需品都无法得到。自2002

---

[1] Francisco Rodriguez，"An Empty Revolution"，*Foreign Affairs*，March/April，2008，p.56.

[2] Mary Pili Hernandez，"Just what is 21st-Century Socialism?"，http://www.venezuelanalysis.com/articles.php?.

[3] Francisco Rodriguez，"An Empty Revolution"，*Foreign Affairs*，March/April，2008，p.57.

年以来,进口量激增近 3 倍,奢侈品进口增长速度更是惊人,国家外汇盈余几近耗尽。

　　查韦斯如此的经济模式在 20 世纪七八十年代的拉美地区曾有过灾难性经历。经济学家称这种模式为"经济民粹主义"(economic populism),①其必然结果是:生产瓶颈的显现、财政与支付平衡问题加剧、通胀加速与实际收入的骤降。查韦斯的经济政策属于典型的"经济民粹主义"。政策实施初始阶段的成功使得政府坚信其政策的正确性,对于多数经济学家的建议更加排斥,制定理性的国家经济政策愈加困难,领导人也愈加相信自己不受传统经济的束缚。只有当经济失控之时,政府才可能采取正确的政策,但为时已晚!

　　2002 年初,查韦斯在政府内温和派的建议之下,试图通过增加财政收入与减少政府开支来避免经济危机的加剧。然而,由于国内的经济危机逐渐演变为政治危机,查韦斯在左翼支持下采取强硬措施,解雇了 1.7 万名石油工人,孤立政府内部的温和派,并巧妙利用反对派呼吁全国罢工与试图推翻政府之类的失误,转移人们对经济衰退关注的视线。2002 年 4 月 9 日石油工人第一次罢工之前,第一季度的 GDP 下降了 4.4%,货币贬值超过 40%。② 当年 1 月,委内瑞拉中央银行为稳定币值就已损失了 70 多亿美元。实际上,早在政治危机前经济危机已经发生,而这一事实在随后的激烈政治斗争中已被人们淡忘。

---

① 20 世纪六七十年代,阿根廷、智利和巴西等拉美国家在庇隆、阿连德和瓦加斯等人的领导下,推行旨在实现经济现代化的社会改革。在政治上他们求助于城市的中下层工人和农村的贫苦农民,进行全社会的政治动员,广泛发动群众。为了取得普通大众的最大支持,政治领袖们向下层阶级许下种种难以兑现的诺言。这些民粹主义的政治努力,使得政治领袖们在短期内获得了广泛的群众支持,从而为政治稳定和经济起飞创造了有利条件。但这些努力的政治结果,或者说其经济发展的政治代价,则是长期的军人政权和个人独裁,具有超凡魅力的政治领袖牢牢控制平民大众,拥有绝对的权力。当民粹主义领袖将其政治主张扩展到经济领域时,政治民粹主义便转为"经济民粹主义"。"经济民粹主义"意味着一整套经济政策,旨在调动有组织的劳工、中下阶级的政治支持。它涉及从政治上孤立农村贵族、外国企业和国内的大工业资本家。典型的政策是通过预算赤字来刺激国内需求,通过价格控制增加名义工资以影响收入的再分配,调节汇率以降低通货膨胀,以及提高非贸易领域的工资和利润。鲁迪格尔·杜布仕(Rudiger Dorbusch)和塞巴斯蒂安·爱德华茨(Sebastian Edwards)把"经济民粹主义"界定为"强调增长和收入的再分配,而忽视通货膨胀和财政赤字的危险,忽视外部制约因素和经济机构对非市场性政策的反作用"。

② Francisco Rodriguez, "An Empty Revolution", *Foreign Affairs*, March/April, 2008, p.60.

2004 年下半年,查韦斯政府加强控制石油产业,委内瑞拉的石油产能明显下降。据欧佩克统计,委内瑞拉的石油配额为每天 330 万桶,但实际产量只能达到配额的 3/4,白白浪费了油价不断攀升的绝好时机。尽管当时油价不断上涨,委国内的石油产业却受到生产成本的上升与技术能力不足的限制。此外,石油公司还必须努力寻求政治庇护,为古巴的炼油厂建设提供资金,向尼加拉瓜政府提供廉价石油。查韦斯的这些政策使得依靠石油收入支撑政府扩张性开支的能力极为有限。

2008 年 10 月 18 日,查韦斯在委内瑞拉中部阿拉瓜州和卡拉沃沃州交界处视察一个铁路项目时说,委内瑞拉有 400 亿美元的外汇储备,油价下跌对委内瑞拉的冲击并不是致命的。委内瑞拉有充分的社会、金融和技术资源,可以保障经济持续发展。面临金融危机,委内瑞拉的经济发展不会停滞。[1] 但是,此后不久,查韦斯不得不承认,作为全球金融危机的一个必然结果,油价将可能继续下跌,它将肯定影响到委内瑞拉的经济。

委内瑞拉在经济政策上虽然一直坚持国有化,但是可能仅仅在对石油的控制上彰显了国有化的措施,在其他领域,如金融、交通、服务等行业私有资本仍然占主导地位,控制着委内瑞拉近 70% 的国民经济产值。因此,这些既得利益集团仍然会为"私利"而极力维护自身的经济特权,从而对查韦斯建立社会主义经济模式造成重重阻碍。加之查韦斯所采取的经济调整措施成效不大,委内瑞拉的产业结构单一、缺少内生性发展动力等痼疾仍然存在,即使采取了国有化的措施,但是最终带来的是生产力的降低,委内瑞拉国内的食品、电力等供应紧张,出现高物价、高通胀等问题亟待解决,百姓的生活仍未改善,导致社会不满情绪有所增加。

委内瑞拉的"石油狂欢"已经结束,油价大幅度降低将不仅影响到委内瑞拉经济的发展,而且会影响到查韦斯提出的"玻利瓦尔革命"和 21 世纪社会主义进程,他的政府将不可能拿出大量资金来推行他的多项社会发展计划,也不可能兑现他向拉美加勒比国家和其他发展中国家提供 330 亿美元援助的承诺。

---

[1]　http://www.china.com.cn/international/txt/2008-10/20/content_16634924.htm.

(三) 艰辛求索还是溢美之词?

委内瑞拉的民众逐渐开始正确评价查韦斯,开始思考查韦斯在哪些方面没有兑现竞选时的承诺,而民众的这种意识最终可能导致查韦斯政府的垮台。查韦斯上台之初承诺委内瑞拉将会实现政治与社会的稳定,但他执政后国内暴力日渐加剧。这不仅体现在犯罪率急剧攀升,而且体现在暴力已蔓延至国内的政治斗争。查韦斯的政治光环逐渐褪去,民众的支持率下降,反对派更加大胆地采取行动来推翻查韦斯政府。查韦斯明白失去权力后要付出的高昂代价,他的政府因而日渐独裁。假如政府与反对派不能达成框架协议,双方极有可能会发生暴力冲突。目前,委内瑞拉面临的重要问题是: 如何阻止国内的经济危机演变为政治暴力。

回首查韦斯的执政往事,人们会发现这样一个无法回避的问题: 尽管缺乏有效政绩与事实数据,查韦斯政府是如何使人们相信他们成功开展了扶贫工作?主动游说外国政府与有目的开展公关活动或许起到关键作用;对拉美和加勒比现金匮乏国家的慷慨贷款,廉价出售石油以支持发展中和发达国家的政治盟友,秘密使用政治献金换取邻国政客的支持,也起到不可忽视的作用。然而,查韦斯成功的最主要原因在于发达国家的知识分子与政客愿意相信,富有的特权阶层残酷剥削贫苦大众导致拉美地区的发展困境,而查韦斯发动社会革命,反对社会不公,恰好符合这一地区传统的英雄形象,也使人们更加坚信拉美的落后为统治阶级的掠夺剥削所造成。

今天,除古巴以外,拉美地区的每个国家都已建立了民众广泛参与的选举制度。拉美国家的政府都在积极地寻求经济增长与财富再分配的平衡,忽视这一事实,必将妨碍学界进行客观的分析,也有碍拉美地区领导人制定与完善可持续的公平发展战略。

假如要学习别国经验,人们也应牢记:发展模式多种多样,一个国家的有效经验也许在另一国家并不适用。解决拉美发展的困境,建设真正的 21 世纪社会主义,尚需现实主义政治家进行不断的艰辛求索,而不是理想主义政客的溢美之词。

第四节　"21 世纪社会主义"
在危机后的调整

拉美左翼力量在金融危机后积极开展各种反对资本主义的斗争。2010 年国民大会选举之后,委内瑞拉左翼政府和统一社会主义党进一步确立党的指导思想,调整政策与策略,为继续和长期执政奠定更加坚实的政治、经济与社会基础。然而,金融危机后世界经济增长缺乏动力,国内外反对势力的威胁更加强劲,左翼内部和执政联盟的团结也面临考验,21 世纪社会主义因而存在巨大的不确定性。

一、左翼政党的整合与指导纲领的确立

在委内瑞拉的政治发展进程中,政党的作用至关重要。然而,委内瑞拉的政党派系林立,为政治利益与个人得失常常更名和重建,内斗纷争持续不断。自 20 世纪 50 年代末,三大政治党派民主共和联盟、民主行动党和政治独立组织始终掌控委内瑞拉的政局走向。1998 年,查韦斯领导的左翼联盟开始执政,终结了委内瑞拉近 40 年的这一政治传统,也为政党与政治变革提供了机遇。

(一)委内瑞拉统一社会主义党的正式成立

2006 年 12 月,为了凝聚国内左翼政党的力量,查韦斯总统提出对众多左翼组织进行整合,成立一个统一的左翼政党"委内瑞拉统一社会主义党"(PSUV)。查韦斯说:"我们需要一个为人民、为革命和为社会主义服务的政治工具。""第五共和国运动已经完成了它的历史阶段,它将在2007 年载入史册。我们现在正在建立一个新的政党,这是革命的需要。我建议委内瑞拉所有的左派组织都合并到新的、统一的党里来";"我邀请所有我的追随者、所有的革命者、社会主义者、爱国者,我邀请工人、劳动者、自由职业者、民族企业家、印第安人、青年人、妇女,一起来建设一个统一的政党";"我考虑新的政党的名称应为委内瑞拉统一社会主义党,我喜欢这个名称。"他还强调说,统一社会主义党应该是委内瑞拉历史上最民主的党,党的领导人将由基层选举产生,党内不允许腐败分子、不负责任的人存在;新的党"不是为了选举目标而创立的,虽然它会一如既往地进行竞选的战斗",但党成立后的首要任务是开展思想斗争,要用社会主义思想教育党员,开辟一条通向社会主义的委内瑞拉道路。①

　　把所有左翼团体的权力集中于一个党派,这一动议与整合在委内瑞拉的政坛前所未有。针对查韦斯的这一提议,左翼联盟中产生了分歧,支持与反对的声音并存。一些左翼政党拒绝加入统一社会主义党,而另一些左翼组织则希望统一社会主义党尽快成立。经过查韦斯与其他左翼领导人的共同努力,委内瑞拉统一社会主义党最终成立。2008 年 1 月,统一社会主义党在加拉加斯正式举行成立大会,并选举查韦斯为党主席。2008 年 3 月 14 日,统一社会主义党宣布正式成立。统一社会主义党的成立能够有效促进公民自治和政治参与,摆脱派别纷争和狭隘的政党观念,为迈向 21 世纪社会主义以及深入推进玻利瓦尔革命奠定了坚实的政党基础。统一社会主义党由前第五共和国运动和十几个较小的左派党和组织组成,其中包括人民选举运动、委内瑞拉人民团结、社会主义同盟等。当时,之前曾经在查韦斯支持阵营内的大家的祖国党、委内瑞拉争取社会民主党和委内瑞拉共产党拒绝合并到统一社会主义政党中。

　　统一社会主义党在 2009 年 11 月 19 日—2010 年 4 月 24 日召开了第一次特别代表大会,这次会议通过了《党章》《原则宣言》和《基本纲领》等文件,并确定了党的指导思想和奋斗目标。统一社会主义党《党章》确定:党的宗旨是通过建立和加强人民政权,进行玻利瓦尔社会主义建设,同帝国主义和资本主义进行斗争,建设玻利瓦尔式的参与民主和主人翁民主;同全世界被压迫人民和进步人民运动结成团结联盟,最终消灭资本主义;加强南南合作,加强与美洲、非洲及亚洲人民的团结。党的性质是社会主义政党。党把西蒙·玻利瓦尔、西蒙·罗德里格斯、埃塞基埃尔·萨莫拉的思想作为指导思想,并将科学社会主义、基督教主义、解放神学和人道

---

① Hugo Chávez, El discurso de la unidad, 15 de diciembre de 2006, Ediciones Socialismo del Siglo XXI, No.1, enero de 2007, pp.12 – 13, pp.21 – 22, p.30, pp.33 – 36.

主义等作为党的指导原则。

党的《原则宣言》指出,建设玻利瓦尔社会主义是唯一的出路。党的原则是:推翻资本主义和反对帝国主义;反对腐败;信奉社会主义、马克思主义和玻利瓦尔主义;为劳动阶级和人民的利益服务;倡导人道主义、国际主义、爱国主义、团结及革命的道德;维护国家领土完整;主张公平公正;维护残疾人权利;坚持参与式民主和主人翁民主;保卫和推进人民政权;推进内在式发展;坚持党内民主、开展批评与自我批评、集体领导和民主集中制;遵守纪律,保持党在革命进程中的先锋队作用。

党的《基本纲领》指出,党的主要动力和主体是工人、农民、中小企业主、城乡农业生产者、青年、学生、妇女、土著和非洲裔居民、中产阶级和进步知识分子等,党目前的中心任务是从玻利瓦尔革命过渡到社会主义革命。党的主要任务之一是赢得选举,稳固执政地位。

委内瑞拉统一社会主义党是拉美第二大执政党,仅次于墨西哥革命制度党,是南美洲第一大党(巴西执政党劳工党只有 80 万党员)。据 2014 年 6 月统计,该党现有党员 760 万,约占全国选民的 1/2,占全国人口(3 018 万)的 1/4。目前,该党在国民大会 165 名议席中占 96 席,是国会第一大党,党的第一副主席迪奥斯达多·卡韦略任国民大会主席。该党控制着政府主要部门和国有企业,如最高法院、全国选举委员会、军队和国有石油公司等。[①]

(二)党纲的修订与最终确立

统一社会主义党成立之后,党的组织委员会广泛征求意见,并与党代表和选民多次进行沟通和说明,在 2008 年提交了一份党纲草案,详细阐述统一社会主义党的目标以及为实现 21 世纪社会主义而应采取的政治、经济与外交措施。草案中提出:拥护查韦斯领导的"玻利瓦尔革命"和委内瑞拉人民建设"21 世纪社会主义"的意愿;建设并扩大人民的权力,提高公民参与度,实现权力的社会化;实行计划经济;支持国际主义;保护自然环境,不超负荷生产,进行有计划的生产;保护国家主权;打造建设源自

---

① 徐世澄:《委内瑞拉统一社会主义党的发展及面临的主要挑战》,《当代世界与社会主义》,2015 年第 1 期。

于民的国家。2008 年 10 月,组织委员会的这份草案正式提交给 1 676 名党代会代表并表决通过。统一社会主义党的党纲主要包括以下内容:

1. 不断扩大公民自治和政治参与

委内瑞拉统一社会主义党应致力于建立以公民权利为基础、民众广泛参与的民主国家。公民拥有参与各级政府决策和管理的权利,不同组织机构中的直接决策权掌握在民众手中。统一社会主义党应努力推进各级政府的真正自治,把决策权尽快转移至市政府、社区委员会和各种互助组织,鼓励公民直接参与政府和自治组织的管理与决策。只有如此,21世纪社会主义的政治、经济和社会目标才能最终实现。

2. 强化国家在经济改革中的作用和地位

统一社会主义党激烈抨击资本主义的发展模式与人类的生存状况相抵触,非理性的资本主义政治、社会和经济体制忽视人类的真正需求,无休止地追求资本的利润最大化。因此,统一社会主义党经济与社会改革的主要目标就是转变新自由主义主导国家经济命脉的现状,促使市场为导向的资本主义发展模式向国家调控的社会主义模式转型,最终在委内瑞拉实现以各种公民自治组织为基础的 21 世纪社会主义。

在实现这一目标的过程中,统一社会主义党应主导建立财产集体所有的混合型经济模式,将部分私有财产收归国家或集体合作组织,通过购买或置换等方式将私有土地转化为国家和集体所有,应当把合作与公共利益作为主导国家社会主义经济发展的价值理念,社会生产和经济活动也主要用于满足公众的物质需求。同时,国家应当在保护生态和环境的前提下合理规划各种生产与经济活动,反对以滥用自然资源为代价的经济社会发展理念。

3. 捍卫社会主义革命与国家主权

委内瑞拉统一社会主义党的最主要任务就是广泛宣传玻利瓦尔革命,竭力捍卫委内瑞拉的社会主义革命与国家主权,保证玻利瓦尔革命和21 世纪社会主义能够顺利进行,最终完全实现这一革命目标。统一社会主义党是实现玻利瓦尔革命目标的工具,随时警惕和消除帝国主义国家的外来威胁与干涉。为此,统一社会主义党有必要在各级自治组织中建立民兵武装,并在公社管理委员会中设立民兵与防卫部门,具体负责处理民兵武装与委内瑞拉军队之间的关系。

4. 弘扬国际主义与建立反帝同盟

统一社会主义党在推进21世纪社会主义建设的过程中也将致力于拉美和加勒比地区人民的正义与解放事业。在此基础之上,统一社会主义党将寻求新型的国际主义联盟,增进与别国的政治、经济和人文交流,摆脱新自由主义主导的帝国主义世界体系。统一社会主义党在团结协作的基础之上努力寻求建立反对帝国主义的左翼团结联盟,以对抗帝国主义和霸权主义的干涉行径。[①]

除以上重要内容之外,委内瑞拉统一社会主义党的党纲还指出,消除贫困和社会差距,积极推进直接民主和参与式民主,探索建设符合拉美和本国国情的21世纪社会主义是委内瑞拉的唯一理性选择。

二、国民大会选举与政治力量的演绎[②]

2010年委内瑞拉国民大会(National Assembly)选举中,查韦斯总统领导的委内瑞拉统一社会主义党(PSUV)失去了关键的2/3议会席位。反对党联盟欲利用选举结果推进国内的"多元"民主进程,一些外国政府和媒体也对委内瑞拉政治生态的力量对比与变化进行了不利于左翼政府的各种解读。这一选举结果对致力于推进玻利瓦尔革命和"21世纪社会主义"的左翼政权提出了严峻挑战,委内瑞拉的社会主义道路充满坎坷。

(一)国民大会选举结果与政党力量变化

2005年,委内瑞拉反对党联合抵制当年的国民大会选举,查韦斯领导的第五共和国运动(Fifth Republic Movement)获得了167个席位中的116席,超过2/3绝对多数,其余席位也由支持查韦斯的党派获得。[③] 此次国民大会选举于2010年9月26日举行,共选举产生165名国民大会

---

① Peter Bohmer,"Venezuela:The Revolution Continues",http://venezuelanalysis.com/analysis/7035.

② 此部分参见官进胜:《委内瑞拉国民大会选举与左翼政权的未来》,《当代世界与社会主义》,2011年第3期。

③ http://en.wikipedia.org/wiki/Venezuelan_parliamentary_election,_2005.

代表。其中,110 名代表由全国 87 个选区直接选举;52 名代表由党派产生,每一省份根据其人口可以拥有两到三名党派代表;其余 3 名代表由原住民选举产生。

在 2010 年的国民大会选举中,总计 6 465 人登记参选国民大会代表,约 1 750 万合格选民参与投票。委内瑞拉统一社会主义党拥有约 700 万党员,属国内第一大党派。2009 年 6 月,委内瑞拉的反对党宣布成立反对党联盟——民主团结联盟(Coalition for Democratic Unity,MUD),此后约 50 个政党加入这一联盟,其中 16 个属于国家政党,其余属地方党派,主要包括民主行动党(Democratic Action)、社会主义运动(Movement for Socialism)和激进事业(Radical Cause)等左翼组织。

由于国内主要党派都没有抵制此次选举,2010 年国民大会选举的投票率达到 66.45%,而 2005 年投票率仅为 25%。委内瑞拉统一社会主义党获得 96 席,民主团结联盟获得 64 席,全民祖国党(Fatherland for All,PPT)获得两席,查韦斯领导的统一社会主义党失去了 2/3 多数席位。这就意味着没有反对党的支持,查韦斯将不再可能修改宪法。同时,统一社会主义党也未达到 3/5 多数,通过具有约束力的法案至少需要 3 名非统一社会主义党的代表支持。在最终的统计中,统一社会主义党获得了 48.3% 的选票,在国民大会中占有 58.18% 的席次比例,而反对党民主团结联盟的得票率为 47.2%,与执政党只相差 1.1%。[1]

2010 年委内瑞拉国民大会选举结果[2]

党 派	得票数	所占比例(%)	获得席位
统一社会主义党(PSUV)	5 451 419	48.3	96
民主团结联盟(MUD)	5 334 309	47.2	64
全民祖国党(PPT)	354 677	3.1	2
其他党派	155 429	1.4	3
总计	11 295 834		165

---

① http://en.wikipedia.org/wiki/Venezuelan_parliamentary_election,_2010.
② http://en.wikipedia.org/wiki/Venezuelan_parliamentary_election,_2010.

（二）大选结果得失分析

从 2005—2010 年两次国民大会选举期间，委内瑞拉国内政治充满着对立与角力。反对党退出选举以及民众的广泛支持使得查韦斯领导的政党在此后的国民大会中占有绝对多数席位。然而，2005 年以来，查韦斯不断卷入各种纷争。2006 年，查韦斯在联合国大会的发言，隐含表示美国前总统小布什是恶魔，不可谓不是粗鲁的外交失礼。2007 年，查韦斯意图修改宪法也产生了严重的政治后果。因此，2010 年的国民大会选举是对左翼政府过去 5 年表现的一次全民公决，也是 2012 年总统大选的一次民意测验。由于国内反对党也积极投入此次选举，2010 年的选举可被视为对左翼政府支持率的首次客观评价。

无论以何种视角考量，委内瑞拉统一社会主义党在此次选举中都是赢家。大选前一些分析家认为左翼政府的支持率将急剧下滑，可能失去国民大会的控制权，而统一社会主义党结果却获得 165 个席位中的 96 席。尽管比 2005 年的 116 席有所减少，但失去这些席位并不会产生灾难性后果，左翼政府只需再争取 3 位代表就可达到 3/5 多数，一般法案便可顺利通过。此外，委内瑞拉的反对党一直指控执政党操控选举，但对于此次选举结果反对党却愿意接受，没有指责选举欺诈，左翼政府因而可以更加名正言顺地推进其民主立法。

左翼政府有理由认为获得此次选举的胜利，但反对党的表现同样值得庆祝。与 2005 年的抵制选举相比，反对党可以说取得了巨大的胜利。抵制 2005 年国民大会选举产生了灾难性后果，这样的决定不仅没有使查韦斯丧失合法性，反而使得左翼政府不会遇到任何立法阻力，反对党却沦为不起任何作用的政治评论员。2010 年的国民大会选举中，反对党联盟获得了 64 个代表席位，成为民主机制中名副其实的反对党。统一社会主义党没有能够获得 2/3 以上席位，反对党民主团结联盟便可以在国民大会中阻止左翼政府的官员任命与宪法修改。如若能保持这一强劲势头，抓住机遇，反对党的此次胜利有可能转化为 2012 年总统选举的胜利。

查韦斯执政以来，国内外的政治势力对委内瑞拉民主机制的合法性不断提出质疑。然而，此次国民大会选举并未招致合法性质疑，证明了委内瑞拉的民主选举公平与公正。一项调查结果表明,委内瑞拉两家国有电视台以及四家私营电视台的 60.3% 的政治广告都是倾向反对党,[①]所以指责左翼政府控制媒体毫无根据。

在此次选举中,每一政党联盟可以邀请 30 名外国选举监督员,因此美洲国家组织(OAS)的 150 名代表以及欧盟、联合国与其他组织的代表都获得邀请,参与监督此次选举。包括美洲国家组织在内的选举监督机构都一致评价选举的公开与公正。同时,由于委内瑞拉的电子选举计票系统在 2006 年总统大选时就得到美国卡特中心(Carter Center)的认可,左翼政府很难进行选举欺诈。

无论对于统一社会主义党,还是民主团结联盟,2010 年的国民大会选举都是赢家,委内瑞拉的民主机制也得到检验。然而,委内瑞拉的政治对立依然严重,执政党与反对党都有必要回归民主程序,把选举中邪恶的人身攻击逐渐转化为对民主机制的诉求。总体而言,本次选举的结果体现了委内瑞拉的民主,但这种民主非常脆弱,还要在未来的选举中得到考验。

三、左翼政府政治与经济政策的新取向

2010 年国民大会选举结束后,委内瑞拉左翼政府和统一社会主义党便着手调整党和国家的政策方针,巩固和确立党的指导思想,在党内开展新一轮的"重整"运动,推进国家经济与农业政策的变革,为长期执政奠定更为坚实的政治和经济基础。

(一)党和政府目标的确立与调整

委内瑞拉统一社会主义党的党纲草案在 2008 年经过多次辩论与修改,在此次国民大会选举之后最终得以确立。党纲系统阐述了统一社会主义党与左翼政府未来的政治目标以及为实现这一目标而应采取的必要措施。

统一社会主义党的首要任务就是捍卫玻利瓦尔革命以及建设 21 世

---

① Geoff Legrand Coha, "Venezuela's Parliamentary Elections: Everybody Wins", September 30, 2010, http://venezuelanalysis.com.

纪社会主义,促进玻利瓦尔革命目标的最终实现。左翼政府与统一社会主义党坚信,民众的参与是实现21世纪社会主义的政治与经济目标的基石和保障,左翼政府致力于建设一个以民权为基础的社会主义国家。在这一体制之中,民众拥有广泛的民主参与权利,左翼政府也将最大限度地保障公民在各级地方政府和自治组织中获得更多的决策权。

为了摆脱新自由主义与资本主义的全球市场,左翼政府与统一社会主义党将寻求建立新型的国家与地区联盟,并在平等与团结的基础之上努力寻求与别国政党的合作与交流,脱离不平等的资本主义世界体系,争取委内瑞拉以及拉美和加勒比人民早日获得自由和解放。

(二)统一社会主义党的"重整"运动

统一社会主义党在2010年的国民大会选举中获得了58%的席位,但选前提出获得2/3议席的目标并没有实现。统一社会主义党获得选票约545万张,但最大的反对党民主团结联盟的选票也达到了533万张。

选举结束不久,查韦斯公开指出,"我们过于乐观,选前制定的目标脱离现实,我们应对此反省并要进行深刻的自我批评。玻利瓦尔革命仍将继续,统一社会主义党应当修正自己的政策与纲领,完善政治和社会机制,重新规划前进的速度和目标,但我们不会与资产阶级妥协,将继续以时代赋予我们的使命和任务推进委内瑞拉的社会主义建设。"为此,统一社会主义党呼吁700万党员开展一场"3R"的重整运动,即"修正、纠偏与继续"(Revision,Rectification,and Re-advance),为2012年总统选举的胜利奠定坚实的政党和组织基础。

左翼政府在公民的政治参与、缩小贫富差距以及公共医疗和教育方面取得较大成就,但是经济增速放缓、国有企业腐败频现和社会治安的不断恶化引发国内公众的广泛不满,也是反对党攻击左翼政府的主要借口。反对党民主团结联盟总书记莱蒙·阿维雷多(Ramon Aveledo)在国民大会选举后表示,"委内瑞拉应更多关注社会安全、通货膨胀以及对私有财产的保护"。[①]

---

① James Sugget,"Venezuelan President Calls for New Round of 'Revision,Rectification,and Re-Advance'",http://venezuelanalysis.com/news/5688.

对于统一社会主义党内高层官员严重的腐败行为,查韦斯总统表示整顿执政党与惩治腐败刻不容缓,政府应重塑委内瑞拉人民的信心。统一社会主义党内的"红色浪潮"(Red Tide)组织负责人斯大林·佩雷斯(Stalin Perez)也尖锐指出,"党内的一些官员没有意识到革命处在危急之中,不了解如何发动与动员革命群众,闭门制定党的路线方针,并把群众视为大选前夕可以利诱的商品,严重挫伤了人民的积极性与创造才能。当前,我们应当立即在工人和民众中充分讨论党和政府的方针政策。我们现在还有时间,也许明天就太晚!"①

(三)争取中产阶级的清晰政策导向

国民大会选举结束后,民主团结联盟士气大振,甚至认为有可能在2012年的总统大选中上台执政。与此同时,左翼执政联盟中具有资产阶级改良思想的人士则提出,国民大会选举的结果表明玻利瓦尔革命缺乏足够的民众支持,国有化政策则使得国内中产阶级不可能支持左翼政府。因此,左翼政府应当放弃或调整某些激进的国有化政策,争取中产阶级的重新支持,并与资产阶级达成一定程度的妥协。

面对这一观点,查韦斯总统强调统一社会主义党绝不会向资产阶级妥协,委内瑞拉也不会走介于资本主义和社会主义之间的"第三条道路"。民主团结联盟在国民大会选举中的表现说明资产阶级仍在控制委内瑞拉国民经济的命脉,正在运用政治与经济手段企图击垮玻利瓦尔革命,左翼政府应采取多种严厉措施,粉碎工业与农业资本家的阴谋,继续推进21世纪社会主义建设。然而,在玻利瓦尔革命进程中左翼政府和民众也应避免采取极端的方针政策,国有化运动中的急躁和冒进只会把中产阶级推向反对党的怀抱,左翼政府应当精心制定各种务实的政策来实现21世纪社会主义的战略目标。

委内瑞拉的中产阶级包含中上阶层和中下阶层。中上阶层中的律师、大学教授与企业高级管理人员享有一定的社会地位和特权,他们的阶级立场更加接近大型农场主和资本家,而中下阶层的小店主和银行职员

---

① James Sugget, "Venezuelan President Calls for New Round of 'Revision, Rectification, and Re-Advance'", http://venezuelanalysis.com/news/5688.

则与工人阶级拥有相似的阶级觉悟,因而构成统一社会主义党的主要争取目标。

在争取中产阶级的过程中,左翼政府应不断向他们宣传国有化运动的对象是拥有庞大产业和银行的大资本家以及拥有大量土地的大地主,而小企业和家庭农场绝不会收归国有,政府还要进行补贴和支持。然而,一部分中下阶层的民众受到资本家的欺骗。因此,左翼政府应当通过各种媒体和渠道广泛宣传自己的政策,最终让中小产业主意识到与工人阶级一起同垄断资本主义势力进行斗争可以使他们大为受益,就会自觉投身玻利瓦尔革命运动。

争取中产阶级的策略和方法在左翼政府中存在分歧。基于此,查韦斯明确指出:"委内瑞拉的政治对立异常严重,但我们不能在政治上采取极端措施。有人认为我们缺乏争取中产阶级的政策,把中产阶级送给了敌人。然而,我们必须明白中产阶级不是革命的敌人,小资产者也不是革命的敌人。如果我明天签署法令没收所有中小产业,我们党内的一些同志与分析家将会欣喜万分。但是,如此的行为却是疯狂的举动!"[1]然而,在争取中下阶层支持的过程中,左翼联盟绝对不能向资本家和地主做出原则性让步与屈服,更要彰显玻利瓦尔革命的坚定性与决心。

(四)稳步推进国有化改革

委内瑞拉的经济深受国内政治与社会动荡影响,人均 GDP 在 1978—1998 年的 20 年间下降 21.5%。2002 年 4 月,右翼势力支持的军事政变宣布查韦斯下野,但支持左翼政府的军队随后又重新恢复查韦斯的总统职权。然而,委内瑞拉的政治和社会动荡却在持续。2002 年 12 月—2003 年 2 月,反对派联盟组织了石油产业工人的全国罢工,国民经济遭受沉重打击并陷入衰退,给当年的 GDP 造成约 24% 的损失。[2] 2007 年 12 月,查韦斯称:"我们应当改造资本主义模式的所有制、生产、分配和消费的关系,将委内瑞拉社会中存在的依赖性的、落后的、不完善的和市

---

① Alan Woods, "Where Is the Venezuelan Revolution Going?", *IN DEFENCE OF MARXISM*, November 1st, 2010.

② [美]马克·韦斯布罗特:《查韦斯执政十年:经济社会成就与挑战》,官进胜译,《国外理论动态》,2009 年第 10 期。

场不公正的关系改造为用社会主义价值指导的关系。"①

尽管查韦斯政府如火如荼地实施国有化改革,但委内瑞拉私有企业规模还是远远超过公有企业,工业资本家与金融资本家相互勾结,三分之二以上的实体和金融产业被他们牢牢掌控。2009 年,委内瑞拉私营企业创造的国民生产总值约为总量的 70%,公有企业占比只有 30%。② 公有企业在国民生产总值中所占比例甚至低于 1998 年查韦斯上台执政时的水平。

社会主义苏联的解体并不表明国有化与计划经济将导致灾难。实际上,苏联解体的真正原因在于这一模式衍生的官僚、腐败与低效。苏联的计划经济对国家的发展作出巨大贡献,只是官僚主义和腐败寄生于计划经济体制,最终导致苏联模式社会主义制度的崩溃。

振兴委内瑞拉的经济只有通过国有化与计划经济,但委内瑞拉的计划经济必须摆脱官僚主义和腐败行为。只有如此,委内瑞拉才能解决私有产业控制国家经济发展的困境,才能真正控制严重威胁国家经济安全的通货膨胀,使国家的经济健康稳定向前发展,否则委内瑞拉的社会主义事业也将面临重大威胁。

（五）农业与食品产业的结构优化

委内瑞拉的农业政策存在严重不足,农业发展远远滞后于其他产业,粮食主要依赖进口,近年来居高不下的通货膨胀主要源于屡屡飙升的世界粮食价格,但提高农业生产能力却极具空间和潜力。左翼政府也意识到农业与粮食问题的重要性,出台相关政策措施,通过购买等方式将大量闲置土地收归国有,鼓励国有银行向农民和农业合作社提供援助和贷款,畅通粮食经销渠道,优化国内食品市场供给网络。这些措施在一定程度上缓解了农业和粮食危机,但国内粮食和食品生产还是无法满足日常需求。

经过广泛的考察与调研,政府认为改变这一状况最为有效的方式就

---

① 冯骊,陈雅琢:《查韦斯 21 世纪社会主义的合理内核》,《求索》,2010 年第 12 期。
② Alan Woods, "Where Is the Venezuelan Revolution Going?", *IN DEFENCE OF MARXISM*, November 1st, 2010.

是在农业和食品产业进行国有化改革。委内瑞拉最大的食品行业巨头极地女王集团(Empresas Polar)成为政府国有化改革的首要目标。该集团旗下拥有 40 多家公司以及 1.7 万名雇员,生产和销售各种食品与饮料,资产市值约为 45.6 亿美元。然而,极地女王集团却被伦多佐·门多萨(Lorenzo Mendoza)这一行业寡头控制。因此,政府若要遏制不断上涨的食品价格,就必须在食品产业大力推行国有化改革。

在食品行业国有化的同时,政府也在努力进行与农业相关的私有企业国有化的探索。委内瑞拉的农业生产资料集团艾格罗纳(Agroisleña)占有国内 70%的市场份额。经过不懈努力,政府终于将艾格罗纳集团成功国有化。查韦斯总统随即宣布艾格罗纳集团的 12 种化肥价格降低 49.3%,260 种农药价格降低 43%,黑豆、玉米和水稻种子的价格平均降低 41.7%,处于社会底层的农民成为最大的政策受益者。①

与此同时,左翼政府不断增加农业和食品产业的资金支持。1998 年,查韦斯执政前的委内瑞拉政府在农业方面的财政预算不足 5 亿玻利瓦尔,但 2009 年的农业拨款却高达 200 亿玻利瓦尔。此外,政府鼓励本国生产更多的粮食,增强抵抗国际粮价波动的能力,不断降低对国外食品供给的依赖程度。为了实现这一目标,左翼政府只能依赖土地国有化与农业改革,以国有农场逐渐取代原有的农业资本家控制农场的生产方式,以国有粮食供给体制逐步取代私有制的垄断集团,粮食出售价格一定要服从于政府的宏观调控。查韦斯为此强调指出:"我们不能把粮食拱手送给资本主义用于剥削,我们要建立社会主义的粮食分配与营销体系。我们的步伐要加快,这关系到革命的未来,委内瑞拉一定要成为一个农业强国。"②

---

① Lisa MacDonald,"Venezuela: Food Sovereignty Project Launched",*Green Left Weekly*,December 15th 2010.

② Alan Broughton,"Moving Toward Land Reform, Food Sovereignty and Agroecology in Venezuela",*Australia-Venezuela Solidarity Network*, August 23rd 2010.

第五章
拉美社会主义的挑战与未来

第一节　新时期拉美社会主义的
历时与共时探析

20世纪80年代末与90年代初,东西方冷战正式宣告结束,东欧剧变,苏联解体,世界社会主义运动遭遇前所未有的挫折,拉美左翼与社会主义运动因而也陷入了低潮。然而,挫折与低潮并不意味着死亡与终结。进入21世纪,尤其在2008年的金融危机之后,国际形势以及拉美的政治经济背景都产生了新变化,左翼和社会主义力量重新崛起,展开了各种形式的社会主义新探索。新形势下,拉美的社会主义运动仍有不断深化的趋势。

一、社会主义与公民运动的先锋

20世纪初,何塞·卡洛斯·马里亚特吉(1895—1930)是一名杰出的马克思主义思想家和共产主义运动领袖,在欧洲留学期间阅读了《共产党宣言》和《资本论》等大量马克思与恩格斯的著作,深受风起云涌的无产阶级革命运动的影响,回到拉美后广泛宣传马克思主义思想,提出只有通过社会主义革命才能真正解决拉美的政治和社会问题,同时撰写了《关于秘鲁现实的七篇论文》,这一名著成为研究秘鲁以至拉丁美洲现实的重要文献,为马克思主义在拉美国家的传播和普及作出了卓越贡献。至今,他的个人魅力及政治影响仍遍及整个拉美地区。

随着马克思等人的著作不断广泛传播,社会主义受到了拉美地区先进分子的支持和追随,越来越多的知识分子认识到社会主义的优越性。各种各样的社会主义思想逐渐成为该地区主要和基本政治思潮之一,一些拉美国家逐渐建立了以社会主义为指导的思想体系,这也使得拉美地区的政治发展格局有了新的塑造。1917年,俄国十月革命的胜利,对拉美地区产生举足轻重的影响,推动了马克思主义思想特别是科学社会主义思想在拉美的传播,为国家发展开辟了一条新的道路,在此影响下许多拉美国家逐渐开始建立共产党。从20世纪30年代到50年代,拉美共产党的影响力不断扩大。

1959年1月1日,古巴社会主义革命的胜利极大鼓舞了拉美的社会主义者,各种社会主义组织纷纷建立,信奉科学社会主义思想的进步人士显著增长。至20世纪60年代,拉美多数国家都建立了共产党机构,社会主义运动在这一地区蓬勃发展。然而,拉美国家的社会主义进程是曲折的,拉美一些国家的社会主义者当时未能准确把握当时的社会主义运动的发展方向,未能与本国的具体实际相结合。1947年冷战开始后,拉美地区的一些国家开始追随美国,实施反共政策,拉美地区的共产党组织成为非法组织,从而导致拉美国家的共产党员数量不断缩减,社会主义遭受了极大的挫折。此外,20世纪60年代初期世界上主要社会主义国家在马克思主义理论问题上的分歧和论战也对这一地区社会主义运动产生重大影响,中苏之间展开了国际共运和马克思主义理论的论战,历时10年,使得第二次世界大战后社会主义阵营以及中苏关系出现破裂,这一外部力量的冲击,导致拉美一些国家党的力量出现波折。拉美一些国家的共产党组织陷入了内斗和分裂,政治影响力逐渐削弱。

20世纪80年代,拉美各国的军事政权迫于压力,在并非自愿的情况下把权利逐渐移交给民选政府,地区与国家的政治民主化进程得以迅速推进。在政治民主化的趋势之下,拉美各国的社会主义和左翼政党纷纷获得合法的政治地位,又可以活跃于拉美的政治舞台。然而,此时的共产党组织和左派政党都明确提出放弃以暴力手段夺取政权，主张以合法的政党身份进行选举，以和平与民主的方式来改变和改造资本主义。

东欧剧变与苏联解体导致了 20 世纪 90 年代世界社会主义运动的低潮。然而，新旧世纪之交，拉美又开始出现风起云涌的社会主义和左翼运动。在 1998 年 12 月 6 日举行的委内瑞拉总统大选中，查韦斯作为"第五共和国运动"和其他一些政党组成的竞选联盟推举的候选人当选总统，在这一地区率先上台执政。随后，具有社会主义思想的左翼政治家在各国的选举中纷纷上台执政，拉美的政治风向普遍左转。智利的拉各斯、巴西的卢拉、阿根廷的基什内尔以及玻利维亚的莫拉莱斯等左翼候选人都在本国的选举中获胜，这在拉美的历史上尚属首次。

一直以来，美国把拉美当作自己的后院，积极向其推行自己的新自由主义，并且想通过这种方法控制拉美国家，但是拉美国家却在新自由主义的影响下吃尽了苦头。新自由主义作为一种巨大的社会思潮，已经渗透到国家的政治、经济、文化等领域，拉美多数国家纷纷实施以"华盛顿共识"为核心的新自由主义政策。然而，随着时间的推移，尽管初期国家的经济有所发展，但到了后期新自由主义政策的弊端逐渐显露。新自由主义政策削弱了国家的宏观调控，造成经济发展缓慢、社会动荡不安，各方面都遭受打击。新自由主义政策不仅把拉美国家拖进了没有希望的境地，还造成了严重的社会问题和社会矛盾，这也是新自由主义政策造成的最大、最直接的后果。拉美国家因此开始反思，这就使得新自由主义政策开始动摇，并逐渐失去了发展的土壤。

新自由主义政策的弊端使得拉美地区反对新自由主义的浪潮如火如荼，这种形势更加有利于广泛开展左翼和社会主义运动。然而，这些运动构成多元，解放神学、革命民族主义、马克思主义、原住民思想与无政府主义同时并存。在这场抵抗运动中，旧有的农民和原住民运动伴随着新社会运动应运而生。玻利维亚出现了反对自来水与燃气私有化的运动，阿根廷的小业主、工人、失业者、专业人士以及退休人员纷纷加入抗议活动。在墨西哥和智利等国，负债的农民、穷苦的工人以及中学生都参加反对新自由主义全球化等公民运动。在萨尔瓦多，属于中产阶级的医务工作者也出现在政治舞台之上。然而,传统的工人运动深受新自由主义经济政策的打击,极少出现在这些运动的前沿。

这些公民运动最初只是反对某些政客与政策,但随着斗争的深入,运动逐渐从与政治无关的反对新自由主义政策演变为质疑政权合法性的政治运动。玻利维亚与厄瓜多尔的公民运动就是如此,最终催生了民众通过选举建立了新国家政权机构。

资本主义的经济危机更加凸显新自由主义模式的危机,在这一现实面前只存在两条可供选择的道路:重新实行新自由主义或找到一种追求人道、团结而非利润为理念的可替代模式,从而保障这一地区的经济发展,惠及多数普通民众而非少数精英人士。

1998 年查韦斯上台执政,拉美的历史进入了一个新阶段,各种力量关系产生了急剧的变化。1998—2008 年间,拉美各种政治力量团结一致,防止外国干涉与入侵,预防军事政变,抵抗经济封锁,有效抵制了右翼的各种攻势。

尽管各种力量不断角力,帝国主义政策在拉美仍能大行其道,但是美国并不能绝对控制这一地区。首先,拉美国家在骨子里还是倾向于社会主义,本身就是比较偏左的。拉美国家经济普遍欠发达,国家中产阶级及以下占大多数,人们渴望得到更好的福利,因此社会主义左翼政党拥有良好的发展环境。其次就是左翼政党的领导人都是通过合法的公民选举上台,拥有合法地位,因此美国很难将其拉下台。美国无法从根本上清除拉美国家的左翼政党,也没有借口去推翻左翼政权。美国对巴西和阿根廷这样的大国是无法进行直接的政治干涉的,只能通过一些比较软的手段如经济手段以及扶持该国国内反对派进行干涉。但对拉美国家中的一些实力较弱的小国,美国常常进行较为强硬的干涉,例如对巴拿马进行直接的军事干涉。然而,美国至今无法在拉美推行美洲自由协定,一些拉美国家的学者认为,美国所推行的美洲自由协定,并不是出于带动拉美经济的发展,也没有考虑拉美国家的国家利益,实际上还是企图控制拉美。拉美国家并不一定能够从协定中获得好处,利益与风险尚且是一个未知数。

美国将美洲自由贸易区简单视为北美自由贸易区的扩张和延伸,但北美自由贸易区从 1994 年实行以来,并没有取得预期的收益。参与北美自由贸易区的一些国家的经济并没有提升,反而有下降的趋势。有些参与国的工业和传统农业都受到了不同程度上的影响,社会不平等加剧。因此许多拉美国家也对此自由协定持怀疑态度,担心会遭受同样的境遇。另一方面,所谓的"贸易平等"实际上是建立在不平等的基础上,许多政策都倾向于美国,这场"贸易平等",实际上是以牺牲拉美国家利益换来的。在贸易协定过程中,美国的霸权态度也十分明显,例如在谈判过程中,缺乏相应的透明度,还有贸易协定过程中强行加入政治问题,不愿意为其造成的环境污染承担相应的责任等。这也导致拉美国家民众的真正呼声得不到解决,越来越多的拉美国家对美国的警惕不断提高,担心美国以自由贸易协定为幌子,而将美国那一套意识形态强加给拉美国家。因此,美国只能与少数国家签订双边贸易协议。进入 21 世纪,反对美国政策的左翼候选人却纷纷上台执政,为拉美各种力量并存提供了一种有利的氛围,各国因而可以根据本国的特征选择合适的发展模式。

新自由主义模式无法解决拉美各国存在的主要问题,因而也失去了它的合法性。同时,资产阶级的民主模式也存在危机,人民不再相信这种形式的政府。这一政治体制无法解决人们关切的严重问题,人们愈加不愿接受选民与当选者之间存在的巨大差距。拉美地区的一份民意调查显示,1998 年查韦斯上台之初,这一地区民众对民主的满意度只有 37％,委内瑞拉只有 35％。一些拉美国家的民众甚至怀念过去独裁时代的良好秩序与效率。2007 年,拉美地区的满意度仍徘徊在 37％,而委内瑞拉民众的满意度却上升至 59％。在这 9 年之中,委内瑞拉民众对民主的满意度在拉美地区排名升至第二位。①

拉美地区的形势更加有利于社会主义和公民运动的广泛开展,人民的觉悟也迅速提高。左翼和社会主义政党的候选人不断在各国大选中取得胜利,不仅表明这是人民的胜利,而且预示以新自由主义为主要特征的资本主义正在面临危机和挑战。

---

① ［委］玛尔塔·哈内克:《拉美构建新型民主制度》,官进胜译,《国外理论动态》,2010 年第9 期。

二、新公民运动与国家关系的重构

新旧世纪之交,拉美社会主义和新公民运动如火如荼。在如此有利的态势中,左翼政府应当积极为各种进步运动的发展提供力所能及的支持,在平等互利基础上重构拉美国家间关系,为民主和团结的共同目标努力奋斗,争取在拉美地区成功构建一种新型的 21 世纪社会主义。

(一)探索独特的社会主义发展之路

2005 年 2 月,"世界社会论坛"在巴西阿雷格里港(Porto Alegre)举行,查韦斯在论坛的闭幕式上第一次提出委内瑞拉政府的最终目标是建设一种能够超越资本主义的新型社会主义,是一种民众享有充分民主的"21 世纪社会主义"。他清晰地阐明委内瑞拉的社会主义与苏维埃社会主义的区别,并强调这种社会主义绝不重蹈苏联的覆辙。

迥异于苏联模式的社会主义,21 世纪社会主义必须是适应本国实际的民主政权,其根本要素应当包括参与式民主、国家对经济的宏观调控以及社会的团结、友爱与平等。这种参与式民主鼓励民众通过各种合作社和自治组织积极参与政治、经济和社会建设,而自治的民众组织也因此构成 21 世纪社会主义的坚实政治基础。委内瑞拉在 1999 年制定的宪法明确指出公民参与公共事务管理重要性和必要性,强调公民参与公共事务的决策和管理是 21 世纪社会主义全面发展的必要前提条件,国家和各级政府有义务为全体公民参与经济和社会管理提供各种渠道。

为了真正体现 21 世纪社会主义的广泛民众参与,委内瑞拉政府首先规定成立社区委员会,并在此基础之上先后建立工人委员会、学生委员会以及农民委员会等。在地方管理方面,公民可以参与政策决策和各种政府项目的预算和监督,让民众真正拥有经济和社会管理的权力。同时,委内瑞拉的各个城市应当设立地方公共决策委员会,政府公务人员和社区代表共同参与决策。

(二)重构拉美国家的内外关系

拉美左翼和社会主义政党需要积极团结各种社会力量,通过各种群众运动不断扩大自己的政治势力和政治影响,抛弃在世界性组织获得承认和发展空间的幻想。拉美的左翼政府目前急需的是采取切实有效的内外措施,改变拉美各国,尤其是左翼政府之间的相互关系,使今天看似不可能的事情未来成为拉美的政治现实。正如 21 世纪社会主义的理论倡导者玛尔塔·哈内克(Marta Harnecker)在其著作《21 世纪初的左翼:使不可能成为可能》(*The Left on The Threshold of The 21st Century: Making Possible The Impossible*)中提出,政治艺术总是通过构建自己的实力将可能的行为变为不可能。但是,拉美权力间的相互关系应当改变,使今天不可能之事将来成为可能。①

然而,拉美国家间存在严重分歧,中左政府与右翼政权的内外政策也大相径庭。在公民运动中上台的左翼政府欲进行政治、经济和社会的全面变革,而趋于保守的右翼政权继续固守新自由主义政策,成为霸权国家和国际金融资本的附庸。因此,拉美地区的领导人应当对拉美的未来发展保持清醒的认识,拉美的未来之路在于不断壮大和发展广泛的公民运动,形成一种决定性力量,改变拉美的政治和经济模式,才能使得这一地区具有活力和生命力。此外,左翼与社会主义运动的领导人还需积极动员广大民众投入拉美的公民运动,更多地依赖民众的力量,提高民众的政治觉悟和洞察力,因为只有具有高度政治觉悟的人民才能推进 21 世纪社会主义的事业不断发展。

拉美的左翼和社会主义力量应携手努力,有效调动各种新社会组织,积极制定共同纲领以及建立一种新的地区性政治组织,向导致拉美灾难的新自由主义发展模式以及垄断资本主义制度发起挑战。

三、构建拉美政治新机制

拉美左翼和社会主义政党的首要任务应当是变革原有的政治体制,为实现 21 世纪社会主义的宏伟目标建立一种全新的民主机制。在这场政治变革之中,左翼的领导人不应过分强调社会主义运动必须遵循某一

---

① [委]玛尔塔·哈内克:《拉美构建新型民主制度》,官进胜译,《国外理论动态》,2010 年第 9 期。

新的理论方针,而应在运动的实践中充分发挥人民的创造性,利用人民对资本主义及其政策的强烈抵触,广泛开展不同形式的政治和社会运动,形成反对资本主义制度的强大政治联盟。

（一）在实践中创新有效的政治工具

马克思主义者总是强调实践的重要性,认为公民意识的提高离不开真正的实践斗争。在与资本主义的斗争实践中,社会运动的组织者和人民群众不断总结教训,有益于找到一种符合实际、指导实践的新理论。因此,政治工具必须尊重和支持各种进步的民主运动,给予这些群众积极参与社会运动广泛的发展空间。

社会主义运动的经验多次证明,人民群众不可能从书籍或教科书中学到一切,实践中的发现与创新至关重要。社会主义运动的实践丰富了人民的斗争经验,促进其世界观和方法论的改变与完善,也使左翼政党和进步的民众充分认识到团结一起可以团结的力量,才能最终真正消灭资本主义与建立真正民主的 21 世纪社会主义。经过无数次反对资本主义的斗争,人们愈加坚信能够在拉美实现自由、民主、团结与均等的新型社会主义目标,并逐渐成为这一地区政治社会运动的中坚力量。拉美社会主义革命与斗争的实践对公民觉悟的提高以及丰富斗争的实践具有不可替代的重要意义,那么左翼执政后的政治工具也就亟待实现变革,以与21 世纪社会主义的理论相适应,从而进一步推动拉美地区社会主义运动不断取得进展。

然而,这种有效的政治工具不能由实行恐怖和镇压的军事政权掌控,也不能由野心勃勃的民粹主义政客操纵。真正称职的政治工具的运用者必须得到民众的广泛拥护,能够把民众的智慧应用到社会主义的理论和实践,进一步调动人民群众投身社会主义运动的积极性。

（二）超越社区委员会的公民权利

在积极推进基层自治组织建设的过程中,成立和强化社区委员会（Communal Council）在基层组织中的作用是委内瑞拉左翼政府的一项重要目标。由于"代表"（representative）在资本主义民主制度中的负面含义,他们只在选举期间来到社区许下豪言,当选后便难觅踪迹。因此,委内瑞拉民众拒绝使用代表一词,而选择另一词汇"代言人"(spokesperson)称呼他们的社区推举人。社区代言人必须善于听取选民的意见和建议,充分汇聚社区民众心声。另一方面,代言人也应当积极参与自治组织的管理和政策决策,创造性地把国家的大政方针贯彻至基层民众。因此,这种公民自治制度能够保障多数基层民众而不是所谓的政治精英参与基层公共事务的管理。

然而,社区委员会只是公民行使民主权利的自治组织,具有地域局限性。委内瑞拉左翼政府致力于推进基层民主,公民的民主权利因此不仅要在社区中体现,更加应当在整个国家与各种组织中充分体现。在扩大民主的过程中,产业工人应当积极组织起来维护自身正当权益,更为重要的应是要为国家和社会的发展方向建言献策,积极投身于相关产业的规划与发展以及国家的民主机制建设。

工人自治委员会应在所有产业中建立,不仅涵盖生产和服务部门,而且要在手工艺人和自由职业者中也要探索成立这种自治委员会。此外,在教育、卫生、文化、体育等产业,自治委员会应当通过各种途径吸收大中学生、专业人士和环保工作者,积极参与地方和各自行业的公共事务管理。

(三)建立新型公民自治制度

构建能够超越资本主义民主制的新型代表制度,保障公民能够参与社区和社会事务的决策过程始终是拉美左翼政府的重要目标。同时,公民直接参与制度也应当超越社区和某一产业的范畴,投身于更高层次的城市管理之中,最终这种公民广泛参与的治理模式也将在国家事务得到完整体现。这种新型政治制度的实质是建立真正的自我管理机制,特定范围的直接民主与各级选举产生的代言人大会相辅相成。

在民主改革的制度安排中,社区委员会之上的高一级的自治组织被称为公社(Commune)。拥有相同文化传承的同一族群以及从事相同职业的民众和社区通常共存于同一公社,在政治、经济和社会生活中享有充分的自治权,根据新的形势和要求不断进行新的调整和变化。

公社设立具有立法功能的议会,其成员来自社区委员会和其他自治组织,公社成员可以在议会中行使民主决策权,并领导成立公社附属的各类管理机构和组织,行使经济社会管理的权力。此外,根据新宪法规定,公社可以选派相关成员在行政、司法、道德和选举 4 个权力机构担任负责人,若不称职也可以免去其职务。公社的各部门的运作应当公开透明,接受民众和社会的有效监督,民众能够通过广泛的途径与机制监督公共部门与领导人的行为。

公社应积极发挥宏观调控和制定发展规划的功能,全力保障生产的健康发展,不断满足民众的物质与精神需求,为社区与国家的可持续发展提供生产或服务。公社的经济目标是实现自给自足,主要依赖内部资源在公社内从事生产活动与服务。每一个公社都应通过社区组织、合作社以及其他自治团体,致力于建设一种新型的生产和消费的公共制度,体现公民对经济与社会的参与和管理的权力。

公社的规划委员会应鼓励民众积极参与制定社区发展规划,同时也应借鉴其他地区的发展计划,力争把社区和公社的规划纳入国家发展战略。另一方面,国家应在公平与公开的状态下进行财政拨款,并对资源匮乏和发展滞后的公社和社区给予更多的财政支持。

公社的建设与运作是中央政府根据国家发展规划推进政治和经济民主的直接途径,最终的结果将会强化而不是弱化中央政府,因为地方持续发展、公民的直接参与以及政治的更加民主,都将使这个“21 世纪社会主义”国家更为繁荣与强盛。

第二节　拉美新型社会主义的 困境与挑战①

进入 21 世纪,在有利的国际经济环境之下,拉美左翼政府有效促进了国内经济持续增长,不断赢得选举的胜利。然而,金融危机后世界经济增长缺乏动力,反对派的威胁更加强劲,左翼内部和执政联盟的团结也面

---

① 本节主要内容参见官进胜:《拉美新左翼:类属、缘起与未来》,《上海行政学院学报》,2015年第 6 期。

临考验,许多拉美国家正在经历剧烈的经济震荡和严重的政治社会动荡。无论自由左翼还是干预型左翼政府,若欲继续执政,就需展现逆境与顺境中具有同样的执政能力。

一、经济社会震荡构成新型社会主义的主要挑战

缘于全球初级产品高昂的价格,21 世纪最初的 10 年见证了拉美左翼政党不断在各国上台执政。但在 2015 年,从阿根廷中右翼"变革"联盟大选获胜,委内瑞拉议会选举执政的统一社会主义党的惨败,到巴西劳工党总统罗塞夫遭遇弹劾危机,拉美政治"右翼化"的进程似乎已经启动。

自 1999 年查韦斯开始执政,委内瑞拉的社会主义革命如今面临 16 年来最严峻的挑战,迫切需要一种革命的奇迹以摆脱当前的困境。除经济下行与贫富差距之外,委内瑞拉暴力与谋杀案件泛滥,2014 年共有 24 980 人遇害,创造了历史纪录。民调显示,委内瑞拉总统马杜罗的支持率仅有 22%,而执政党统一社会主义党的支持率只有 16%。[①]

2000—2010 年是全球初级产品价格高企的阶段,也是巴西经济最为耀眼的 10 年。世界大宗商品价格的高企为巴西带来大量的外汇储备,也为执政的劳工党带来了较高的人气与民众支持。然而,过度依赖初级产品出口则导致巴西"去工业化"的现象日益严重。罗塞夫上台后,没有及时调整国家经济发展结构,却通过设置投资和金融壁垒为本国制造业实施保护,导致巴西制造业成本不断上升,竞争力却日渐下滑。2015 年,巴西制造业产出较上一年同比下降 9.7%。由于全球经济危机的持续效应,全球初级产品价格暴跌,巴西经济在 2010 年达到 7.5% 的增长率后不断下滑,2015 年巴西经济萎缩了 3.8%,通胀率超过 10%……另一方面,巴西失业率也超过 9%,达到近年来的最高点。[②]

在国际市场初级产品价格高企之际,一些左翼政府不切实际地大幅提高工人工资,不断扩大社会保障和福利政策的范围。自卢拉政府 2003

年执政以来,巴西相继推出一系列争取底层民众的扶贫计划,如"零饥饿""家庭补贴"以及"我的生活,我的家"等多种政府保障项目。这些福利计划旨在缓解收入不均带来的社会矛盾,提高居民生活水平,降低贫困率。但却没有从根本上解决大众的贫困问题,只是使贫困的底层有了一定的保障,反而衍生了公众的懒惰。底层人民没有学到真正的技术和知识,而只是单纯地享受政府提供的福利,这也不可避免地导致了劳动力市场出现短缺。尽管这些政策有利于巩固与提高劳工党底层民众的支持率,但是当经济显现下行趋势,初级产品行情有变,政府财政收入锐减,国家的经济与社会政策就不免受到波及,国家的政治进程也会相应发生逆转,政党的轮替就会在所难免。

　　劳工党在执政期间,巴西的经济有了一定的发展,政治也趋于稳定。但随着时间的推移,劳工党的问题也不断显露。巴西人民普遍关心土地问题,土地问题也是解决巴西农村贫困问题的关键之一。劳工党早期在竞选期间,曾经承诺要实行更广泛的土地改革,以改变不平等的土地结构,但执政后在土地改革相应的政策上却没有落实或实施不到位。此外,劳工党长期忽视医疗和教育的改革,虽然劳工党实施了一系列福利政策来提高公众的生活保障,但在医疗和教育领域上的财政投入少之又少,医疗和教育领域的再分配对缓解和改善公众贫困有重要作用。最后是腐败问题的暴露,各种腐败案件不断显露,国会内部金钱操控政治,贪污腐败盛行。使得劳工党清廉的形象逐渐毁灭,这也使得公众对劳工党产生了信任危机。因此,愈来愈多的巴西民众对劳工党政府的执政能力与经济社会政策失去信心,并且民众的普遍不满总会引发大规模的游行与抗争。2015 年 3 月 15 日,巴西 26 个洲和联邦区共 100 余万人参与反对劳工党政府的抗议游行,[①]而在 2016 年 3 月 13 日的全国性示威活动中,参与人数超过 200 万人,成为巴西历史上规模最大的游行示威活动。[②] 目前,在如何制定和实施经济发展计划、缩小贫富差距与遏制腐败方面,劳工党政府面临艰巨考验。拉美其他左翼执政的国家,如阿根廷、智利与厄瓜多

[①] 《巴西 152 城市百万人参与反政府游行》,来源:环球网,2015 年 3 月。
[②] 《巴西为何遭遇政治危机?》,来源:中国社会科学网,2016 年 3 月。

尔,也面临类似挑战。

二、国内反对势力的政治角力

左翼政府的主要威胁来自国内强势群体构成的反对势力及其联盟,如前执政党、旧的工会联盟、教会机构、大资本家以及旗下的私营传媒等各方力量。对左翼政府来说,关键问题在于反对派不仅欲以和平民主的方式实现政权更替,而且更主要依赖政变和罢工试图推翻查韦斯领导的左翼政权。委内瑞拉 2002 年的军事政变以及 2003 年的石油行业罢工都由反对派策划与领导。2005 年 12 月,反对派举行抵制国民议会选举的活动。2006 年 12 月,反对派又谋划抵制总统选举,以否认左翼政府的合法性。尽管反对党联盟参加了 2010 年国民大会选举,但并不能充分表明反对派已经放弃罢工与政变等非和平手段促使左翼政府下台。

反政府人士不断宣称,查韦斯的成功源自他的民粹主义宣传以及对国内政治的娴熟操控,并非他进行了成功的社会改革或对财富实施了有效再分配。左翼政府奉行的经济模式在 20 世纪七八十年代的拉美地区曾有过灾难性经历,必然导致生产瓶颈的显现、财政与金融问题加剧、通胀加速与实际收入的骤降,以及大规模的失业,委内瑞拉的经济可持续性面临严峻考验。左翼政府上台之初承诺国家将会实现政治与社会稳定,但执政十余年后的委内瑞拉凶杀与暴力案件日渐加剧,并显现出蔓延至国内政治斗争的倾向。假如左翼政府与反对派在新一届国民大会就职后仍不能达成框架协议,执政党与反对派极有可能发生暴力冲突,委内瑞拉整个国家将陷入极度的混乱与衰退。

三、国外强权的干涉与威胁

左翼政府的另一主要威胁乃是美国政府及其非政府机构。通过国家民主基金会和美国国际发展机构,美国政府每年给予委内瑞拉国内反对派大量资助。小布什政府任内还进行了一系列的经济与金融制裁,试图在拉美与世界范围孤立委内瑞拉,使左翼政府难以为继。然而,委内瑞拉的外汇收入主要通过石油税收,美国对委内瑞拉进行经济制裁,无非就是控制委内瑞拉石油出口,冻结石油公司的经济往来,冻结委内瑞拉高官在美国的资产,扣押委内瑞拉的黄金等。美国的经济制裁因此明显缺乏效果。如果反对派在美国的帮助下整合自身力量,左翼政府将面临更大的阻力与挑战。

2016 年 3 月 20 日,时任美国总统奥巴马抵达古巴首都哈瓦那,成为 88 年来首位访问这个共产主义国家的美国在任总统。美古断交 55 年后,正在实现关系正常化。这场"化敌为友"历史性访问的象征意义远超实际意义,然而,美古之间的重大分歧仍然难以弥合。

在奥巴马与劳尔的会谈中,古巴要求美国全面解除持续半个多世纪的经济封锁、归还关塔那摩基地,并要求美国对多年的封锁和禁运进行赔偿,而美国则提出释放政治犯、开放党禁、自由选举、经济私有化以及对外开放。因此,古巴的关切与要求美国无意满足,而美国对古巴的这些要求则触及古巴根本的大政方针。

在美国国内,共和党强烈反对美古关系正常化,而要真正解除对古巴的制裁与禁运,需要共和党控制的国会批准。民主党的总统奥巴马剩余任期不到一年,虽然他在对古巴"松绑"方面采取了一些措施,但在处理古巴问题上并没有过多使用宪法赋予总统的行政权限,更没有极力推动制定具有实际影响的美古政策。① 因此,美古关系正常化仍需要很长的路要走。

四、左翼执政联盟的歧见与分裂

除了反对派的威胁与挑战,左翼政府还面临联盟内部"左倾"和"右倾"力量的歧见,一些左翼党派甚至拒绝参加统一社会主义党。委内瑞拉共产党(PCV)主要从意识形态出发,声称统一社会主义党缺乏改造资本主义的内在本质,不符合马克思列宁主义的思想路线,不愿加入统一社会主义党。社会民主党(PODEMOS)和全民祖国党(PPT)素被视为左翼联盟内部具有"右倾"思想的党派。他们拒绝加入统一社会主义党的原因更

---

① 《奥巴马对古巴历史性访问》,来源:搜狐网,2016 年 3 月 21 日。

为复杂,反对统一社会主义党的组织机构以及党纲的起草方式等。社会民主党领导人伊斯梅尔·加西亚(Ismael Garcia)在媒体中公开指责查韦斯的"法西斯思维方式"以及反对多元主义的"单一思想路线",并警告查韦斯可能走向独裁。

其实,社会民主党的目的在于欲把自己在选举中的影响力转化为制定政策的决策权,因而提出根据影响力来确定选举中的代表比例,其中50％的代表来自"社会主义阵营"、30％来自州政府官员以及20％来自中央政府官员。结果,查韦斯拒绝这种提议,社会民主党和全民祖国党因此不愿加入统一社会主义党。

不仅左翼联盟存在分歧,统一社会主义党内部也存在纷争。委内瑞拉全国工会组织(National Union of Workers)的领导人奥兰多·奇里诺(Orlando Chirino)十分关注劳工运动的未来,对统一社会主义党进行了坦率的批评,其观点在党内"左倾"势力中很具代表性。奇里诺的批评主要围绕工会与政府间的关系以及统一社会主义党对资本主义制度的立场。他认为,左翼政府领导下的委内瑞拉在向国家资本主义发展,而并非迈向社会主义。私有财产继续存在,工人仍然受到剥削,某些私有产业被冠以"优秀资本主义"的称号,从而避免财产被收归国有。奇里诺担心,统一社会主义党将会成为政府的另一个附庸,很难协调与激进运动相对立的市长、总裁和官僚之间的关系。[1]

在2002年执政后,卢拉领导的巴西劳工党开始背离对新自由主义的批判立场,并继承前任卡多佐政府的多项新自由主义政策。劳工党政府在不触及保守派根本利益的前提之下进行了一些温和的经济与社会改革,实行稳健的宏观经济政策。进入21世纪以来,由于国际市场对能源、矿产品和大宗农产品的需求持续旺盛,巴西此类产品的出口量大幅增长,贸易比价不断改善,政府的贸易收入和税收收入持续增加。在财政收入明显改善的情况下,巴西政府实行《财政责任法》,坚持严格的增收节支原

---

[1]　Ryne Maloney-Risner：Development of the United Socialist Party of Venezuela (PSUV)，November 12th 2009，http://venezuelanalysis.com/analysis/4929.

则。① 这些措施保证了巴西经济在世界经济深度转型调整背景下保持低速稳定增长,使得巴西的经济有了一定程度上的发展。其次,劳工党政府成功应对 2008 年的国际金融危机,面对金融危机带来的国内经济大萧条,劳工党政府采取了一系列的有效应对措施,通过调低利率、减免税收、降低个人所得税、增加外币流动性、加大基础设施建设等政策降低金融危机带来的经济冲击。由于政府应对及时,从 2009 年,巴西经济开始复苏。但受西方国家经济危机、欧债危机等负面影响,巴西经济增长速度较为缓慢。

然而,由于巴西政府一直主张"重增长,轻分配",导致社会贫富差距不断拉大,分配不公加剧,社会矛盾不断加大。因此,劳工党政府实行了积极的社会政策,制定实施了一系列福利政策,更加注重社会公平问题。政府相继颁布实施了"零饥饿计划""家庭救助金计划"等福利政策,进行扩大再分配。政府改善中低收入人群生活,提升其就业能力,促进经济、社会协调发展,降低了贫困率,使得经济形势有所好转。再就是进行产业结构调整,巴西前期的经济改革忽视对产业结构进行调整,劳工党执政后,加大产业结构的调整和升级,着重提高制造业的国际影响力和竞争力。这一举措较拉美其他国家来说走在了前面。

对于激进左翼而言,政府保守的经济和社会政策是对左派原则的背叛,劳工党内部逐渐出现分裂。2005 年 1 月,112 名劳工党激进成员在"世界论坛"中宣布退党,宣称劳工党"不再是争取社会变革的政党,而是成为维护现状的工具"。2005 年 3 月,劳工党在累西腓(Recife)召开全国大会,而党内激进左翼人士则在圣保罗集会以对抗累西腓大会,提出变革政府的新自由主义政策,拯救党的道德原则。

在 2006 年连任总统后,卢拉强调新政府将继续奉行"负责任的财政政策",但遭到劳工党部分激进人士的强烈反对。2014 年 10 月,劳工党候选人迪尔玛·罗塞夫成为巴西历史上第一位蝉联的女总统。然而,自

---

① 杨志敏:《从近期社会动荡看巴西劳工党执政十余年来的经济改革成效》,《拉丁美洲研究》,2014 年第 1 期。

罗塞夫执政后,巴西经济逐年下滑,她领导的政府在经济社会发展与惩治腐败方面的表现令劳工党极为难堪,内部分歧愈加严重。

2016 年 4 月 17 日,巴西国会众议院全体会议通过了对总统罗塞夫的弹劾案。5 月 12 日,参议院最终则以 55 票赞成和 22 票反对的结果通过了罗塞夫总统的弹劾案。[①] 根据巴西法律,总统罗塞夫将被强制离职 180 天,并由副总统特梅尔出任代总统。

反思总统弹劾案,人们形成普遍的共识,导致此次政治危机的直接因素是经济萎缩与政府腐败,而左翼执政联盟的分裂则直接造成罗塞夫领导的劳工党在国会中难以阻止这次总统弹劾动议。巴西国内政党林立,党派成员频繁更换政党的状况司空见惯。巴西目前获得法律承认的政党有 29 个,其中 25 个在国会内拥有席位,政党数量之多排名世界首位。由于劳工党在众议院的席位无法单独组阁,罗塞夫将内阁部长等重要职位分配给执政联盟中其他政党的议员,从而保证政府的各项措施能够在国会顺利通过。然而,一些政党由于只是受党派利益驱使选择与劳工党结成执政联盟,政府在遭受执政危机以及民意支持率大跌时,这些联盟中的政党出于党派未来利益考虑而选择退出现任政府。因此,巴西共和党和民主运动党相继宣布退出执政联盟,民主社会党虽然暂时不会退出,但其宣布在弹劾程序投票中该党议员不必遵照与劳工党的联盟关系,可以根据个人意愿投票。

民主运动党不仅是巴西第一大政党,更是参议院第一大党和众议院第二大党,参众两院议长的重要职位也由民主运动党领袖担任,在巴西政坛的影响举足轻重。但是,民主运动党于 3 月 29 日正式宣布退出罗塞夫领导的执政联盟。同日,民主运动党还决定任职联邦政府的党员,其中包括七位内阁部长在内的 600 人,必须在 4 月 12 日前递交辞呈,并可自由决定支持或反对总统弹劾议案。[②]

总统弹劾程序可谓罗塞夫政治梦魇的序幕,民主运动党退出执政联盟则成为对罗塞夫政府的致命一击。这个全球第七大经济体正在为严重

---

① 《弹劾案通过罗塞夫临时下课 180 天》,来源:环球网,2016 年 5 月。
② 苑云天:《巴西"铁娘子"为何遭遇政治危机》,《文汇报》,2016 年 3 月 31 日第 6 版。

经济衰退和腐败丑闻苦苦挣扎，"铁娘子"罗塞夫则会竭力为自己的政治
生涯进行最后的抗争。

第三节　拉美社会主义的未来之路①

金融危机后拉美社会主义探索面临艰难的困境与严峻的挑战。拉
美一些左翼政党和执政联盟在近期的选举中不断败北，左翼政府的公
共计划在经济低迷和国家财政收入锐减之下能否持续，而腐败与黑金
政治则成为民众背离左翼政党的直接因素，抗议左翼政府的社会运动
也愈演愈烈。人们不禁疑问，如此的社会主义是拉美的历史循回抑或
短暂复兴？

一、拉美选举"政治地震"的红色警示

2015 年 12 月 6 日晚，委内瑞拉全国选举委员会公布了新一届国会
选举结果，反对党民主团结联盟（MUD）取得了压倒性胜利，在 167 个国
会席位中占有 99 席，而执政党只获得 46 个席位。委内瑞拉总统马杜罗
通过电视承认了执政党在国会选举中的失利。② 作为拉美左翼运动的代
表性国家，执政的委内瑞拉统一社会主义党很可能在下次大选中失去执
政地位。

2015 年 11 月 22 日，阿根廷举行总统选举。中右翼的"变革"联盟候
选人毛里西奥·马克里（Mauricio Macri）战胜左翼执政联盟"胜利阵线"
候选人丹尼尔·肖利（Daniel Scioli），当选阿根廷总统。马克里得票率为
51.45%，而肖利得票率为 48.55%。③ "变革"联盟的胜利，结束了左翼政
党在阿根廷长达 12 年的执政历史。

中低收入群体是肖利政党的传统支持者，而马克里则主要代表了工

---

① 本节主要内容参见官进胜：《拉美新左翼：类属、缘起与未来》，《上海行政学院学报》，2015
　　年第 6 期。
② 《委内瑞拉国会选举反对党获压倒性胜利》，来源：凤凰网，2015 年 12 月 7 日。
③ 《阿根廷大选右翼获胜　左翼政党 12 年执政历史结束》，来源：搜狐网，2015 年 11 月 24 日。

商及大城市中产阶层利益。因此,肖利和马克里代表着不同的发展路线。肖利主张延续国家干预和社会公平为核心的发展模式,马克里则主张取消经济管制,强调通过市场恢复经济增长。

肖利表示将"有选择地延续"执政联盟过去十年的政策路线,突出自身庇隆主义的政党特点,即政治主权、经济独立和社会正义,强调国家对经济的干预,承诺维持对民众的社会计划和补贴政策,抵制国际金融机构对国家经济的干预和控制。面对当前通胀和金融管制等问题,肖利主张采取"渐进式"改革。

阿根廷经济目前增长乏力,通货膨胀高企,民众生活压力增加,迫切希望经济复苏。"变革"联盟则利用当前高通胀、低增长的背景和选民求变的心态对执政联盟治理能力提出批评,认为当前经济困境源自执政党对经济的过度干预,强调通过放开市场恢复经济增长。与肖利"渐进式"改革不同,马克里倾向于休克式调整,主张立即取消外汇和进口等金融管制,改善国家投资环境,争取国际金融机构和投资者支持,迎合了工商界和投资者的诉求。

当前,委内瑞拉、巴西、智利等左翼执政国家普遍面临经济下滑,民意支持率大幅下降的局面。作为拉美第三大经济体同时也是拉美左翼政治版图的重镇,阿根廷左翼联盟丧失执政地位受到拉美和世界的广泛关注。

二、经济重振与公共计划的可持续性

深受国际经济与金融危机的影响,国际油价自 2014 年 6 月一路下跌,拉美左翼国家纷纷面临国内经济和社会治理的困局。作为 96% 的外汇储备来自石油出口的委内瑞拉,经济呈衰退之势不可避免。2014 年第三季度,委内瑞拉的经济萎缩了 2.3%,在第一季度和第二季度则分别萎缩 4.8% 和 4.9%。同时,委内瑞拉也面临严重的通货膨胀,至 2014 年 11 月,通胀同比上升了 63.6%,成为全球通胀最高的国家之一。[①]

查韦斯执政期间,委内瑞拉政府坚持实施食品供给与补贴计划。

---

① 方旭飞:《巴西劳工党的执政经验与教训》,《拉丁美洲研究》,2014 年第 5 期。

始于 1999 年的学校助餐计划,为 25 万学生免费提供早餐、午餐和点心,受惠学生人数达到 400 多万。罗宾逊扫盲运动(Robinson Literacy Program)则教会了 150 万人读书与写字。2005 年 10 月 28 日,查韦斯宣布委内瑞拉为无文盲国家,国家文盲比例不到人口的 0.1%。[①]

委内瑞拉的社会项目在很大程度上取决于国家经济状况,而严重依赖石油的经济结构极易造成社会支出来源的脆弱性。国际原油价格下跌造成国家财税收入锐减,公共计划的可持续性受到严峻考验。

三、执政党的腐败导致人民的疏离

巴西众议院在 2016 年 4 月 17 日通过的总统弹劾提案致使罗塞夫总统陷入了严重的政治危机之中。导致自 1985 年民主化以来巴西最大的政治动荡尽管因素众多,但最为直接和主要的诱因却是劳工党政府的政治腐败和权钱交易。

2014 年 3 月,巴西国内最大国有企业巴西石油公司被媒体报道在高管中存在一个贪腐集团。这些高管利用与承包商谈判合同机会,虚开报价并从中大肆收取贿赂,或将贿款作为给执政党的政治献金,全部涉案金额高达 40 亿美元。2015 年 4 月,有关巴油腐败案的调查正式指向执政党,司法机关展开名为"洗车行动"的调查,目前已有上百名企业高管和政府官员被警方羁押,甚至罗塞夫的政治导师前总统卢拉也因涉嫌受贿被强制问讯。

除政治腐败之外,罗塞夫执政 6 年间在经济领域鲜有作为。2015 年巴西经济萎缩 3.8%,是自 1990 年以来表现最差的一年。2002 年卢拉上台后,巴西经济发展迅猛,年增长率曾高达 10.5%。[②] 然而,巴西经济长期依赖国内消费以及铁矿石和石油等大宗初级产品出口。畸形的产业结构、脆弱的经济增长模式以及高昂的税收与通胀,政府却一直不愿或者无力进行改革。

在 2014 年年底的民意调查中,民众对罗塞夫政府的满意度依然达到

---

① ［美］马克·韦斯布罗特:《查韦斯执政十年:经济社会成就与挑战》,官进胜译,《国外理论动态》,2009 年第 10 期。

② 《巴西众议院通过弹劾案　罗塞夫未来命运如何?》,来源:新华网,2016 年 4 月 19 日。

52%,但最近的民调显示却只有 13%。① 随着通胀率不断攀升与失业的持续增加,许多中产阶级再度返贫。反对派联盟抓住左翼政府的这些把柄,指责罗塞夫政府腐败与"不懂经济",组织反政府的民众运动,逼迫政府交出政权。

四、历史循回抑或转瞬即逝?

第二次世界大战之后的拉美政治模式不断在左右之间循环。随着法西斯主义在第二次世界大战后的覆亡,世界范围的民主运动、反殖民主义与社会主义革命风起云涌,拉美也不例外。1945—1952 年间,中左翼的社会民主力量、民粹主义者以及各种公民联合政府在智利、阿根廷、委内瑞拉、危地马拉、巴西和玻利维亚纷纷上台执政。然而,20 世纪 40 年代末期,杜鲁门主义兴起以及冷战的加剧促使美国干涉拉美地区的中左翼政权。在华盛顿的默许之下,拉美的金融寡头与美国的大财团在 20 世纪 50 年代支持一系列军事政变和独裁政权上台执政。1955 年阿根廷的民选总统庇隆(Peron)被军事政变赶下台,巴西总统瓦格斯(Vargas)被逼自杀,智利的左翼联盟解散,共产党组织也被宣布违法。极右势力迅速泛起,中左政权纷纷倾覆,劳工运动也受到血腥镇压。

20 世纪 50 年代末,美国的霸权与剥削、社会民主运动被残酷镇压以及经济寡头对公共财产的侵占导致了公民运动的兴起与左翼运动在拉美的回归。1959—1976 年间,众多左翼政权在这一地区又开始上台执政或成功挑战极右政权。巴西的古拉特(1962—1964 年在位)、智利的阿连德(1970—1973 年在位)与阿根廷的庇隆(1973—1975 年在位)等民族主义或民粹主义政权又开始执政,纷纷宣布进行激进的社会经济改革,实施了多项反对资本主义的重要措施。

历史又一次见证了除古巴外的极其短暂的拉美左翼运动与革命。1976—2000 年间,右翼势力处于上升态势,右翼的长期统治使得拉美左翼运动受到严重削弱。军事政权以及新自由主义民选政权取消了所有关

---

① 《巴西众议院放行弹劾案 罗塞夫距垮台更进一步》,来源:新华网,2016 年 4 月 19 日。

税与金融监管,盲目实行自由市场的经济政策。20世纪90年代的拉美地区经济停滞,社会严重分化,危机频发,诱发了新千年的公民进步运动与新一轮的左翼政权上台执政。

回顾第二次世界大战之后的拉美政治发展进程,美国通过政策干预和政治代理人支持建立的右翼政权与依靠民主和社会运动上台执政的中左政权不断转换。从阿根廷执政党在2015年11月的大选中失去执政地位开始,左翼政党力量式微的趋势逐渐蔓延到拉美左翼执政的国家。当今拉美左翼政府是循环模式的产物,还是具有坚实国内底蕴,能够持续执政的政权?拉美近70年的政治生态演变令人们不得不思考这样的问题:世纪之交上台执政的左翼政权属于拉美政治循环的产物,但它们是否将重复20世纪70年代拉美左翼转瞬即逝的梦魇?

结语：
拉美社会主义探索的总结与思考

　　世纪之交，拉美社会主义思想与运动出现新的重大发展。左翼政党纷纷上台执政，左派理论家和政治家在抨击资本主义弊端和总结传统社会主义经验教训的基础上，提出"21世纪社会主义""社群社会主义""印第安社会主义"和"劳工社会主义"，进行了一系列社会主义理论与实践创新，社会主义无论在理论还是实践方面都呈现出新探索与新突破。同时，始于2008年的经济和金融危机促使人们对资本主义进行再次反思，这些新型社会主义的理论与实践不仅对拉美的政治走向、经济发展模式调整和制度建设产生重大影响，也会对世界社会主义运动的发展进程产生重要意义。

　　一、社会主义思想的类属多元性

　　拉美的社会主义就其理论和实践而言可谓多样与多元。随着历史发展，有些社会主义思潮归于衰落，但拉美社会主义思想和实践一直保留了下来。从19世纪中叶起拉美就存在多种社会主义思潮，从20世纪至今，马克思主义的社会主义、社会民主主义、托派社会主义以及各种形式的民族社会主义都在拉美获得一定的发展空间，多种社会主义思想和流派在竞争中共存和发展。① 拉美社会主义多元化还体现在指导思想的多元

---

① 袁东振：《拉美社会主义发展的历史、特点与趋势》，《拉丁美洲研究》，2018年第3期。

化，并不局限于马克思主义的指导思想，人道主义和基督教伦理都可以作为指导思想，体现了拉美社会主义的丰富和多元。政治取向和价值观的多样性以及主张建立自由、平等、正义新社会的"第三条道路论"等。在拉美社会主义思想中，科学社会主义、基督教社会主义、民主社会主义与民族社会主义具有较大的影响力。在不少拉美国家，民族社会主义和民主社会主义相互融合，而主张超越资本主义和共产主义的"中间道路"的民主社会主义在拉美长期占据主流地位。

进入 21 世纪，拉美的社会主义理论与实践愈加丰富，外延与内涵愈加广泛与深刻。拉美社会主义的多元性体现在不特指某一社会主义思潮或思想，也不是科学社会主义或马克思主义的代名词，而是涵盖拉美各种社会主义的思想与思潮。

世纪之交，"21 世纪社会主义"的思想和理论在拉美的传播与影响日盛，一些拉美国家的执政者在此理论的影响下提出了社会主义的口号，并进行所谓的社会主义建设。不同学者对"21 世纪社会主义"有不同的定义。德裔学者迪特里希认为"21 世纪社会主义"是新的发展阶段，大多数人在经济、政治、文化和军事等机构中具有最大限度的决策权，并且他认为这一思想的核心是价值经济思想。另一位著名的思想家玛尔塔·哈内克则认为"21 世纪社会主义"与传统社会主义有本质的不同，苏联社会主义失败只是官僚社会主义的失败，并不代表社会主义和马克思主义失败；"21 世纪社会主义"强调民众的参与，强调人民和民众组织的作用；"21 世纪社会主义"是一个混合体，是人道的、民主的、团结互助价值观的混合体。[①] 诚然，新出现的所谓"21 世纪社会主义"只是拉美社会主义思想和实践过程中特定的政策主张和理论以及少数拉美国家的实践活动，并不能代表拉美社会主义的全部。

二、社会主义思想具有明显去意识形态化特征

进入 21 世纪，拉美国家的发展观念出现变化。左翼政府与社会主义

[①]　袁东振：《拉美社会主义发展的历史、特点与趋势》，《拉丁美洲研究》，2018 年第 3 期。

政党都在极力淡化意识形态色彩,调整党派的指导思想和政策主张。巴西、秘鲁、阿根廷的左翼政府在坚持市场经济模式的前提下大力关注民生,而委内瑞拉、玻利维亚、厄瓜多尔等政府则强调加强宏观调控、推动所有制改革与建设合作经济。无论温和左翼还是激进左翼政府都在淡化国家的意识形态,政策的稳健化已成常态。

委内瑞拉总统查韦斯执政后旨在以激进的方式全面改革和调整国家的政治、经济和社会结构,试图超越资本主义的新自由主义模式,探索新的国家发展之路。在政治领域,提出"玻利瓦尔革命",推进民主改革建设,建立一系列公民自治组织,以此提高民众参与国家决策的积极性。在经济领域采取国有化,改变了新自由主义经济改革时期的放任自由政策,提高了国家对经济的干预,土地改革等措施,促进了委内瑞拉经济的发展、改善了社会状况。在社会领域,制定实施了"罗宾逊计划"等一系列称为"使命"的社会救助计划,改善了贫困民众的境遇。

然而,查韦斯的激进改革措施造成了一系列社会问题。行政权过度集中,查韦斯执政期间通过各种方式,使得执政权力逐渐集中于他一人之手,而这也导致了玻利瓦尔革命的脆弱性,使得委内瑞拉的政治变革在很大程度上都是依靠查韦斯的个人领导。同时激进的改革引起反对派的强烈不满,大规模的街头示威游行此起彼伏,国内政治分化不断加剧。国家经济对石油部门的过度依赖使得本国经济增长模式单一且异常脆弱。同时,激进改革的负面影响不断显露,造成了社会动荡不安,治安状况不断恶化,通货膨胀,住房短缺,腐败问题严重等一系列社会问题。因此,在"后查韦斯时代",继任的马杜罗总统虽然努力延续查韦斯的政治、经济与社会政策,但为了维护国家的团结和社会稳定,马杜罗不得不顾及中间民众和反对派的利益与诉求,弱化统一社会主义党的意识形态,其政策显示出明显的去意识形态趋势。

三、社会主义政策的取向中间化

在1994年的巴西总统选举中,劳工党候选人卢拉的失利促使党内进行反思。1995年的劳工党全国代表大会之后,赞成中间化的人士掌握了党的领导权，着手调整党的纲领与指导思想。在 1998 年的总统选举中，劳工党不再提出激进的政策主张，停止使用激进的社会主义口号，中间化的趋势更加明显。

进入 21 世纪，劳工党继续坚持中间化的道路，与工会和各种社会组织紧密协作，深受传统左翼和中间选民的支持。在 2002 年的总统选举中，劳工党许诺新政府将继续执行与国际货币基金组织签署的协议，与中间党派和保守力量组成执政联盟，卢拉率领的劳工党首次获胜。迪尔玛·罗塞夫作为卢拉的接班人在 2010 年当选总统，延续劳工党趋于中间化的既定政策，并于 2014 年 10 月成功连任。

四、社会主义更具拉美民族特色

部分拉美国家在总结传统社会主义的经验教训、反思和批判新自由主义政策的基础上，结合本国国情，积极探索具有本民族特色的社会主义。2006 年 1 月，玻利维亚首位印第安人总统埃沃·莫拉莱斯上台执政时强调社会主义就是人道主义和共产主义，就是人民生活在社群与平等之中，紧接着全面推行"社群社会主义"的理念与实践，赋予印第安人更多的政治和社会权利。莫拉莱斯以印第安文明和价值理念为基础，在政治、经济和社会领域进行改革与探索，玻利维亚政府根据本国国情制定经济与社会发展战略。

玻利维亚民族传统底蕴深厚，具有显著的印第安文明特征。"社群社会主义"与印第安传统文化之间因而存在着必然联系，竭力倡导以印第安文明和价值为根基，强调本土意识，并且"社群社会主义"强调文化多样性，旨在建立一种团结、和谐、互惠与共识基础上的经济社会模式。另外，2009 年的新宪法赋予包括印第安民族在内的玻利维亚人民极高的政治与社会权利，而在行政、法律、经济、宗教和文化等领域印第安人也被给予更多的自决权。

厄瓜多尔总统科雷亚 2007 年上台时表示，厄瓜多尔不推行别人提供的社会模式，而是要进行改天换地的变革，找到适合本国发展的道路。厄瓜多尔推行的具有其民族特色，试图通过"公民革命"推动建设"美好生活社会主义"。

五、社会主义的前景未定性

美国政府多年来不断通过国家民主基金会和美国国际发展机构给予委内瑞拉国内反对派大量资助,进行一系列的经济与金融制裁,试图在拉美与世界范围孤立委内瑞拉。除美国和国内反对派的威胁与挑战,左翼力量还面临联盟内部"左倾"和"右倾"人士的歧见。委内瑞拉共产党(PCV)从意识形态出发,认为统一社会主义党缺乏改造资本主义的内在本质,不符合马克思列宁主义的思想路线,不愿加入统一社会主义党。其实,不仅左翼联盟存在分歧,统一社会主义党内部也存在纷争。委内瑞拉全国工会组织(National Union of Workers)的领导人奥兰多·奇里诺(Orlando Chirino)对统一社会主义党进行了坦率的批评,指责左翼政府领导下的委内瑞拉在向国家资本主义发展,而非迈向社会主义。

新千年以来,拉美多个左翼政府深得查韦斯的慷慨捐助与支持。基于富足的矿产资源与高企的石油价格,拉美国家逐渐开始摆脱美国的影响。然而,始于2014年的国际原油与工业原材料价格的暴跌,委内瑞拉政府遭遇前所未有的困境。因此,缺乏领军人物的拉美左翼阵营在"后查韦斯时代"能否延续目前的政策将成为未知数。

六、拉美新型社会主义探索是世界社会主义运动的重要组成部分

拉美新型社会主义探索从拉美相关国家基本现实出发,进行社会主义理论和实践的大胆实践。拉美社会主义的实践探索从委内瑞拉一国扩展到拉美数国,社会主义在本地区乃至国际范围的影响力都得到一定程度扩展,构成世界社会主义运动的重要组成部分。

在理论方面,对资本主义和新自由主义发展模式进行批判,重新思考参与式民主、国家与市场的关系,重新审视社会公平与正义,并对社会主义建设理论提出符合地区现实的种种构想。通过宪法改革,在旧制度框架内建立具有原创性的新体制和新机构,推进参与式民主的政治实践,用

直接民主取代虚伪、片面、剥夺了人民主权的代议制民主。

在经济上，强化国家的干预，加强对资源能源等战略部门和支柱产业的控制，推进内生经济发展，转变增长模式，减轻对外依赖。推进所有制改革，强调公有经济、合作经济、私有经济、混合经济与社区经济共存。

在社会方面，强调经济增长与社会发展相结合，重视发挥社会政策的积极作用，力争使所有人都能合理分享经济增长的利益，把促进社会公平、改善民生作为政府施政重点。

对外方面，强调独立自主和对外关系多元化，支持拉美国家合作与地区一体化进程，通过"美洲玻利瓦尔联盟""加勒比石油计划"等机制推动拉美左翼政府间的广泛合作，反对美国的霸权政策。

当然，拉美新的社会主义理论和实践是拉美左翼政治力量对新的发展模式和发展道路的勇敢探索，其理论体系尚不完整。然而，左翼理论家认为这些不同的社会主义理论提供了全新的政治经济模式，既有别于自由市场的新自由主义，又与20世纪苏联模式的社会主义迥然不同。无论"21世纪社会主义"与"社群社会主义"，还是古巴社会主义的革新与其他新的社会主义探索，都是以批评的视角具体分析不同国家的不同实践，有助于人们了解这些国家间政治理念的差异，也有助于了解这些国家的制度创新究竟在多大程度上具有原创性质。

七、后危机时代社会主义未来的反思

人类走向社会主义是历史的必然，但是如何走向社会主义以及如何建设社会主义并非存在一条固定的道路或模式。实践表明，人类社会的历史没有被资本主义终结，而是正在重新呼唤社会主义。始于2008年的金融危机不仅再度暴露资本主义制度无法从根本上克服的社会基本矛盾，也彻底粉碎了资本主义制度不可替代的溢美之词，社会主义者与左翼人士因此开始重新评估资本主义制度以及资本主义的生命力。[①]

东欧剧变后，在西方资本主义和平演变的攻势之下，世界上许多社

---

① 刘志明：《金融危机后世界社会主义的理论革新与战略策略调整》，《安徽大学学报》（哲学社会科学版），2012年第1期。

会主义和左翼组织抛弃了马克思主义,世界社会主义运动陷入低谷。经济与金融危机虽为世界社会主义运动带来机遇,但社会主义者也客观冷静地分析了当前面临的困境,如何应对危机与实现社会变革因此构成社会主义运动的巨大挑战。目前,左翼社会运动和社会主义政党的影响力还不够强大,难以有效改变社会主义运动所处的困境。这些社会主义和左翼组织的理论体系也不够成熟,难以拿出让工人阶级和人民大众广为接受的社会主义替代方案。与此同时,右翼的社会民主思想成为社会的主流意识形态,资本主义对社会主义的攻击强度不断升级,从法律上和经济上对左翼运动施加压力,有组织的议会外政治斗争常常受到瓦解,社会主义和左翼组织对抗资本主义的社会运动难以有效组织和实施。

然而,社会主义运动无疑蕴含巨大的复兴潜力,社会主义者并没有因为当前的困难局面而悲观失望,对社会主义的前途仍充满信心。一次次经济和金融危机证明了资本主义作为一种社会制度的局限性,资本主义制度的消亡与社会主义制度的确立仍是人类发展的必然规律。第十次世界共产党和工人党国际会议的《圣保罗宣言》指出,人类目前面临着关键抉择,处于历史的十字路口。资本主义对和平、民主以及人民大众的利益构成严重威胁,各国社会主义和左翼组织正在努力振兴国际共产主义运动,工人阶级和人民大众争取社会进步的斗争以及争取实现社会主义的事业必将取得重大进展。[①]

20 世纪的世界社会主义运动跌宕起伏,但却无法否认这一伟大运动所取得的非凡成就和辉煌业绩。社会主义经历了战争与和平、革命与改革、高潮与低潮、胜利与挫折的不断磨砺,积累了无比丰富的经验与教训。东欧剧变使社会主义遭受严重挫折,而始于 2008 年的世界金融危机也对资本主义构成巨大冲击。金融危机给整个世界带来了前所未有的思想转折,世界各国的社会主义者呼吁左翼力量团结一致,努力推进世界社会主义运动走向复兴。

---

① 张文化:《资本主义国家共产党论金融危机与党的任务》,《河南社会科学》,2010 年第 4 期。

主要参考文献

一、中文

（一）著作

高放：《社会主义在世界和中国》，昆明：云南人民出版社，1993 年。

郭文亮，杨菲蓉等著：《当代国外社会主义意识形态发展导论》，北京：人民出版社，2010 年。

黄宗良，孔寒冰：《世界社会主义史论》，北京：北京大学出版社，2004 年。

江时学：《2006—2007 年：拉丁美洲和加勒比发展报告》，北京：社会科学文献出版社，2007 年。

江时学：《拉丁美洲和加勒比发展报告：拉美经济改革》，北京：社会科学文献出版社，2003 年。

李慎明：《2005 年：世界社会主义跟踪研究报告——且听低谷新潮声（之二）》，北京：社会科学文献出版社，2006 年。

陆国俊，郝名玮：《新世界的震荡：拉丁美洲独立运动》，上海：上海社会科学出版社，1991 年。

［德］马克思：《资本论》第一卷，北京：人民出版社，1975 年。

［德］马克思，［德］恩格斯：《马克思恩格斯选集（第四卷）》，北京：人民出版社，1995 年。

［德］马克思，［德］恩格斯：《马克思恩格斯全集（第十六卷）》，北京：人民出版社，2004 年。

蒲国良：《当代国外社会主义概论》，北京：中国人民大学出版社，2006 年。

宋萌荣：《开创人类新文明的伟大实验：20 世纪社会主义发展的历时经验》，北京：人民出版社，2000 年。

苏振兴，徐文渊：《拉丁美洲国家经济发展战略研究》，北京：经济管理出版社，2007 年。

苏振兴：《2005 年：拉丁美洲和加勒比发展报告》，北京：社会科学文献出版社，2006 年。

王家瑞：《当代国外政党概览》，北京：当代世界出版社，2009 年。

王萍：《走向开放的地区主义：拉丁美洲一体化研究》，北京：人民出版社，2005 年。

吴德明：《拉丁美洲民族问题研究》，北京：世界知识出版社，2004 年。

［委］西蒙·玻利瓦尔：《玻利瓦尔文选》，中国社会科学院拉美研究所译，北京：中国社会科学出版社，1983 年。

徐世澄：《拉丁美洲现代思潮》，北京：当代世界出版社，2010 年。

徐世澄：《拉丁美洲政治》，北京：中国社会科学出版社，2006 年。

余文烈：《当代国外社会主义流派》，合肥：安徽人民出版社，2000 年。

俞可平：《全球化时代的社会主义——九十年代国外社会主义述评》，北京：中央编译出版社，1998 年。

［美］约翰·罗默：《社会主义的未来》，余文烈译，重庆：重庆出版社，1997 年。

张志军：《20 世纪国外社会主义：理论、思潮及流派》，北京：当代世界出版社，2008 年。

赵明义：《当代国外社会主义问题刚要》，济南：山东人民出版社，1987 年。

中央编译局世界社会主义研究所：《当代国外社会主义：理论与模式》，北京：中央编译出版社，1998 年。

周必文：《当代国外社会主义研究》，北京：中共中央党校出版社，1996 年。

（二）文章

［美］格雷戈里·维尔帕特：《委内瑞拉的 21 世纪社会主义》，朱木摘译，《国外理论动态》，2006 年第 10 期。

［德］海因兹·迪特里齐：《莫拉莱斯与社群社会主义》，颜剑英译，《国外理论动态》，2006 年第 4 期。

［委］斯特维·埃尔内：《拉丁美洲关于反新自由主义战略的争论》（上、下），徐洋译，《国外理论动态》，2005 年第 4、5 期。

［印］艾加兹·艾哈迈德：《玻利维亚有可能实行社会主义吗?》，颜剑英摘译，《国外理论动态》，2006 年第 4 期。

柴尚金：《影响拉美左翼的三种社会主义思潮》，《当代世界》，2008 年第 6 期。

陈家庆：《拉美国家的经济改革及教训》，《湖北社会科学》，2004 年第 5 期。

谌园庭：《拉美左派崛起浅析》，《拉丁美洲研究》，2005 年第 3 期。

范蕾：《玻利维亚的"社群社会主义"》，《拉丁美洲研究》，2009 年第 4 期。

方旭飞：《巴西劳工党的执政经验与教训》，《拉丁美洲研究》，2014 年第 5 期。

方旭飞：《当代拉美社会运动初探》，《拉丁美洲研究》，2009 年第 3 期。

方旭飞：《试析查韦斯执政 14 年的主要成就与失误》，《拉丁美洲研究》，2012 年第 6 期。

方旭飞：《政治民主化与拉美左派政党的变化与调整》，《拉丁美洲研究》，2013 年第 5 期。

高桂云，戚桂锋：《西方资本主义经济危机与当代世界社会主义》，《当代世界与社会主义》，2009 年第 2 期。

高祖贵：《后危机时代国际战略形势及其发展趋势》，《和平与发展》，2010 年第 2 期。

华清：《拉美民主社会主义政党的标准和类型》，《科学社会主义》，1993 年第 1 期。

黄汝接：《拉丁美洲：一个反抗新自由主义的新周期》，《国外理论动态》，2005 年第 10 期。

黄宗良：《曲径探新路　低谷起高歌——世界社会主义理论与实践的第三个五十年》，《科学社会主义》，2008 年第 1 期。

江时学：《拉美左派的变迁：从卡斯特罗到查韦斯》，《人民论坛》，2007 年第 5 期。

江时学：《论查韦斯的"21 世纪社会主义"》，《拉丁美洲研究》，2008 年第 1 期。

姜爱凤，田保国：《21 世纪初世界社会主义共产主义运动回顾与前瞻研究综述》，《当代世界与社会主义》，2003 年第 6 期。

蒋锐：《世纪之交：社会主义的回顾与展望》，《当代世界社会主义问题》，1999 年第 4 期。

李其庆：《马克思经济危机理论及其当代价值》，《当代经济研究》，2010 年第 1 期。

李慎明：《另一种全球化的替代：社会主义在 21 世纪发展前景的展望》，《马克思主义研究》，2006 年第 1 期。

李扬：《智利阿连德的社会主义》，《国际共运史研究》，1993 年第 2 期。

李阳：《拉美左翼力量崛起评析》，《拉丁美洲研究》，2005 年第 5 期。

刘鹤玲：《21 世纪马克思主义与社会主义运动的复兴趋势》，《社会主义研究》，2008 年第 1 期。

刘纪新：《拉美国家社会政策调整评析》，《拉丁美洲研究》，2005 年第 3 期。

刘纪新：《拉美左派的现状与发展趋势》，《拉丁美洲研究》，2004 年第 5 期。

刘淑春，于海青，贺钦：《社会主义是资本主义的替代选择——国外共产党关于当前经济危机的观点综述》，《马克思主义研究》，2009 年第 3 期。

刘淑春：《金融危机爆发以来国外共产党的新动态》，《红旗文稿》，2010 年第 4 期。

聂运麟：《金融危机与资本主义国家共产党的理论与策略》，《当代世界与社会主义》，2009 年第 2 期。

宁德业：《战后亚非拉第三世界国家社会主义运动勃兴的原因综述》，《社会主义研究》，2003 年第 3 期。

沈跃萍：《查韦斯"21 世纪社会主义"解读》，《当代世界与社会主义》，2008 年第 3 期。

苏振兴：《拉美左派崛起与左派政府的变革》，《拉丁美洲研究》，2007 年第 6 期。

陶文昭：《查韦斯的新社会主义》，《科学社会主义》，2006 年第 1 期。

王翠文：《从拉美的经历看新自由主义神话的幻灭》，《当代世界与社会主义》，2004 年第 2 期。

王鹏：《查韦斯执政以来的委美关系》，《拉丁美洲研究》，2006 年第 1 期。

王鹏：《论委内瑞拉"21 世纪社会主义"的思想和实践》，《拉丁美洲研究》，2009 年第 4 期。

王学玉：《经济全球化与社会主义的发展》，《当代世界社会主义问题》，2000 年第 3 期。

肖枫：《20 世纪社会主义的历史地位和命运》（上、下），《理论前沿》，2000 年第 17、18 期。

徐世澄：《对查韦斯"21 世纪社会主义"的初步看法》，《国外理论动态》，2007 年第 10 期。

徐世澄：《拉丁美洲的几种社会主义理论和思潮》，《当代世界》，2006 年第 4 期。

徐世澄：《委内瑞拉统一社会主义党的成立及特点》，《当代世界社会主义问题》，2010 年第 4 期。

许峰，宋黎明：《查韦斯与委内瑞拉的社会基层组织》，《国外理论动态》，2008 年第 1 期。

许红缨：《经济全球化与社会主义的命运、价值与创新》，《社会主义研究》，2002 年第 1 期。

严书翰：《21 世纪社会主义会复兴吗?》，《人民论坛》，2007 年第 7 期。

殷叙彝：《莫拉莱斯论拉丁美洲和玻利维亚的社会主义》，《国外理论动态》，2006 年第 12 期。

尹朝安：《拉美发展模式的制度分析》，《拉丁美洲研究》，2005 年第 3 期。

于恒魁，王玉兰：《查韦斯的社会主义构想与实践》，《中共天津市委党校学报》，2008 年第 1 期。

袁东振：《当前拉美社会主义思想和运动新动向》，《环球视野》，2009 年第 4 期。

袁东振：《拉美社会主义思潮的发展及其趋势》，《环球视野》，2009 年第 4 期。

臧秀玲，杨帆：《国际金融危机对当代资本主义和世界社会主义的影响》，《山东社会科学》,2012 年第 2 期。

　　张文化:《资本主义国家共产党论金融危机与党的任务》,《河南社会科学》,2010
年第 4 期。

　　赵曜:《新世纪世界社会主义运动的现状和走势》,《当代世界与社会主义》,2006
年第 6 期。

　　赵重阳:《浅析查韦斯当政以来的委内瑞拉与美国关系》,《拉丁美洲研究》,2007
年第 3 期。

　　周余云:《全球化与 21 世纪的世界社会主义》,《毛泽东邓小平理论研究》,2008
年第 1 期。

　　周肇光:《从马克思经济危机理论看当前世界金融危机的必然性》,《广东社会科
学》,2010 年第 5 期。

二、英文

（一）著作

Edward J Mccaughan, *Reinventing Revolution: The Renovation of Left
Discourse in Cuba and Mexico*. Westview Press, 1998.

　　Gregory Wilpert, *Changing Venezuela by Taking Power: The History and
Policies of the Chavez Government*. Boston: Houghton Mifflin Co., 2005.

　　Heinz Dieterich, *Socialism of the 21st century*. New York: Thomas Y. Crowell
Co., 2007.

　　Iain Bruce, *The Real Venezuela: Making Socialism in the 21st Century*. New
York: Oxford University Press, 2008.

　　J. Roemer, *A Future For Socialism*. Boston: Harvard University Press, 1994.

　　Kenneth M. Roberts, *Deepening Democracy? The Modern Left and Social
Movements in Chile and Peru*. Stanford, CA: Stanford University Press, 1998.

　　Lois Hecht Oppenheim, *Politics in Chile: Socialism, Authoritarianism, and
Market Democracy*. Westview Press, 2007.

（二）文章

Alberto Müller Rojas, Kiraz Janicke, Federico Fuentes, *United Socialist Party
of Venezuela is an Instrument for Socialism*, March 24th 2008, http://www.
venezuelanalysis.com/analysis/4181.

　　C. Edward Anable, *Victory in Venezuela: Chavez Progress and Media
Coverage*, http://www.venezuelanalysis.com/analysis/4220.

　　Colin Burgon, *10 Years of Progress in Venezuela*, http://www.venezuelanalysis.com/
analysis/4181.

David Samuels, *From Socialism to Social Democracy: Party Organization and the Transformation of the Workers' Party in Brazil*, Comparative Political Studies 37 (November 2004).

Economic Commission for Latin America and the Caribbean (ECLAC), *Preliminary Overview of the Economies of Latin America and the Caribbean*, Santiago: ECLAC, 1999.

Economic Commission for Latin America and the Caribbean, *Preliminary Overview of the Economies of Latin America and the Caribbean*, Santiago: ECLAC, 2003.

European Union, *Country Profile: Venezuela*, 2007.

Federico Fuentes, *Venezuela: The significance of the election results and the new struggles*, 29 Nov. 2008, http://www.greenleft.org.au/2008/777/40078.

Francisco Rodriguez, *An Empty Revolution*, Foreign Affairs, March/April, 2008.

George Circcariello-Maher, *Venezuela's PSUV and Socialism from Below*, 28 Mar. 2007, http://mrzine.monthlyreview.org/cm280307.

George Gabriel, *No Term Limits in Venezuela = Authoritarianism and Personality Cult?*, http://www.venezuelanalysis.com/analysis/4221.

Gregory Wilpert, *An Important but Risky Victory for Venezuela and for Socialism*, http://www.venezuelanalysis.com/analysis/4228.

Gregory Wilpert: *Changing Venezuela by Taking Power*, New York, NY: Verso, 2007.

Gustavo A. Flores-Macias, *Statist vs. Pro-Market: Explaining Leftist Governments' Economic Policies in Latin America*, Comparative Politics 42 (July 2010).

Gustavo A. Flores-Macias, *The Political Economy of the Left in Latin America: Explaining Governments' Reactions to Neoliberal Reforms*, Ph.D. diss., Georgetown University, 2008.

Hector E. Schamis, *Populism, Socialism, and Democratic Institutions*, Journal of Democracy 17 (October 2006).

J. Andrés Mejía Acosta, Ghost Coalitions: *Economic Reforms, Fragmented Legislatures, and Informal Institutions in Ecuador (1979 – 2002)*, Ph.D. diss. University of Notre Dame, 2004.

James Petras: *Latin American's 'New Left' In Crises As the 'Free Market' Collapses*, http://www.venezuelanalysis.com/analysis/3913.

Jorge G. Castaneda，*Latin America's Left Turn*，Foreign Affairs，May/June 2006.

Katie Bowen and Caitlin McNulty，*Moving Beyond Representation: Participatory Democracy and Communal Councils in Venezuela*，Upsidedownworld. org，September 3rd，2009.

Kiraz Janicke，*The Battle for the United Socialist Party of Venezuela*，Venezuelanalysis.com，December 1st 2007.

Kurt Weyland，*The Rise of Latin America's Two Lefts*，Journal of Democracy 17 (October 2006).

Mark Weisbrot，Rebecca Ray and Luis Sandoval：*The Chávez Administration at 10 Years: The Economy and Social Indicators*，http://www. venezuelanalysis. com/analysis/4182.

Marta Harnecker，*Building Socialism in Venezuela*，http://alternatives-international.net.

Mary Pili Hernandez，*Just what is 21st-Century Socialism?*，http://www. venezuelanalysis.com/articles.php?.

Patrick Larsen，*The PSUV Congress: What's at Stake?*，5 Feb，2008，http://www.marxist.com/psuv-congress.htm.

Peter Phillips，*Socialism Seems to be Working in Venezuela*，http://www. venezuelanalysis.com/analysis/4104.

Presidential Commission to Organize the PSUV，*Draft Program and Principles of the United Socialist Party of Venezuela*，Press release，23 Jan 2008，http://www.venezuelanalysis.com.

Raul L. Madrid，*The Rise of Ethnopopulism in Latin America*，World Politics 60 (April 2008).

Redmond O'Neill，*The Chávez Path*，http://www. venezuelanalysis. com/analysis/4225.

Roger Burbach，Camila Piñero，*Venezuela's Participatory Socialism*，Socialism and Democracy，New York：2007. Vol. 21.

Steve Ellner，*Hugo Chávez's First Decade in Office: Breakthroughs and Shortcomings*，Latin American Perspectives，April 23rd 2010.

William I. Robinson，Chronis Polychroniou，*The Challenges of 21st Century Socialism in Venezuela*，Znet，February 1st 2010.